浙江财经大学重点教材建设项目资助

孟 涛　主编

MINSHI SUSONG

SHIXUN JIAOCHENG

民事诉讼 M 实训教程

（在线教学版）

中国政法大学出版社

2022·北京

图书在版编目（ＣＩＰ）数据

民事诉讼实训教程:在线教学版/孟涛主编. —北京:中国政法大学出版社,2022.3
ISBN 978-7-5764-0407-4

Ⅰ.①民… Ⅱ.①孟… Ⅲ.①民事诉讼法—中国—教材 Ⅳ.①D925.1

中国版本图书馆 CIP 数据核字(2022)第 047759 号

出 版 者	中国政法大学出版社
地 址	北京市海淀区西土城路 25 号
邮寄地址	北京 100088 信箱 8034 分箱　邮编 100088
网 址	http://www.cuplpress.com (网络实名: 中国政法大学出版社)
电 话	010-58908586(编辑部) 58908334(邮购部)
编辑邮箱	zhengfadch@126.com
承 印	北京中科印刷有限公司
开 本	720mm×960mm　1/16
印 张	19
字 数	340 千字
版 次	2022 年 3 月第 1 版
印 次	2022 年 3 月第 1 次印刷
定 价	76.00 元

前　言

一、编写目的

　　法学是一门实践性很强的学科，法学专业的教学也需要遵循这一规律，在基础知识教学的同时，需要注重法学实务技能和法学专业思维的训练。正如习近平总书记在 2017 年考察中国政法大学时强调的那样，法学教育要处理好知识教学和实践教学的关系。在具体的法学教学培养方案设计层面，法学专业院系均开设了形式各异、纷繁多样的实务训练课程和实践环节，包括到司法实践部门实习、法律诊所教育等，也有一些院校专门开设了法律实务、法律谈判、诉讼实务训练等课程，呈现出较为明显的"实践教学课程化"现象。上述教学培养方案表明目前法学专业教育越来越重视实践教学，并设计了形式各异的实践教学形式；但也暴露出理论教学与实践教学的分离与割裂、实践教学流于形式化和表面化的问题。校外实践课程缺乏校内课程那样深入和细致的教学监督机制，形式各异的实践课程缺乏统一的教学标准，无法与专业课程学习内容有机结合，学生很难通过校外实践环节提高实践动手能力，从而形成理论学习和实践学习"井水不犯河水"的两张皮现象。

　　越来越多的教师在法学专业课程课堂教学中，采用案例研讨、观点辩论等形式训练学生处理问题的能力，出现了"课程教学实践化"的趋势。这种课程教学实践化趋势表明，教师在理论教学环节中愈加重视实践能力的培养，增强了法学专业学生分析问题、解决问题素养的效果。但是我们也很清楚地看到，法学专业理论课程实践化，因为教学方法、教学手段和教学形式五花八门，始终缺乏统一的教学模式和教学规程，甚至教学工作者主要依靠自身对实务的理解、参与实务的经验以及自身的偏好等因素来组织实践教学工作，因此不可避免地出现了"八仙过海，各显其能"的现象。导致这一现象的一个重要原因是，实践教学和训练缺乏如同知识教学那样统一的、整齐划一的教学大纲和教学实训内容，因此无法围绕固定的教学模式展开实训活动。有些教师为了教学需要，在教学过程中穿插教学案例，主要是为了印证基础理论或法律规范的运用方法，即"法规—案例—法规"的教学过程，案例充当了"举例说明"的角色。但是从本质来看，任何学科的教学都有其规律可循，也都应当符合一定的教学规范，也必然应当遵守严格的教学范式。

"实践教学课程化"和"课程教学实践化"，都集中体现了当前我国法学专业教学工作者不断融合知识教学和实践教学进行的尝试，努力从中探索寻求适合"理论联系实际"的道路。在这方面，笔者的认识是：知识教学和实践教学本为一家，不分彼此。换言之，知识教学和实践教学本不应成为相互独立甚至前后衔接的两个不同阶段，而是"你中有我、我中有你"的统一体。之所以我们很多人有意识地将上述二者区分对待，主要是因为我们长期忽视法学实践教学的意识和手段，是从长期偏重知识教学，开始逐渐重视法学技能训练和思维培养的必然后果。例如，在学习民法的过程中，知识教学必然需要考虑如何在诉讼和非诉讼业务中，让学生利用相关的民法知识处理实际问题，也需要通过实务训练的手段进一步提升和巩固学生对相关民法专业知识的理解和应用；在学习民事诉讼法的过程中，需要训练学生确定案件请求权、检索相应的请求权基础、分析法律构成要件、查找要件事实等方式，将民法知识融合到诉讼实务环节。因此，法学专业实务的训练与知识教学之间并非前后进行、也并非并行的关系，而是应当融合为一体，即知识教学与实务训练一体化的教学格局，这一点是本教材坚持的首要教学理念。

二、实务训练的理论基础

(一) 将法律要件事实分析方法融入诉讼实训

本教材第一章论述了法律要件事实分析方法的基本内容，这是本教材用以开展诉讼实训的重要理论基础。法律要件事实分析方法，是将当事人诉讼请求和抗辩事项依据的基础法律规范解析出法律要件事实，并将具体案件事实归入到上述法律构成要件事实之中，以判断诉讼请求以及抗辩是否成立的法律适用方法。我国学者王泽鉴、王利明、杨立新等研究的"请求权基础裁判方法"，上海市高级人民法院原副院长邹碧华法官所研究的"要件审判方法"，以及很多民法学者研究的"民事裁判方法"实际上都是民事案件的法律适用方法。

本教材开展的诉讼实训教学充分吸收和借鉴了上述学者研究的法律适用方法。但不同的是，本教材并非旨在单纯孤立地提出或研究法律适用方法。本教材的初衷是：将法律要件事实分析方法引入到法学本科教学的实际中来，为法学专业学生理解和掌握民事诉讼的基本思维和策略提供一条可行的学习道路，并借此创立以不同角色扮演为手段、以不同类型民事案件诉讼活动为平台的实训教学方法。在此教学过程中，不同类型的民事案件，并非仅仅充当印证法规或理论的工具，而是让学生通过检索基础法律规范、分析法律要件事实并进行案件事实的归入，完成"案例—法规—案例"的训练路径。同时，通过原告诉讼请求基础的法律要件事实、被告抗辩法律要件事实这样的对抗思维，让法学专业学生认识到原告、被告和法官完全可以利用同一种法律适用方法，来指导和完成自己在民事诉讼中的起诉、应诉和裁判活动。因此，法律要件事实分析方法的教学实践动机，显然不止于为民事案件的裁判提供方法，更发挥着引导当事人走上法官民事裁判过程中适用法律的路径，形成诉讼共同体的局面。

如果您对法律要件事实、要件事实、要件诉讼、请求权基础方法等事前已经有了一定了解，那么您可以比较快地理解本教材所提出的法律适用分析方法。如果您对法律要件事实相关的理论持怀疑态度，或者您认为需要通过其他的方法来分析民事案件的法律适用问题，您大可不必使用本教材进行学习和训练。因为建立在特定的方法论基础之上，是本教材分角色、类案化诉讼实训的基本逻辑前提，离开了这一前提，您将不能很好地使用本教材以及相关平台，也无法达到预期的训练效果。

（二）与专业实训软件紧密融合的实训手段

本教材对法律适用方法的训练，主要以仿真实训作为基本手段，通过角色扮演形式的虚拟实训结合专业教学软件平台是本教材的一大特色。本教材编写组与杭州法源软件开发有限公司（以下简称"杭州法源"）通力合作，为本教材的实务训练专门设计了"民事诉讼实训平台"。通过该平台，读者可以通过本教材配套的账户密码登录，选取相应的实训实验进行单人模式的实务训练。有条件开展班级教学的教学工作者，也可以通过分组模拟角色的形式，帮助学生采取多人模式围绕同一个民事案件分别以原告、被告和审判员身份开展法律适用训练。

借助于杭州法源的技术支持，本教材能够充分进行线上线下混合实训教学模式。尤其是杭州法源为本教材的法律思维和类案实训提供了"量体裁衣式"的软件开发和设计工作,"民事诉讼实训平台"是这一努力的成果,它将帮助您通过原告、被告和审判员三种不同的角度,开展形式各异、种类繁多的民事诉讼案件实训。杭州法源的"法律实务综合模拟软件",为实现民事诉讼程序法和实体法两种不同的实训模式提供了另一保障,这使本教材"民事诉讼实训"这一教学手段"名副其实"。本教材的编写同软件平台研发与应用紧密结合,不仅凸显了信息化手段在法学教学中存在的巨大潜力,同时也提供了产学合作、协同育人教学的崭新思路。

(三) 民事实体法和民事诉讼法相结合的实训内容

在法学专业教学过程中,民法学和民事诉讼法学的界限实际上正在慢慢消失。民法学的学习要通过诉讼实践进行检验适用,而诉讼实践离开了实体法支撑,也必然失去应有的灵魂和意义。因此,本教材的实训活动以及编排内容,并未刻意区分民法和民事诉讼法的学习,而是通过具体生动的民事案件诉讼实务训练,促使两者有机地结合,形成兼顾实体和程序的"民事法学"教学思路。本教材通过角色扮演的形式,在软件平台上指引学生以原告、被告和审判员的视角完成相关实训任务,在检索基础法律规范、分析法律要件事实、完成相应起诉状、答辩状和判决书的设计方面,凸显了诉讼法和实体法协同作战的功效。可以说,本教材绝不仅仅是"民事诉讼法学"课程的实训教材,而恰恰相反,大部分的实训内容涉及的是民法、劳动法、消费者权益保护法等实体法律规范的适用方法。换言之,本教材所设计的诉讼案件恰如一个"场",民法学和民事诉讼法学的知识交错其中、不可分割、浑然天成,故将本教材命名为"民事诉讼实训教程"。

三、本教材的基本功能

粗略统计,当前法律实务训练的教材和辅导用书大体呈现这两种模式:一是以实务部门工作者为主要对象编写的实务训练读物。例如,为法官编写的裁判方法、裁判思路或裁判规则用书,为律师实务编写的律师入门或者进阶类实务用书。二是为校园内系统学习法学的学习者编写的实训或实务教材。本教材属于后者,即法学专业本科学生在专业学习过程中使用的实训类教材。本书不能为学习者增强实务经验,也不能传授民事诉讼的技巧和技能,更不能让学习者通过本教材迅速走上司法实践岗位。

　　本教材可以帮助读者实现以下目标：①通过法律要件事实分析方法，训练民事案件的诉讼思维和策略，不提供任何诉讼实战的技巧和经验。因为技巧或者经验，是需要在具体的诉讼实践中，依靠个人长期的实务锤炼才能完成积累和总结的。②结合专业软件进行角色扮演实训，掌握常见民事纠纷案件的诉讼思路，独立完成重要法律文书的制作。读者能够通过原告、被告和审判者的三重视角，熟悉民间借贷、机动车交通事故、婚姻家庭纠纷、劳动纠纷、常见侵权案件的法律适用方法，学生也可通过类案实训更加关注在每一种案件诉讼实务过程中，相关司法解释以及典型案例的检索和学习。③立足于基础理论教学的立场，本教材的实务训练更为重视学生对基础法律规范的检索、运用和分析能力，因此诉讼实训教学并不涉及具体案件事实真伪判断的问题，而将教学重点放在了利用法律要件事实方法，提升学习者民事法律基础规范的理解和应用能力。

　　最后需要强调的一点是，法律适用的方法并非一成不变，置身于本教材之外，法律要件事实分析方法也并非无懈可击，难免会存在疏漏和瑕疵，敬请各位同仁不吝指教。民事案件的分析本身就是个开放式的法律思维活动，因此本教材设计的类案实训实验，均不提供所谓的标准答案。不同的人按照不同的法律适用方法，可能会形成不同的结论，重点在于充分享受诉讼实训的过程，这是本教材编写的初衷。

目 录
CONTENTS

第一章

法律要件事实分析方法

第一节 民事案件分析方法

一、民法教学视角下的民事案件分析方法

王泽鉴先生认为,处理实例题的主要方法有历史方法(historischeMethode)和请求权方法(Anspruchsmethode)。[1]实例题可谓民事案件的同义语,即具体的、生动的民事纠纷案件。"处理实例题",显然就是从法教义学角度对民事案件进行法律评析或分析,并将法律规范运用于民事案件并最后得出判断结果的过程。民事案件分析方法的探索和研究,源于20世纪德国的民法教学领域。例如,王泽鉴先生提到的请求权基础的思维方式,就是对源自德国民法教学研究与实践方法的引入。以德国学者梅迪库斯(Dieter Medicus)1974年所发表的《请求权与抗辩作为民法教学法的脊梁》(Anspruch und Einrede als Ruckgrat einer zivilistischen Lehemethode)一文为标志,请求权基础思维方法被深深植入在德国民法教学之中。[2]从这一点来看,王泽鉴先生提到的历史方法、请求权方法,就是在民法教学视角下对民事案件的分析方法。

(一)历史方法(法律关系方法)

历史方法就是依时间次序考察法律事实的变动,从而确定法律关系的变动,最终推导出相应的法律效果,因此这种方法也被称为"法律关系方法"。例如,在分析一个合同案件过程中,首先判断合同是不是成立,然后判断合同是不是有效,再接下来判断原告是不是按约履行,被告是不是按约履行,

---

[1] 王泽鉴:《民法思维:请求权基础理论体系》,北京大学出版社2009年版,第32页。

[2] 吴香香:"民法典编纂中请求权基础的体系化",载《云南社会科学》2019年第5期,第96页。

判断哪一方违约，最后作出判决。这种方法的特点就是依照事件发生的性质来逐步推进。在判断合同是否成立之前，先判断合同的要件是否齐备、要约是不是成立、承诺是不是成立，要约承诺是不是达成一致，然后判断合同是否成立。接下来判断履行，一格一格地判断下来，遵循时间顺序，最后得出结论。[1]

（二）请求权基础方法

王泽鉴先生认为，请求权基础方法的基本模式为"谁得向谁，依据何种法律规范，有所主张"。当事人可以主张的请求权，依其内容可归为六大类：一是契约上给付请求权；二是返还请求权，包括基于物权和债权的物的返还请求权，以及用益的返还请求权；三是损害赔偿请求权；四是补偿及求偿请求权，包括代偿请求权、连带债务人的求偿权等；五是支出费用偿还请求权；六是不作为请求权。运用请求权方法的诉讼思路，要求当事人或法官依照一定顺序寻找最合适的请求权基础。[2]

例如，甲将名贵花瓶交给乙保管，因乙未尽善良管理人之注意义务而导致花瓶灭失，甲起诉要求乙予以赔偿。在这个实例中，甲可以根据不同的实体法基础规范请求保管人乙损害赔偿。但涉及存在不同性质的请求权的情况下，如何选择请求权及其法律基础，是这一案件进行诉讼的首要问题。原告起诉时需要固定和明确这一问题；被告可以根据原告所主张的诉讼请求，针对性地提出反驳或抗辩；法官在进入审理之前，据此可以明确审理方向、确定审理范围。

二、裁判视角下的民事案件分析方法

从民法教学角度阐释的法律适用方法没有止步于法学教育领域，法学学者和司法实务部门已经在诉讼实践中，开始尝试梳理民事案件分析方法的具体形态。

梁慧星教授在其《裁判的方法》（第3版）中，除了重点论述"民法解释方法"之外，认为民事裁判可适用两种法律分析方法：一是法律关系分析方法，又称为历史的分析方法。例如，违约责任之诉，从双方当事人第一次

---

〔1〕 邹碧华：《要件审判九步法》，法律出版社 2010 年版，第 21 页。

〔2〕 王泽鉴：《民法思维：请求权基础理论体系》，北京大学出版社 2009 年版，第 55 页。

接触开始，沿着时间的顺序，什么时候开始谈判，什么时候达成协议，什么时候签订合同书，合同什么时候生效，什么时候开始履行等。二是请求权基础与抗辩的分析方法。其要点是，先考察现行法上有哪些法律规范可以作为本案诉求的请求权基础，然后分析被告方面针对每一个请求权基础可能主张的抗辩和抗辩权，最后从各个请求权基础中确定一个最为有利的请求权基础。梁慧星教授认为法律关系分析方法"是我们习惯采用的分析方法"。[1]同样地，杨立新教授也从民事裁判的角度来论述法律适用方法问题，认为民事裁判方法的基本问题，实际上就是民事法官搞民事审判的基本思路是什么。[2]对此，杨立新教授主张应当适用一种法律关系分析方法与请求权基础方法相结合的裁判方法。很显然，从裁判的视角来分析具体民事案件的法律适用问题，与法教义学视角下的民事案例分析并没有本质的区别，只是前者需要结合原告、被告对抗性的民事诉讼过程，后者是单纯对民事案件寻求案例分析结果。我国学者从法官审理民事案件视角来分析法律适用方法，具有较为明显的程序化倾向，使得民事案件法律适用方法逐渐从民法学进入到了诉讼法学的研究视野之中。

（一）五步裁判法

"五步裁判法"是杨立新教授在长期民法理论研究和司法实践的经验基础上，对民事裁判方法进行的系统性总结，是一种采用民事法律关系方法与请求权法律基础方法相结合的案件分析方法。

"五步裁判法"，顾名思义，是把民事案件的裁判过程分为五个步骤：一是发现请求权；二是请求权定性；三是寻找请求权法律基础；四是确定请求权；五是适用法律裁判。[3]通过五步裁判法，杨立新教授将民事权利进行了分类归纳，并在此基础上通过请求权这一线索，将民事案件事实与法律规范进行了关联，将审判规则串联起来，为裁判开辟了一种捷径。五步裁判法是杨立新教授对民事裁判方法进行抽象思考，并结合典型案例将其具体化，具有比较成熟的理论基础，为民事案件的裁判提供了实践指导的方法。

（二）要件审判九步法

上海市高级人民法院原副院长邹碧华法官提出的"要件审判九步法"，是

---

[1]　梁慧星：《裁判的方法》（第3版），法律出版社2017年版，第322页。

[2]　杨立新：《民事裁判方法》，法律出版社2008年版，第6页。

[3]　杨立新：《民事裁判方法》，法律出版社2008年版，第22页。

法院实务部门总结出的具有相当影响力的民事裁判方法。要件审判九步法是以权利请求为出发点、以实体法律规范构成要件分析为基本手段的审判方法。围绕当事人的权利请求基础，将审判活动划分为环环相扣的九个步骤，分别是：①固定权利请求；②确定权利请求基础规范；③确定抗辩权基础规范；④基础规范构成要件分析；⑤诉讼主体的检索；⑥争点整理；⑦要件事实证明；⑧事实认定；⑨要件归入并作出裁判。[1]

（三）要件事实论

谙熟大陆法系民事诉讼理论的许可先生，在对日本学者提出的"要件事实论"进行研究的基础上，结合民事诉讼法学的基础理论，认为要件事实论可以成为符合当事人主义民事诉讼模式的裁判方法。许可先生认为，三段论方法下的待决案件事实在当事人主义的诉讼体制下被称为要件事实，而关于在这一体制下法官审理判断案件的方法（审判方法），则被称为要件事实论。[2]对于作为民事裁判方法的要件事实论，许可先生从诉讼程序角度进行了流程式的说明：在起诉受理阶段，首先由当事人提出特定诉讼标的，法院据此选择应当适用的实体法规范并分析其法律要件；在审前准备程序阶段，当事人之间展开初步的攻击防御，法院按照要件事实可评价性、具体性和特定性的要求审查当事人提出的攻击防御方法并澄清或催促当事人做出表态，以当事人表态的情形确定举证的必要性并催促当事人提出证据，进行部分证据调查活动。最后明确争点和固定证据，在集中的口头辩论阶段，当事人就争点展开充分的攻击防御，法院进行集中的证据调查并由此形成初步的心证。根据心证形成的不同状态，或者公开心证促使当事人进一步提出证据，或者同时表明法律见解促使当事人修正要件事实甚至诉讼请求，并重新进行口头辩论。[3]

经过理论学者和实务部门的努力，民事案件的分析方法已经超出了"民法教学"视角，转向了更为广阔的民事诉讼空间，以研究更有实践意义的民事案件的审理方法。民事裁判方法，尽管主要表现为法官将法律规范适用于具体案件事实的方法，但它对于原告和被告而言也具有重要的意义。原告为

---

[1] 邹碧华：《要件审判九步法》，法律出版社 2010 年版，第 27 页。
[2] 许可：《民事审判方法：要件事实引论》，法律出版社 2009 年版，第 7 页。
[3] 许可：《民事审判方法：要件事实引论》，法律出版社 2009 年版，第 261 页。

了寻求法院对其诉讼请求的支持、被告为了获得法院驳回诉讼请求的结果，都必须建立在充分了解和熟悉法官裁判思维的基础之上。只有这样，当事人才能够最大限度地影响法官作出有利于自己的裁判结果。无论对当事人还是法官，将法律适用于事实的过程可谓艰辛且充满着变数，用什么法律规范去认定事实？需要认定哪些事实？用什么方法认定事实？事实真伪对裁判结果有什么影响？上述每个问题都可能会在具体案件中困扰着各方诉讼主体。

三、民事案件分析方法小结

无论案例研习还是民事裁判，都要解决"通过何种方法将法律规范适用于具体案件之中"这个问题。尽管如此，法学教学和民事裁判过程的法律适用方法，在表现形式方面仍然存在较大的差异。法学教学中的法律适用问题，可以停留于单纯的法律适用环节进行思考；而后者还需要研究原告、被告和法官是如何通过诉讼行为、诉讼程序推动和实现法律适用的问题。因此我国有法官认为，案例教学中的分析方法偏重逻辑教义和学说自洽，而非基于纠纷的释然解决和裁判的对抗思维进行方法设计，忽视了现实生活和司法实践的复杂性、多样性和相对性。[1]当我们从法学教育的语境脱离出来，而放眼于民事诉讼实践时，就会发现法律适用方法必须能够与诉讼程序的推进、当事人的具体诉讼活动、法院与当事人之间的互动等诉讼内容进行有机融合。离开了具体案件的诉讼进程这一背景，任何法律适用方法都会因缺少必要步骤和路径，而沦为缺乏实用性的案例分析工具。

本教材认为，民事案件法律分析方法包含着"对何种事实进行法律适用""选择何种法律规范"以及"得出何种裁判结果"这三个核心问题。同时，无论采取什么样的方法，都需要达到为具体民事案件当事人之间的权利义务争议，形成裁判结论这一目标，也只有在这个意义上，才具有进一步研究和学习民事裁判方法的必要。法律适用方法一旦进入到了民事裁判领域，这个方法的核心就表现为：实体法所关注的法律问题（大前提）与程序法和证据法所关注的事实问题（小前提）之间，在民事裁判中究竟以怎样的逻辑和方

---

〔1〕　刘力："论民商事案件裁判方法的反思与完善——以请求权基础分析方法为中心"，载《东方法学》2020年第1期，第83页。

法发生关联。[1]

基于以上分析，民事案件法律适用方法，回应了"根据何种法律规范对何种事实进行何种裁判"这个问题。在这种方法之下，民事案件的法律适用方法包含着"案件事实的发现""法律规范的检索"以及"法律规范运用于案件事实"这三个核心步骤，恰好契合了法官审理民事案件的基本逻辑路径。不过，"事实的发现"除了需要明确案件中哪些事实需要查明，还包含着证据学层面上对该事实真伪进行判断的证据调查工作。本教材所指的"案件事实发现"，仅指对民事案件的法律要件事实的归纳筛选，至于通过举证责任、证明标准、举证质证过程等环节进行案件事实的认定过程，并不属于本教材所提出的裁判方法范畴。

第二节　法律要件事实分析方法

一、法律要件事实分析方法的含义

法律要件事实分析方法，是将当事人诉讼请求和抗辩依据的基础法律规范解析出法律要件事实，并将具体案件事实归入到上述法律要件事实之中，以判断诉讼请求以及抗辩是否成立的法律适用方法。法律要件事实分析方法的本质，是一种将法律规范运用于具体案件的适用方法。通过这种方法，我们可以将具体的、生动的、复杂的案件事实与法律要件事实进行比对，并在此基础上对诉讼请求以及抗辩主张是否成立的问题进行判断。

民事纠纷主体将案件诉诸人民法院，其主张的诉讼请求或抗辩欲获得法院支持，必须在法律上具备一定的条件。原告诉讼请求的成立、被告抗辩主张的成立都与上述条件的完备息息相关。上述条件，即所谓"法律要件"，基础法律规范经过要件化整理后，即表现为"法律要件事实"。我国刑法、民法无论在实务还是理论研究范畴内，都在相当的场合使用法律要件的思维和概念，例如犯罪构成要件、侵权要件等。值得注意的是，我国成文法律中往往并不直接使用法律要件或构成要件的概念，这主要是因为成文法除了发挥裁判功能，还承担着日常行为准则和规范的功能。换言之，实体法兼具裁判准

---

　　[1]　傅郁林："民事裁判思维与方法——一宗涉及外国法查明的判决解析"，载《政法论坛》2017年第5期，第43页。

则和行为准则两大功能。因此，民事实体法规范并非仅以民事诉讼请求以及抗辩是否成立为出发点进行设计，这导致在进行法律要件事实分析时，检索相应的实体法基础规范成为颇费周章的事情。

毋庸置疑，在分析案件、司法裁判和处理纠纷时，法律要件事实思维是一个无法被忽略的重要分析工具。只不过，究竟某种诉讼请求或者抗辩的成立需要满足哪些具体的法律要件事实，并非一个简单的问题。因为实体法上的法律关系错综复杂、种类繁多，法律规范体系庞大，成文法无法将某一类型案件的法律要件事实规定在单一法律条款之中。此外，从诉讼法和实体法二元分立的角度看，某项诉讼请求的成立应当同时满足诉讼法要件事实和实体法要件事实。诉讼法要件事实为诉讼法所规定的诉讼请求能够进行实体审判的条件；实体法要件事实即为本案判决要件事实，是决定原告诉讼请求或者被告抗辩是否成立的裁判标准。一旦我们将目光专注于民事案件诉讼过程中的法律要件事实，不仅对于准确理解民事实体法律规范的内容有所帮助，也能够为原告起诉、被告应诉以及裁判者适用法律提供一个有效的分析思路。

二、法律要件事实分析方法的基本步骤

简单来说，法律要件事实分析方法的基本步骤是这样的：

(一) 检索基础法律规范

结合具体的诉讼请求、抗辩主张，检索出相应的基础法律规范（诉讼法和实体法），即"找法"的过程。

如果从民事诉讼的角度来看，因为原告、被告和审判人员所关注的角度有所不同，因此这个"找法"的过程还需要进一步进行细致的区分。原告所关注者，无外乎其提起的民事诉讼能够被法院受理，并在实体审判后得到诉讼请求的支持。因此，原告在这个环节里需要检索诉讼要件和诉讼请求成立要件的基础法律规范。被告作为应诉当事人，其诉讼方向主要为对原告诉讼要件和诉讼请求成立要件进行反驳，或主张抗辩事项。因此，被告除了检索诉讼要件和诉讼请求成立所需要的诉讼法和实体法基础规范，还需要检索出其主张抗辩的基础法律规范。审判者的视角则需要兼顾原告和被告两者，针对诉讼要件、诉讼请求成立以及被告抗辩成立的基础法律规范进行检索。法律规范检索的过程，显然是建立在对具体纠纷和案件进行了初步分析、并确定了诉讼请求或者抗辩的基础之上的，并非随意、漫无目的地在浩如烟海的

成文法体系中进行游荡。实际上，对于已经具备了一定的法学基础和实务经验的人来说，这种"找法"的过程可能并不困难，因为他（她）们对基本的法律规则预先已经了然于胸。

那么，究竟应当通过什么具体方法，才能检索出准确的具有针对性的基础法律规范？在这一点上，显然没有放之四海而皆准的固定模式，本教材认为，"找法"这一步骤应当遵循以下原则来确立检索方向：

（1）以当事人之间的民事法律关系为根据。显然，基础法律规范的检索，不能脱离具体案件的内容，尤其是不能脱离当事人的诉讼请求和抗辩主张，需要结合当事人之间权利义务争议的类型进行查找。正如我们需要在字典中查找一个生字的含义，需要首先确立查找的标准（例如，拼音、偏旁部首或者四角号码），离开了这个标准，几乎很难在厚重的一本字典里准确地对这个字进行定位。同样地，如果不能够确定法律关系为何，权利义务争议类型为何，检索基础法律规范便无从下手。如果我们翻阅最高人民法院发布的《民事案件案由规定》的内容，就会发现最高人民法院确定的民事案由，直接反映了当事人之间发生争议的民事法律关系，并影响着案件的主管及管辖、审判组织形式、案件审理方向乃至审理结果。由此，民事案由的具体形式是民事法律关系的民事案件类型化体现。

（2）按照法的效力高低的顺序依次进行检视。鉴于我国《民法典》[1]已经正式颁布实施，民事权利义务的内容首先应当从该部法典中寻求基础法律规范。但除了《民法典》，我国还有相当数量的民事法律具有法律效力。例如，在机动车交通事故纠纷案件中，我国《道路交通安全法》《机动车交通事故责任强制保险条例》等法律法规对于具体当事人的权利义务关系的规定，形成了对《民法典》第七编第五章"机动车交通事故责任"部分的有益补充，也蕴含着解决机动车交通事故纠纷的基础法律规范。

（3）检索出的法律规范应具有基础性，可直接影响当事人之间民事权利、义务以及责任的承担。值得注意的是，人民法院出版社编辑出版了《最高人民法院民事案件案由适用要点与请求权规范指引》一书，从案由所涉及的诉

---

[1] 《民法典》即《中华人民共和国民法典》。为表述方便，本书涉及的我国法律，省略"中华人民共和国"字样，直接使用简称，全书统一，后不赘述。

讼请求出发，列明该请求权的现行法律依据。[1]由此可见，请求权基础规范实际就是以案由体现出的诉讼请求或者法律关系进行检索的结果。但是该书所检索出的请求权基础规范，列于具体纠纷类型之下，表现为该纠纷可能适用的法律规范，至于该法律规范是否能够成为具体的诉讼请求的基础规范，尚值得商榷。

那么，究竟什么样的法律规范才称得上是"基础法律规范"？如何区分基础还是非基础法律规范？这显然是仁者见仁智者见智的问题。但是至少，本教材认为对民事权利义务关系具有直接影响的裁判性条款，应当是名副其实的基础法律规范。例如，《民法典》第 113 条规定，民事主体的财产权利受法律平等保护。这个条款很难称得上是一个民间借贷纠纷案件中的基础法律规范，因为人民法院几乎无法通过这一条款来解决一个具体的民事纠纷。相对地，《民法典》第 671 条规定，贷款人未按照约定的日期、数额提供借款，造成借款人损失的，应当赔偿损失。那么，这个条款在贷款人逾期提供借款的民事纠纷案件中，显然可以成为借款人要求贷款人赔偿损失的诉讼请求的基础法律规范。

检索基础法律规范，是运用法律要件事实分析方法的法律准备阶段，也是对民事案件进行法律分析的基本前提。如果不能快速准确地检索出相关基础法律规范，法律要件事实分析方法将无法顺利推进到法律要件事实的归纳整理阶段，这自然会对案件事实归入到法律规范的进程产生极大影响。

（二）法律要件事实的归纳与整理

由于法律规范并不仅仅具有纠纷解决或民事裁判的功能，因此检索出的法律规范还不能直接简单适用于具体的案件之中。尽管我国人民法院裁判文书中，常常以"据此，依照《中华人民共和国××法》第×条之规定，判决如下"的形式进行裁判，但实际上有关案件法律适用的关键点已经在判决书的"本院认为"部分进行了详细充分的说理论证。换言之，围绕案件法律适用问题进行论证的"本院认为"，恰恰才是法律适用的核心部分，而判决书最后总结式的法律规范条文援引，实际为判决书的画龙点睛之笔。

因此，法律规范的具体条款，其本身不能简单地、不加分析地适用于具

---

〔1〕　人民法院出版社编著：《最高人民法院民事案件案由适用要点与请求权规范指引》，人民法院出版社 2019 年版，第 1 页。

体案件，而应当通过一定的方式，将案件事实归入到法律规范之中。那么在这个过程中，就需要对基础法律规范进行适当的整理，为案件事实归入到基础规范做好准备，这个整理过程即为法律要件事实的归纳。

在检索出成文法基础规范之后，一个重要的步骤是归纳出案件的诉讼请求成立要件事实以及抗辩成立要件事实。这个过程比较考验法学分析能力和归纳能力，这是因为成文法并非以法律要件的形式出现，需要我们通过对基础法律规范进行相应的整理或必要的解释工作。

由于原告主张的诉讼请求，与被告主张的抗辩事项存在截然不同的基础法律规范，因此也必然呈现出不同的法律要件事实。当被告对诉讼请求成立要件提出异议或反驳时，我们可以认为这种行为属于被告对诉讼请求的"否认"，包括消极否认和积极否认。消极否认就是对原告诉讼请求的成立要件简单地主张"不存在""未发生"或者"不承认"；积极否认是被告根据提供的证据材料，来向法院证明原告诉讼请求的某项成立要件欠缺或不存在。例如，在民间借贷纠纷中，被告举证证明原告向自己的转账，实际上是原告在支付之前向自己购买货物支付的货款，而非原告所称的借款。此时，被告的攻击对象仍然是原告诉讼请求的成立要件，因为双方存在合法有效的民间借贷合同关系，是原告作为出借人主张返还借款这一诉讼请求的成立要件之一。当人民法院确认原告的这笔转账实际上是原告在支付买卖合同的货款的话，双方之间自然不存在借贷关系，从而判决驳回原告的诉讼请求。

当被告主张实体抗辩时，情形又有所不同。例如，被告在民间借贷纠纷中完全承认双方曾经存在借款关系，原告给自己的汇款就是这笔借贷的金钱。换言之，被告对原告诉讼请求的成立要件事实并不提出异议。但被告同时主张了一个新的事实：原告声称的这笔借款已经偿还。被告的这项主张实际上属于原告诉讼请求的"妨碍要件"，即作为借款人的原告已经丧失了这笔民间借贷的请求权。换句话说，被告的这项主张，属于抗辩事项。抗辩事项的诉讼意义并不在于否定原告的诉讼请求，而是在于阻碍着原告的诉讼请求发生法律效果。例如，被告主张时效抗辩，并未对原告诉讼请求的成立要件事实进行否定，而是通过主张原告丧失胜诉权，阻止其诉讼请求得到法院支持的法律效果。从这个意义上来看，抗辩的基础法律规范和法律要件事实的归纳，与原告诉讼请求的法律分析过程是一致的。

（三）案件事实归入

这一步骤的主要任务，是将具体的案件事实与前述分析出的法律要件事实进行比对或归入。这种比对或归入的过程显然遵循了司法三段论的逻辑，即将案件事实小前提，与法律规范的大前提进行"目光检视"，之后得出相应的结论。当然，这个结论对于不同的诉讼主体而言，具有不同的诉讼意义。对原告而言，这个预判的结论可以指导其诉讼策略的选择以及诉讼结果的预期，并因此影响证据的收集和举证质证行为。对被告而言，这个结论能够为其承认原告的诉讼请求、反驳原告的诉讼请求、对原告的诉讼请求主张新的抗辩事实提供选择依据。对审判者而言，案件的事实认定和法律适用的过程显然会呈现出层次分明、逻辑清晰的裁判路径。

三、法律要件事实分析方法对民事诉讼的意义

运用法律要件事实分析方法来解决民事诉讼的起诉、应诉和审判，对参加诉讼的原告、被告和审判人员都具有十分重要的意义。

首先，符合审判实务需要。因为当事人通过诉讼争执的往往是其主张的诉讼请求以及抗辩的性质及是否成立，从法律要件事实的角度出发对当事人的诉讼请求和抗辩进行判断，符合法律思维的实务需要。例如，如果原告的诉讼请求未能达到实体法规范所要求的法律要件，就要承担败诉后果；如果被告的抗辩主张达到了实体法规范所要求的构成要件，则法院应驳回原告的诉讼请求。因此，法律要件事实分析方法有助于当事人认清自己的诉讼方向，收集和提供要件事实为指向的证据材料，充分调动当事人构建诉讼攻防对抗体系的积极性，便于法官查明事实。无论是杨立新教授提出的"五步裁判法"，还是邹碧华法官提出的"要件审判九步法"，都蕴含着试图将法院裁判过程标准化的努力。而裁判过程如何通过"步骤"的安排进行标准化设计，则需要一定的法律分析方法和法律适用方法。所不同者，是通过请求权基础分析，还是法律关系分析，抑或通过法律要件事实为基础的不同思维方法。

其次，符合诉讼经济原则。法律要件事实分析方法主要集中审查成文法基础规范的构成要件，诉讼活动围绕构成要件进行，避免纠缠于无关的非要件事实。从这一角度看，无论多么复杂繁琐的案件和纠纷，通过要件事实的思路进行整理，总会呈现出清晰的诉讼进程，从而有利于纠纷的解决和法律的正确适用。

再次，保障法律分析的正当性。要件思维的形式，在很大程度上可以防止法官的恣意行为，从法律角度上看比较有利于确立法律正当性，避免价值判断主观性带来的问题，同时也可以避免法官的自由裁量失去拘束。建立在要件分析方法基础上的法律推理过程的展示，可以较为清晰地体现出法律推理过程的连续性和逻辑性，这不仅有助于成文法的学习，也能够成为诉讼实践中重要的思维方法。

最后，有助于当事人与法官运用相同的民事案件分析方法，达到提高诉讼效率的目标。相同的法律适用方法，指引着当事人按照法官裁判的思维路径前行，有助于当事人选择正确的诉讼路径、诉讼策略，以及正确且高效地行使诉讼权利，充分利用诉讼资源，且对人民法院而言，具有快速整理案件争议焦点、提高审判效率的重要意义。可以预见，当事人与法官形成了法律适用方法统一体的关系，民事案件审判的标准化以及智能化具有了坚实的方法论基础。

第三节　诉讼法要件事实

一、诉讼法要件事实的类型

诉讼法要件事实分为诉讼要件和诉讼抗辩两个方面。诉讼要件是从诉讼法角度对原告诉讼请求进行的法律要件分析对象，如果原告提起的诉讼欠缺诉讼要件，人民法院不能够对该诉讼请求进行实体审理，而应当裁定不予受理或者裁定驳回。因此，原告在提起诉讼时应当确保其提起的诉讼满足法定的诉讼要件。诉讼要件的作用之一，是法院对诉讼请求是否成立进行审理具有一定的必要性，从这个角度来说，诉讼要件在效果上具有了诉讼请求实体审判要件的功能。诉讼要件与诉讼请求成立要件的区别在于，诉讼要件的目的是判断诉讼请求是否成立的实体审判是否存在必要性，而诉讼请求成立要件，则从实体法的要件事实角度成为诉讼请求是否有理由或是否正当的裁判标准。只有具备诉讼请求成立要件，法院才能判决支持原告主张的实体请求，否则法院应以判决形式驳回其诉讼请求。

除了诉讼要件，法院驳回诉讼的另一重要原因是诉讼抗辩的成立。与诉讼要件具有上述相同功能的诉讼抗辩，是建立在被告"应诉拒绝权"之上的概念。诉讼要件的欠缺与诉讼抗辩的成立，都将导致法院无需进行实体审理而直接驳回起诉的法律后果。但是从根本上讲，诉讼抗辩不属于诉讼要件的理论体系范畴，而是由被告主张抗辩，法院才进行审查的诉讼事项。如果被告主张的诉讼抗辩成立，法院即使认定诉讼要件已经具备，仍需要驳回原告的诉讼请求而无需进行实体审理。由于具有相同的法律后果，诉讼要件与诉讼抗辩容易被混为一谈，但实际上两者在内容、调查方法、证明责任、具体构成等方面存在极大的差异，因此本教材将对两者一并进行研究。诉讼抗辩不属于诉讼要件的范畴，当且仅当被告主张诉讼抗辩后，法院才进行审查。因此，被告需要对诉讼抗辩事项承担举证不能的不利后果，即不能发生诉讼抗辩效力。但相反地，如果法院认定诉讼抗辩事项成立，则应裁定驳回原告起诉，这一点和诉讼要件欠缺的法律后果相同。

从被告角度看，被告有权对诉讼要件提出异议，也有权主张诉讼抗辩。诉讼要件是法院对原告起诉是否合法的初步审查对象，被告作为应诉当事人当然有权对诉讼要件是否成立提出疑问，例如，被告主张原告并非本案适格的当事人而不具有起诉资格等。当然，诉讼要件属于法院依职权调查的事项，被告对诉讼要件的异议是其重要的诉讼防御权利，法院根据被告诉讼要件异议的证据审查后确认本案诉讼要件并不具备的，则不需要再进行对诉讼请求成立要件的裁判。

二、诉讼要件

从民事诉讼法学理论角度看，诉讼要件的作用之一，是判断法院进行本案实体判决是否存在必要性。实际上我国成文法并未明确使用"诉讼要件"一词。《民事诉讼法》第 122 条所规定的"起诉条件"，实际上包含着诉讼要件的内容和成分。对于当事人而言，如果起诉不满足上述"起诉条件"，其后果是可能被法院裁定不予受理，也可能在受理之后被裁定驳回起诉，上述后果无论对原告还是对被告，乃至对法院的裁判而言均具有重大意义，是其进行民事诉讼不可忽略的重要内容。

除了上述《民事诉讼法》第 122 条规定的内容，因民事纠纷的类型呈现多样化，例如反诉、第三人撤销之诉、执行异议之诉、民事公益诉讼等，这些特殊类型的诉讼也存在特别的合法性要件。同时，相关法律也会对特殊的诉讼规定特别的合法性要件。例如，《民事诉讼法》第 127 条第 6 项规定："依照法律规定，在一定期限内不得起诉的案件，在不得起诉的期限内起诉的，不予受理。"因此，该期限成为特定诉讼的特别要件。《劳动法》第 79 条规定，劳动争议发生后，当事人可以向本单位劳动争议调解委员会申请调解；调解不成，当事人一方要求仲裁的，可以向劳动争议仲裁委员会申请仲裁。当事人一方也可以直接向劳动争议仲裁委员会申请仲裁。对仲裁裁决不服的，可以向人民法院提起诉讼。可见，劳动争议仲裁是劳动争议诉讼的前置程序，也即相关劳动争议诉讼的特别要件。

（一）当事人要件

《民事诉讼法》第 122 条规定，原告是与本案有直接利害关系的公民、法人和其他组织。显然，原告的上述诉讼法要件即属于诉讼要件之一，即原告适格或正当当事人。正当当事人是指当事人对某一诉讼标的具有以自己的名义起诉或应诉的资格。从广义角度看，诉讼中当事人确定之后所涉及的是否为正当当事人，是围绕该当事人是否具有诉的主观利益的问题。

（二）诉讼标的要件

根据一事不再理原则，对同一案件的重复起诉将被视为不合法的起诉，法院依法不予受理或者裁定驳回起诉。那么，应当如何识别重复起诉便成为必须面对的实际问题。具体我们通过以下案例分析：

甲从乙商场购买某某品牌电热水器两部，后在使用其中一部热水器过程中发生热水器漏电导致自己受伤。甲认为该热水器质量不合格要求乙商场退换并赔偿损失，双方协商未果，甲向法院提起诉讼。假设甲向法院起诉的请求是要求乙商场更换该热水器（诉 A）。诉 A 进行过程中，甲变更其请求为乙商场进行退货处理，并要求乙商场按照《消费者权益保护法》"买一赔三"条款赔偿热水器价款。此时诉的声明已经发生变更，因此应当认为此时甲的诉 A 已经发生了变更（诉 B）。法院经过对诉 B 进行审理后，支持了甲的诉讼请求。

假设诉 B 结束后，甲又向法院起诉请求乙商场更换热水器一部，则须判断该诉是否重复诉讼。如果根据诉的声明，新诉（诉 C）与诉 B 的诉讼标的并不相同，但是两个诉讼的事实理由完全相同，实体利益通过选择之债的实现已经得到满足，因此实际上甲在诉 C 中不具有实体胜诉的条件。如果甲针对另一部热水器向法院起诉要求请求乙商场更换热水器，此时甲的诉讼声明以及事实理由均不同于原诉，而构成新的诉讼标的（诉 D），甲的诉讼当然具有诉的利益。因此无论何种情况，都可以得出相同的结论：只要诉的声明或者事实理由不同，便不会产生重复诉讼的情况，前诉确定判决对后诉并不发生既判力效果。

我国目前有关重复起诉的标准确定，采取了通过诉讼要素的同一性标准进行判断的方法。根据《最高人民法院关于适用〈中华人民共和国民事诉讼法〉的解释》（以下简称《民事诉讼法解释》）第247条，当事人就已经提起诉讼的事项在诉讼过程中或者裁判生效后再次起诉，同时符合下列条件的，构成重复起诉：①后诉与前诉的当事人相同；②后诉与前诉的诉讼标的相同；③后诉与前诉的诉讼请求相同，或者后诉的诉讼请求实质上否定前诉裁判结果。

（三）法院主管要件

我国民事诉讼能够受理的案件，即纠纷的可诉性主要是通过法院主管这一制度体现的。作为受理民事诉讼的重要条件，人民法院应当审查当事人提起的诉讼是否属于人民法院能够审理的案件类型。《民事诉讼法》第3条规定，人民法院受理公民之间、法人之间、其他组织之间以及他们相互之间因财产关系和人身关系提起的民事诉讼，适用该法的规定。除了上述纠纷，人民法院有权审理下列特殊类型的非诉讼案件：选民资格案件、宣告失踪和宣告死亡案件、认定公民行为能力案件、财产无主案件、调解协议司法确认案件、实现担保物权案件（以上统称为特别程序案件）、撤销监护权案件、人身安全保护令案件、企业破产案件、督促程序案件和公示催告程序案件。不属于人民法院主管范围的争议，例如，纯粹道德争议、宗教内部事务、体育竞技问题、纯学术争议问题等，如果当事人起诉的，人民法院将不予受理。

（四）法院管辖要件

法院管辖，体现的是在第一审程序，上下级人民法院之间以及同级人民法院之间的分工权限。《民事诉讼法》第122条明确将法院对案件的管辖权规定为原告起诉必须满足的法定条件之一，对于无管辖权的民事案件，人民法院将裁定不予受理。

（五）诉讼要件的审查

1. 法院依职权调查

诉讼要件为诉讼的合法性要件，也是法院进行实体审理的重要前提。因此，诉讼要件是否具备，属于法院主动调查的事项。

2. 被告对诉讼要件的异议

针对原告的诉讼请求，被告可以从诉讼法角度，对其诉讼要件提出异议。

例如，被告对原告主体资格提出异议，认为本案适格的原告应该为某甲，而不是实际提起诉讼的某乙。被告提出的上述主张，实际上是在否定原告提起诉讼的当事人要件这一内容。由于诉讼要件是法院依职权调查的事项，即使被告并未提出上述主张，法院仍应对原告主体是否适格进行判断。因为被告所主张的诉讼要件异议，被法院认定成立，则意味着原告的相关诉讼要件并不具备，本案显然无需继续进行实体审理。

三、诉讼抗辩

诉讼抗辩可以被理解为起诉合法性的消灭要件，即诉讼抗辩的成立将导致原告起诉不合法而可能被法院裁定驳回。诉讼抗辩并不等同于被告对诉讼要件的异议。这是因为诉讼抗辩并不涉及原告诉讼要件的内容，而是在诉讼要件之外新提出的抗辩事项，其目的并非否定原告的诉讼要件，而是通过诉讼抗辩来阻止法院继续进行本案的实体审理。我国民事诉讼法中的诉讼抗辩事项，主要包括：仲裁协议抗辩、不起诉协议抗辩、管辖抗辩等，具体笔者将在"被告实训"章节阐述。

诉讼抗辩是被告拒绝应诉权的一种体现形式，是属于被告主张后法院才得以审查的事项。因此，是否主张诉讼抗辩、提出何种诉讼抗辩都取决于被告的选择，同时，被告应当就诉讼抗辩事项的要件事实承担举证责任。

第四节　实体法要件事实

一、实体法要件事实的类型

实体法要件包括原告诉讼请求成立要件和被告抗辩要件。例如，在买卖合同纠纷中，原告甲起诉被告乙，是因乙未按照约定时间交付标的物，导致甲不能如期将货物按约定交付给丙，从而赔偿丙1万元违约金，甲请求乙赔偿上述损失。按照法律要件事实分析方法，我们首先要找到以下实体法根据：①《民法典》第601条规定，出卖人应当按照约定的时间交付标的物；②《民法典》第577条规定，当事人一方不履行合同义务或者履行合同义务不符合约定的，应当承担继续履行、采取补救措施或者赔偿损失等违约责任。

按照上述实体法规范，买受人得依约要求出卖人承担因逾期交付标的物的违约行为给自己造成的损失。这一请求要想成立，应具备以下实体法要件：

第一个要件是合同已经依法成立并生效。因为如果双方没有产生买卖合同关系，则原告并无权要求对方承担合同法律责任。结合案情，基本上可以判断双方存在合法的买卖合同关系，该要件事实符合相应法律要件。第二个要件是根据合同内容，被告存在违约行为。结合案情，被告未按约定时间交付货物显然构成了违约行为的要件。第三个要件是一方的违约行为给对方造成了损失。结合案情，因为乙逾期交付的违约行为，给甲造成了实际损失1万元，显然该法律要件也是具备的。从裁判者的视角来看，原告甲的诉讼请求如果有充分的证据满足了上述三个实体法要件，其诉讼请求就应当得到支持；如果上述三个要件的任何一个不具备，则法院将不能支持原告的诉讼请求。例如，经过证据调查发现，甲并未有产生向丙支付1万元违约金的事实，这意味着上述第三个要件并不具备，因此甲不能要求乙承担因为乙逾期交付导致的损害赔偿。这就是一种法律要件事实分析方法。当然，诉讼请求成立的法律要件是否具备或成立，可能存在一个较为复杂的认定过程。比如，甲乙双方的买卖合同是否已经成立且合法有效？乙是否存在逾期交付的违约行为？甲向丙支付的1万元是否是因为乙的逾期交付产生的损失？这些问题显然需要在具体的诉讼活动中根据双方提交的证据，以举证责任为基础进行综合认定。

被告主张的抗辩是在诉讼请求成立要件事实之外，主张新的事实，用以妨害诉讼请求法律效果的发生。我国民法学理论十分重视抗辩制度的研究。杨立新教授认为，抗辩是针对请求权提出的一种防御方法，是指当事人通过主张与对方的主张事实所不同的事实或法律关系，以排斥对方所主张的事实的行为。[1]据此我们不难看出，抗辩的主要目的是排斥、延缓或阻碍，并非否定对方的民事权利。例如，原告起诉称要求被告履行买卖合同的交货义务，被告抗辩称原告应当先履行付款义务（先履行抗辩），此抗辩的目的是阻碍原告权利的实现。又如，原告起诉被告应当返还欠款，被告抗辩称其已经归还，或者被告抗辩称借款已经被债权人减免。因此，抗辩是被告主张与原告诉讼请求成立要件事实不同的事实，用以排斥原告诉讼请求的法律效果。

（一）诉讼请求成立法律要件事实

诉讼请求是原告向人民法院提出的，要求被告承担一定民事责任的裁判

---

〔1〕　杨立新：《民事裁判方法》，法律出版社2008年版，第183页。

请求。从实体法角度来看，任何诉讼请求若想获得法院的支持，必须满足一定的法律条件，这个条件我们称之为"诉讼请求成立要件"。尽管我国民事诉讼法和民事实体法都没有针对任何类型的诉讼请求进行要件化规范，但是我们完全可以在对基础法律规范进行检索和分析之后，归纳出特定类型诉讼请求的成立要件事实。以下举例说明：

甲向人民法院起诉乙，请求法院判决乙对自己实施殴打造成的损失 3000 元。这显然是个非常典型的侵权案件，原告的诉讼请求是基于侵权行为主张损害赔偿。那么，如何归纳这个诉讼请求的成立要件？显然，我国民法理论对侵权的构成采用了四要件的认识，即行为人有主观过错、实施侵权行为、受害人遭受损害后果以及损害后果与侵权行为之间有因果关系。这样来看，基于侵权行为主张损害赔偿的诉讼请求，其成立要件等同于侵权行为构成要件，只不过需要针对具体的成立要件内容提出相应的证据进行证明。但需要注意的是，相当多的诉讼请求类型，并没有非常确定的成立要件理论支撑，因此检索诉讼请求的基础法律规范显得十分重要。

例如，甲向人民法院起诉乙，请求法院判决乙偿还民间借贷欠款 3 万元以及逾期偿还欠款给自己造成的损失 2000 元。这种基于合同关系而主张的履行合同以及损害赔偿请求，需要检索出相应的实体法基础规范之后，归纳整理出其成立要件事实。

首先，对于偿还欠款 3 万元请求。该诉讼请求实际上属于请求违约方承担履行合同的责任。根据《民法典》第 577 条，当事人一方不履行合同义务或者履行合同义务不符合约定的，应当承担继续履行、采取补救措施或者赔偿损失等违约责任。因此，该请求欲获得法院支持，应满足以下法律要件事实：①双方之间存在借款合同关系；②被告未按约定还款。

其次，对于赔偿损失请求。根据《民法典》第 577 条，当事人一方不履行合同义务或者履行合同义务不符合约定的，应当承担继续履行、采取补救措施或者赔偿损失等违约责任。另根据《民法典》第 584 条，当事人一方不履行合同义务或者履行合同义务不符合约定，造成对方损失的，损失赔偿额应当相当于因违约所造成的损失，包括合同履行后可以获得的利益；但是，不得超过违约一方订立合同时预见到或者应当预见到的因违约可能造成的损失。因此，根据上述实体法规范，出借人请求借款人因逾期还款赔偿损失，应满足的法律要件事实有：①双方之间存在借款合同关系；②借款人未按约定还款；③借款人逾期还款给出借人造成损失 2000 元。

通过以上分析，我们可以看到原告提出的两项诉讼请求，只有与相应的实体法基础规范所包含的法律要件事实完全"匹配"，才能获得法院支持。诉讼请求成立基础法律规范与诉讼请求成立要件事实之间，实际上互为表里关系，因为诉讼请求成立要件事实是对基础法律规范进行分析的结果，基础法律规范是诉讼请求成立要件事实的法律基础。但为什么不直接根据基础法律规范进行诉讼和裁判，而是通过分析归纳得出的法律要件事实来开展民事诉讼？这是因为通过法律要件事实的思维方式，原告更能够明确诉讼方向，包括提供适当的证据证明法律要件事实而非全部的相关事实；被告也更容易针对诉讼请求开展否认和抗辩，形成真正的诉辩对抗局面。更重要的是，通过法律要件事实这一桥梁，裁判者更容易明确本案事实调查的基本方向，并在此基础上开展相应的民事审判工作。

（二）抗辩法律要件事实

在法官审理民事案件的诉讼领域，抗辩是作为被告的当事人提出的得以阻碍原告诉讼请求被法院支持的主张。被告主张抗辩不同于被告对原告诉讼请求的否认（以下简称"否认"），因为后者实质是被告针对原告诉讼请求成立要件事实的反对意见，抗辩则属于被告在诉讼请求成立要件之外，主张的能够阻止法院支持原告诉讼请求的事实。

第一，抗辩的基础事实与诉讼请求的基础事实可以并存，而否认则不具有这个特征。例如，在借款纠纷诉讼中，原告诉请被告归还欠款，被告则主张其从未收到过原告所称的借款，此种情况就属于被告在提出否认。被告不可能既欠原告的钱又不欠原告的钱，即对于是否存在欠款的事实，被告的否认与原告的诉讼请求具有不可共存的矛盾。但如果在借款纠纷诉讼中，被告主张其已经于某年某月某日向原告归还了这笔借款，这一主张显然并不是为了否认两者之间存在的借款合同，也不是否认自己是借款人，而是通过这一新的事实主张，来阻止其诉讼请求得到法院支持的法律效果，这种情况就属于被告在提出抗辩。对被告上述两种不同的答辩内容进行比较，我们可以看出：被告抗辩的基础事实与原告起诉的基础事实是可以同时并存的，二者是可以同时成立的。

第二，抗辩会产生新的法律效果，即阻止原告诉讼请求的法律效果的发生，而不是导致原告的诉讼请求本身不存在、不成立。例如，在房屋租赁合同纠纷中，原告起诉要求被告给付房屋租金，被告主张原告应当先尽修缮义务。此时，被告所提出的即为先履行抗辩。如果被告的抗辩成立，被告所希望的法律效果就能实现（可以拒付租金），而原告所希望的法律效果就不能发生。从这个例子我们可以看出，抗辩的法律效果与原告希望的法律效果是不能并存的。又如，原告起诉要求被告给付房屋租金，被告答辩称其从未向原告租过房屋。此时，被告的答辩是一种否认，其本身并不产生积极的法律效果，而只是使原告请求所依据的基础事实不能成立，从而不发生原告所希望的法律效果。在后面这个例子中，原告请求权要想成立，其基础事实之一便是被告租赁了他的房屋。被告辩称未租过该房屋，即否定了租赁这一基础事实，该否定使原告的请求失去了事实基础，使原告诉讼请求的成立要件丧失。

前述抗辩是当事人针对原告的诉讼请求提出的一切得以阻止、妨碍、减弱、消灭权利请求人诉讼主张的法律效果，包括实体法上的抗辩以及诉讼程序法上的抗辩。由于抗辩具有上述诉讼意义，因此本教材将抗辩解释为被告向法院主张的"诉讼请求妨碍事项"，具有阻止发生原告诉讼请求法律效果的作用。抗辩的成立也应当满足特定的法律要件事实，即"诉讼请求妨碍法律要件事实"。

无论是诉讼请求成立法律要件事实，还是诉讼请求妨碍法律要件事实，这些都是建立在对实体法基础规范进行检索和分析的基础上归纳整理出来的，并没有直接规定在法律规范条款之中。

第二章
原告法律要件事实思维与训练

第一节　起诉条件

一、起诉条件的含义

本节所谓的起诉条件，应当理解为人民法院"接收起诉材料"的基本条件，而非《民事诉讼法》规定的"起诉条件"。《民事诉讼法》规定的"起诉条件"，实质为人民法院受理原告起诉的"诉讼要件"。例如，《民事诉讼法解释》第208条规定："人民法院接到当事人提交的民事起诉状时，对符合民事诉讼法第一百二十二条的规定，且不属于第一百二十七条规定情形的，应当登记立案；对当场不能判定是否符合起诉条件的，应当接收起诉材料，并出具注明收到日期的书面凭证……立案后发现不符合起诉条件或者属于民事诉讼法第一百二十七条规定情形的，裁定驳回起诉。"可见，人民法院接收起诉材料也具有一定的审查标准，只不过相对于立案条件而言，接收起诉材料的认定标准主要围绕起诉材料的形式方面。为了避免发生歧义，本教材将人民法院接收起诉材料的条件称为"起诉条件"，而将人民法院立案的条件称为"诉讼要件"，以示区分。

从诉讼构造的角度，起诉条件与诉讼要件的审理应具有前后顺序关系。在逻辑上，只有当诉讼已经正式成立之后，诉是否合法的问题才有判断的意义，如果当事人提起诉讼的行为不满足起诉条件，诉尚未成立，法院对诉之合法性问题自然无审查之必要。起诉条件的法律意义在于决定诉是否成立，或是否发生诉讼系属的效果，而诉讼要件所影响的是诉之合法性问题，两者的区别显而易见。诉讼程序中即使诉讼要件欠缺，也不能认为诉讼不成立；如果原告起诉不符合起诉条件，意味着诉讼并未成立，也自然谈不上诉讼是否合法的问题。

根据《民事诉讼法》第 123 条和第 124 条，起诉应当向人民法院递交起诉状，并按照被告人数提出副本。书写起诉状确有困难的，可以口头起诉，由人民法院记入笔录，并告知对方当事人。起诉状应当记明下列事项：①原告的姓名、性别、年龄、民族、职业、工作单位、住所、联系方式，法人或者其他组织的名称、住所和法定代表人或者主要负责人的姓名、职务、联系方式；②被告的姓名、性别、工作单位、住所等信息，法人或者其他组织的名称、住所等信息；③诉讼请求和所根据的事实与理由；④证据和证据来源，证人姓名和住所。如果原告向人民法院提起诉讼未达到以上法定要求的，人民法院将不会接收起诉材料，因此也就不会进入到"诉讼要件"的审查环节。从这个角度上看，原告提起诉讼的第一步，实际上是应当避免因为起诉材料在形式上的瑕疵而被法院拒绝接收，原告提起诉讼，首先应当审核起诉材料是否满足了上述基本形式要求。

二、民事起诉状的形式要求

民事起诉状对于原告而言具备两个功能：一是启动民事诉讼程序；二是准备功能，即在起诉状中记载并附具证据材料，从而为庭审做准备的功能。

（一）制作起诉状的目的应当首先是被法院接收

众所周知，原告制作起诉状的主要目的是启动诉讼程序，即能够让人民法院受理起诉。因此，在此目的之下，原告在起诉状中进行不必要的其他尝试显得缺乏实际意义。例如，原告试图在起诉状中对案件事实和观点进行充分的论证，让法官在初步接触案件时形成有利于其的倾向性思维，甚至希望通过起诉状来使被告方认为自己理亏等。起诉状的主要目的是开启诉讼程序，只要将基本的事实和法律适用说清即可，至于前述其他目的并非起诉状本身能够实现的功能。一方面，法官对案件的判断并不是基于起诉状本身，而是结合案件的证据事实和材料，并通过法庭审理过程来形成心证，起诉状本身无法让法官形成有利于原告方的倾向性判断。即使法官庭前已形成倾向性预判，但经过举证质证以及法庭辩论之后，法官仍然会形成更为客观的事实判断，而在此前形成的所谓倾向原告的意见会随着庭审的进程和双方证据的提交和质证而慢慢消失。另一方面，原告希望通过起诉状来使被告一方自认理亏的愿望也往往会落空。原告的起诉状无论写得多么天花乱坠，被告始终会坚持自己对案件的事实和法律问题的意见和策略。被告如果同意原告观点或原告主张，在诉前双方就可以达成和解。过于详细的起诉材料，反而会帮助被告方可以更有针对性地对原告的观点进行充分的准备和反驳。综上所述，起诉状的首要目的是启动诉讼程序，原告需要将起诉状交给法院，法院才会受理案件并开启诉讼进程。因此，起诉状只要按照《民事诉讼法》的规定，将诉讼请求和所依据的事实与理由写清即可，不必在诉状中进行辩论和长篇大论的论述。

以下从起诉状撰写中的当事人情况、事实陈述和证据清单三个方面的内容，对起诉状的形式问题进行简单阐述。

1. 当事人情况

《民事诉讼法》第124条规定，起诉状应当记明被告的下列事项：被告的姓名、性别、工作单位、住所等信息，法人或者其他组织的名称、住所等信息；对于法人被告，其名称要与在企业信用信息系统查询到的名称保持一致。因此，在起诉材料中当事人的身份材料需要齐全，例如，个人的身份证复印件、户口本等，企业法人社会统一信用代码信息、法定代表人证明、法定代表人或者负责人身份信息材料等。同时，单位名称不要简写，如将"有限责任公司"简写为"有限公司"。错字、别字的现象也需要杜绝，如把"江某"写成"姜某"等。此外，起诉状中的当事人信息需要齐全，以便人民法院通知和联系当事人，因此当事人及其代理人的联系方式，在起诉状中是需要被具体载明的事项。

值得提出的一个问题是，原告提供的被告信息可能因为客观原因，无法达到十分精确和详细。对此问题，《民事诉讼法解释》第209条规定，原告提供被告的姓名或者名称、住所等信息具体明确，足以使被告与他人相区别的，可以认定为有明确的被告。起诉状列写被告信息不足以认定明确的被告的，人民法院可以告知原告补正。原告补正后仍不能确定明确的被告的，人民法院裁定不予受理。

2. 事实陈述

（1）简明扼要。《民事诉讼法》第122条规定，起诉必须有事实和理由。所谓的理由通常是指起诉的实体和程序法律依据。从理论上讲，要求原告阐述事实，既是人民法院认定案件事实的基本逻辑前提，也是人民法院裁判的必然基础。对于已经发生的生活事实应当如何在起诉状中进行叙述的问题，《民事诉讼法》和《民事诉讼法解释》都没有进行规定。在现实诉讼中，经常可以看到洋洋洒洒长达四五页的起诉状，也可以看到语无伦次、思维不清的起诉状。这些都是没有正确掌握事实应当如何阐述的结果。很多同学在设计起诉状时，对事实的描述往往比较随意，甚至直接将与当事人沟通过程中获悉的来自当事人一方的案情描述进行简单复制粘贴。尽管事实描述带有记叙性和陈述性的特点，但这并不意味着在起诉过程中原告可以像记流水账那样将与本案有关的所有情节和过程都推给法院。《民事诉讼法》所要求的"具体的"事实和理由，其实并非意味着原告可以事无巨细、不分主次地"眉毛胡子一把抓"。

（2）遵守诚信。《民事诉讼法》第13条规定，民事诉讼应当遵循诚信原则。因此，当事人在起诉状中所记载的事实首先应当是真实的事实，而不是其杜撰、捏造的事实。如果在起诉状中出现虚假的事实，不仅可能会被人民法院怀疑为虚假诉讼或恶意诉讼，也会给对方当事人留下攻击的目标或者把柄，同时也极大降低了制作起诉状的专业性。同时，《民事诉讼法解释》第210条规定，原告在起诉状中有谩骂和人身攻击之辞的，人民法院应当告知其修改后提起诉讼。

（3）法律要件事实整理与归纳。作为原告，首先要分析自己所选择的诉讼请求成立的法律要件事实。如原告错误转账给被告，现准备以不当得利起诉要求被告返还，诉讼请求成立要件事实就包括：自己受损、被告获益、二者之间存在因果关系、被告获益没有正当依据这几个方面。在起诉状中，只需阐述与上述四个法律要件事实相对应的生活事实即可，与此无关的生活事实无需阐述，如转账那天自己因为情感原因精神比较沮丧才输入了错误的银行账号、自己前一天没有休息好才导致驾驶机动车出现交通事故等。这些事实描述不仅无助于诉讼请求成立要件事实的审查，还浪费了不必要的精力和时间。再比如，原告以侵犯专利发明起诉被告，其构成要件事实包括：实施专利权人专利的行为发生在该项专利权授权以后的专利权有效保护期内；该实施行为未经专利权人许可；该实施行为以生产经营为目的；该实施行为是法定禁止的侵害行为，即制造使用、许诺销售、销售、进口该专利产品的行为；该实施行为落入该项专利权的保护范围。在编辑诉讼请求事实时，原告必须对上述五个方面的生活事实加以阐述，与此无关的生活事实无须赘述。

侵权案件中，原告以行为人承担过错责任请求其赔偿损失，应当重点在涉及行为人过错、实施了侵权行为、造成了自己损害后果以及行为与损害后果之间存在因果关系等方面进行事实的陈述和提供。这样处理的优点是，人民法院从起诉材料中基本能够对原告诉讼请求的成立要件事实产生初步印象，也有利于庭审指挥以及焦点整理。如果原告不分主次地将诉讼请求成立要件事实与不相关的事实，全部记载于起诉材料中向法院提供，不仅显得案情描述十分混乱，甚至也会因为其中掺杂了对自己诉讼请求成立不利的事实而带来难以挽回的被动后果。

原告诉讼请求成立的法律要件事实存在多个时，属于前提问题的证明对象应先被证明。如离婚案件中，存在合法的婚姻关系是离婚的前提，理应先举证证明。要求支付违约金的诉讼案件中，当事人之间存在合法有效的合同法律关系就是诉讼请求的前提问题，也应先予以证明。对于一般的人身侵权诉讼，侵权行为成立是损害赔偿的前提，应当先举证证明。但在某些诉讼中，如以《反不正当竞争法》为依据提起的诉讼中，侵害对象是否存在是判断侵权行为成立的前提，故也应当先行证明。譬如在以擅自使用知名商品特有名称、包装、装潢为由的侵权诉讼中，原告就得首先证明自己的商品是知名商品，其次证明该商品的名称、包装、装潢是"特有的"名称、包装、装潢，即具有指示商品来源的作用，能够使社会公众将该商品的名称、包装、装潢与特定的经营者联系起来，换言之，就是存在被侵犯的对象。侵犯商业秘密诉讼就得先证明商业秘密是客观存在的，而不是主观臆断的一些产品信息和技术信息。

当诉讼请求成立法律要件事实存在前后流程关系时，则可按先后流程关系进行证明。比如要求被告归还货款。正常的流程就是先签订合同，然后原告履行合同，被告支付货款。其中前两个要件事实由原告负责证明，其证明顺序也就是先证明合同成立且有效，原告履行了合同。再如一般侵权包括四个构成要件：过错，加害行为，损害结果和因果关系。先有加害行为然后才会有损害结果，故应当先证明加害行为，再证明损害结果。至于过错和因果关系这些并无先后流程关系、处于并列状态的要件事实，原告可以自由决定证明顺序。

3. 证据的梳理

如果将原告提起诉讼比作一场战争的发动，那么向法院提交的证据就等同于其战斗的武器。如果向法院提交的证据不足、不充分，原告将面临巨大的败诉风险。这是不是意味着原告应尽可能多地向法院提交证据材料呢？答案是否定的。根据前文的论证，原告的诉讼请求之所以能够被法院支持，一个重要原因是其诉讼请求的成立要件得到法院的支持。而原告的诉讼请求成立要件是否具备，显然应当取决于各个成立要件有无得到法院的认定。因此，实际上原告向法院提交证据也需要围绕诉讼请求成立要件这一核心来进行。

一个不能被忽略的问题是，原告如何决定哪些证据放在前面、哪些证据放在后面？举证顺序表现在两个方面：一是当存在多个证明对象时，应当依据先证明哪个对象，后证明哪个对象的次序；二是当某一要件事实没有直接证据，需要通过多个间接证据证明时，应当依据先出示哪个证据，后出示哪个证据的顺序。人民法院审理案件的庭审顺序，往往根据证据目录的顺序进行，看似是证据目录事先编排的顺序决定了举证顺序，实际是证明顺序决定了证据目录的编排顺序，并进而决定了举证的顺序。

以法律要件事实为基础，原告整理证据可以按照下列顺序进行安排：诉讼要件事实证据在先，诉讼请求成立要件事实证据证明在后。比如，当诉讼存在前置问题时，就应先证明前置问题，而不是先证明实体问题。如因劳动纠纷、人事纠纷诉至法院后，原告应当先证明纠纷已经经过劳动仲裁、人事仲裁或者申请劳动仲裁、人事仲裁不被受理。否则的话，被告就会要求法院驳回原告的起诉。再比如，主体要件中适格原告的问题。如起诉他人专利侵权时，原告首先应当证明自己是专利权人。非商标注册人起诉时，须证明自己是独占使用许可合同的被许可人；如果是排他使用许可合同的被许可人提起诉讼，须证明商标注册人不起诉；如果是普通使用许可合同的被许可人，须证明商标注册人已明确授权自己提起诉讼。在网络名誉侵权诉讼中，原告须举证证明自己就是网络帖子所指之人。如要求他人返还侵占的物品则必须证明自己是所有权人或者合法的占有人。

（二）起诉状应避免出现的内容

为了更加醒目，在这里有必要总结一些起诉状中不应当出现的内容，以提高读者的注意力。

1. 与原告诉讼请求不一致的内容

与诉讼请求相悖的事实往往是对己方不利的事实，根据《最高人民法院关于民事诉讼证据的若干规定》（以下简称《民事证据规定》）的相关规定，原告在起诉状中承认对己方不利的事实，除非有相反证据足以推翻，否则法院将可以作出对原告不利的认定。《民事证据规定》第3条规定："在诉讼过程中，一方当事人陈述的于己不利的事实，或者对于己不利的事实明确表示承认的，另一方当事人无需举证证明。在证据交换、询问、调查过程中，或者在起诉状、答辩状、代理词等书面材料中，当事人明确承认于己不利的事实的，适用前款规定。"因此，如果起诉状中有对己方不利的事实，对方无须举证，起诉状中记载的不利于原告方的事实将被法院作出不利于原告方的认定。

2. 对原告方不利的事实

在起诉状中，原告应尽可能回避对己方不利的事实，否则将会为将来的诉讼埋下隐患。此外，起诉状中的事实陈述和理由的展示，仅需要将基本事实说清和法律依据列明即可，尽量将对己方有利的事实写在起诉状中。

3. 对案件的主观评价

对事实尤其是对争议事实的认定（包括如何认定该事实以及如何适用法律），属于法院审理的范畴。换言之，需要双方提供证据证明并在庭审中进行质证和辩论，最后由法官作出认定。对有关事实尤其是争议事实，原告可以只陈述己方所认为的事实即可。毕竟，无论起诉状写得如何完美，在起诉状中将对己方不利的事实论证得如何完善，归根结底都属于单方陈述，此等陈述本身对法院和对方并无任何效力。起诉状最主要的是将诉讼请求写清楚，将基本的事实陈述清楚即可，至于如何能通过具体的证据和法律适用推理得出原告诉请，这些是庭审原告需完成的工作没有必要写在起诉状中。

对己方观点展开论述或对对方观点进行"虚拟反驳"，也是原告设计起诉状时应当尽力避免的现象。这是因为作为原告的一方当事人，很可能会预先想到被告一方可能提出的异议或者抗辩，而先入为主地在起诉状中"先声夺人"，进行一番假象的攻击和评价。这样做的缺陷是显而易见的：法院根本不会在庭审之前考虑双方的争议焦点或者可能的对抗，更没有根据去对这些虚拟的辩论进行居中裁断。这样做的结果不仅不能提高起诉状的专业性和逻辑性，反而会给审判人员带来不必要的反感。因此，起诉状有关事实和理由部分，在确保所述事实清晰的情况下，应尽可能言简意赅。毕竟起诉只是诉讼的开始，此阶段所获取的诸多事实、证据材料皆为原告一方提供，且没有经过对方的质证，在此情况下，首要的事项是避免在起诉状中对事实进行描述和对法律予以适用时出现纰漏或错误。简言之，起诉状的首要任务是尽量避免犯错，用简练的语言书写起诉状，则可以最大限度地避免出现错误。

综上所述，制作和提交起诉状的根本目的在于提起诉讼，并能够为人民法院接收，从而能进入诉讼的后续环节。但设计精良的起诉状的意义却并不仅仅在于此。起诉状的内容牵扯法院对案件的受理、启动诉讼程序，甚至会影响将来法庭上的举证质证和法庭辩论，因此需要格外予以重视。

第二节　诉讼要件

显而易见，人民法院接收原告的起诉材料并非意味着对诉讼正式立案，人民法院对起诉材料需要进一步审查之后，认定诉讼要件具备的情况下才能予以登记立案，在这个过程中法院是否立案的裁判标准，即为"诉讼要件"。

在起诉阶段，对于原告来说，其提起的民事诉讼被人民法院接收，是否具备诉讼要件则是下一个关键的问题。如果原告提起的诉讼被法院认定不具备诉讼要件，其诉讼面临被法院不予受理而失去实体裁判机会的结果。那么，接下来的问题是，怎么样确保自己起诉的案件，具备法定的"诉讼要件"？以下分几个方面来进行阐述。

一、当事人要件

（一）当事人要件的内容

1. 当事人的确定

当事人是诉讼的发起者和争议权利义务的承受者，因此当事人不确定或者不存在的诉讼就失去了实体审理和裁判的意义。由于诉讼实践中出现了一些极其特殊的诉讼案件，促使大陆法系学者们开始研究应以什么方法确定案件当事人的问题。这些特别案件主要包括：冒用他人的名义进行起诉；起诉状所表明的当事人已经死亡，他人冒用死者提起诉讼或者应诉；错误的当事人进行诉讼并获得判决。根据上述特殊案例，学界对当事人确定的标准提出了行动说、意思说和表示说。实际上在法院审判过程中，很少出现确定当事人的情形。因为当事人是否为起诉状中记载的当事人，属于法院必须认真调查核实的事项，冒用他人名义进行起诉或者应诉并非常见。即使存在同名同姓甚至长相相似者，也可以通过核查身份证件号码、核查当事人与具体诉讼案件的事实关系，来辨别是否存在错误当事人的情形。

　　因此，本教材认为确定的当事人，应当以起诉状中记载的当事人为准，即采取表示说。而理论上所假设存在的特殊案例，只要通过法院认真核查比对，自然不会引起错误当事人的后果。作为起诉状记载的当事人，并非正当当事人的概念，而仅仅为实际当事人。以起诉状确定当事人，要求起诉状必须明确记载原告和被告的身份，否则法院无法针对当事人不确切的诉讼进行审理和裁判。

　　2. 当事人适格

　　当事人适格，又称为正当当事人，是指当事人对某一诉讼标的具有以自己的名义起诉或应诉的资格。当事人适格为诉讼要件之一，当事人如果不适格，法院将以原告之诉不合法为由裁定驳回。

　　从广义角度看，诉讼中当事人确定之后所涉及的是否为正当当事人，是围绕该当事人是否具有诉的主观利益的问题。例如，原告起诉的被告应当为公司甲，但实际起诉被告为该公司职员乙。乙显然并非该诉讼的正当被告。这个问题的本质是，职员乙作为被告在原告提起的诉讼中并不具有接受法院实体审理和判决的利益，原告应当将诉变更为以公司甲作为被告的诉讼。如果原告并非案件的正当原告，是否应当进行原告的更换？从纠纷彻底解决的角度讲，法院通知案件的正当原告进行诉讼的方式有利于诉讼成本的节约，同时也并不侵害当事人的处分权。被告如果并非正当的当事人，法院根据原告的意愿进行变更被告，有利于实现诉讼经济的目的。当然，如果原告拒绝更换正当被告，即拒绝进行诉讼变更，法院必须对该诉讼以原告之诉不合法为理由裁定驳回，而无需进行诉讼请求是否成立的审理。

　　目前，当事人适格理论的基础，已经从管理权逐渐转向从诉的利益角度进行理解。以管理权为基础的当事人适格学说，通过诉讼实施权来判断当事人适格问题。因为只有具有诉讼实施权的人才可以成为本案的正当当事人。随着诉讼现象日益复杂，新类型的诉讼案件不断出现，以管理权为基础的当事人适格理论逐渐体现其局限性，诉的利益作为正当当事人基础的观点日益受到学者的重视。所谓诉的利益，是指原告谋求判决时的利益，即诉讼进行利益，它是原告所主张的利益面临危险和不安时，为了除去这些危险和不安而诉诸诉讼，从而谋求判决的利益，这种利益只有当原告主张的实体利益现实地陷于危险和不安时才得以产生。只要原告具有通过实体判决除去现已存在的危险或不安的法律上的利益，就享有受判决保护的实体法利益。诉的利益作为当事人适格的基础，为正当当事人范围的扩张提供了必要前提，因为即使没有实际的管理权和处分权，具有诉的利益仍然能够成为案件的正当当事人。以下通过具体案例进行说明：

王某系某局干部，程某是一个烟商，两人是朋友关系。2019 年 10 月，局里通知王某单位职工集资建房，但王某一时拿不出钱，正想放弃。而程某虽有钱，却苦于无集资资格，于是他找到王某，双方口头约定，由程某出资 5 万元以王某名义集资住房一套，集资房由程某实际占有和使用，房产证上写的是王某的名字。2020 年 9 月，王某弟弟做生意急需资金，王某便以该房屋的产权证作抵押向银行借款 9 万元。贷款于 2021 年 3 月到期后，王某无力偿还，银行遂要求变卖该房以实现抵押权。程某得知实情后，向法院起诉，以自己为该房的实际产权人为理由，要求确认王某的房屋抵押行为无效。

该案件从当事人的角度，可以理解为程某对该房屋抵押纠纷并无法律上的利害关系，不具有诉的主观利益。当事人适格实质上就是诉的利益的具体表现形式，是从当事人角度表现的诉的主观利益。因此，当事人适格问题与诉的利益实际上为表里关系，只不过前者现在已经从诉的利益范畴脱离，成为独立形态的诉讼理论形式。当事人适格理论实际上是以诉讼标的为参照，判断谁是进行诉讼正当当事人的问题；而作为同一枚硬币的另一面，我们也可以从"实际当事人"的角度，判断该当事人是否对该诉讼标的具有诉的利益。而目前的当事人理论，恰好是以前者为思路建立的。在上述案例中，我们既可以说该房屋抵押纠纷的正当当事人并非程某，也可以说程某在该纠纷中不具有诉的主观利益。目前关于当事人的理论研究，已经有学者指出当事人适格的基础就是诉的利益。所谓非正当当事人，是指当事人适格有欠缺的诉讼当事人，这种欠缺表现为当事人与特定诉讼标的没有事实上或法律上的关系，即不是该诉讼标的权利或法律关系主体，也没有诉讼担当人的资格，对该诉讼根本没有诉讼实施权。

3. 当事人能力

当事人应当具有诉讼权利能力和诉讼行为能力。公民的诉讼权利能力开始于出生，终止于死亡。因此，未出生的胎儿以及已经死亡的公民均不具有作为诉讼当事人进行诉讼的资格。法人、其他组织的诉讼权利能力开始于法人以及组织的成立，终止于法人、组织的解散或撤销。以不具有诉讼权利能力者名义提起的诉讼，法院可直接以诉不合法为理由驳回起诉。我国《民事诉讼法》规定的当事人诉讼权利能力以及诉讼行为能力均属于这一诉讼要件的具体形式。

（二）适格的原告

根据《民事诉讼法》第122条，原告是与本案有直接利害关系的公民、法人和其他组织。如果起诉的原告不具有"直接利害关系"的条件，人民法院将不予受理或驳回起诉。对原告资格进行一定的资格设置，有利于防止原告滥用司法资源，有利于将一些与案件无关的人排除在诉讼之外，确保司法资源的合理使用。我国相关立法并未明确规定"直接利害关系"的具体要件，因而原告起诉时能够从形式上认定其与案件存在法律上的权利义务关系即可。

但是要注意的是，针对一些特殊类型的民事案件，非实体利害关系的第三人，因依法对他人的权利或法律关系有管理权，因此也具备适格原告身份。例如，《民法典》第42条规定，失踪人的财产由其配偶、成年子女、父母或者其他愿意担任财产代管人的人代管。因此，被宣告失踪人的财产代管人，可以以自己名义就涉及其代管财产发生的民事纠纷提起诉讼。再如，《民法典》第1145条规定，继承开始后，遗嘱执行人为遗产管理人；没有遗嘱执行人的，继承人应当及时推选遗产管理人；继承人未推选的，由继承人共同担任遗产管理人；没有继承人或者继承人均放弃继承的，由被继承人生前住所地的民政部门或者村民委员会担任遗产管理人。此外，经过真正权利人的授权，相关的被授权主体依法可成为适格原告。例如，根据《最高人民法院关于审理著作权民事纠纷案件适用法律若干问题的解释》第6条，依法成立的著作权集体管理组织，根据著作权人的书面授权，以自己的名义提起诉讼，人民法院应当受理。除了以上特殊情况下适格原告的规定，同学们也需要了解以下特殊的原告资格问题。

1. 公益诉讼原告的特别规定

《民事诉讼法》第58条规定，对污染环境、侵害众多消费者合法权益等损害社会公共利益的行为，法律规定的机关和有关组织可以向人民法院提起诉讼。

（1）法律规定的机关。从现行法律规定来看，目前明确可以提起民事公益诉讼的行政机关，包括两类：一是海洋环境监管部门。《海洋环境保护法》

第89条规定，对破坏海洋生态、海洋水产资源、海洋保护区，给国家造成重大损失的，由依照该法规定行使海洋环境监督管理权的部门代表国家对责任者提出损害赔偿要求。该条款既是赋权条款，也是限定条款，即将海洋生态资源损失索赔主体限定为行使海洋环境监督管理权的部门。二是检察机关。《最高人民法院、最高人民检察院关于检察公益诉讼案件适用法律若干问题的解释》第4条规定，人民检察院以公益诉讼起诉人身份提起公益诉讼，依照《民事诉讼法》《行政诉讼法》享有相应的诉讼权利，履行相应的诉讼义务，但法律、司法解释另有规定的除外。

（2）有关组织。根据现行法律和司法解释的规定，可以提起民事公益诉讼的社会组织有：①符合条件的消费者协会。《消费者权益保护法》第47条规定，对侵害众多消费者合法权益的行为，中国消费者协会以及在省、自治区、直辖市设立的消费者协会，可以向人民法院提起诉讼。②专门从事环境保护公益活动的社会组织。《环境保护法》第58条规定，对污染环境、破坏生态，损害社会公共利益的行为，符合下列条件的社会组织可以向人民法院提起诉讼：一是，依法在设区的市级以上人民政府民政部门登记；二是，专门从事环境保护公益活动连续五年以上且无违法记录。另外，《最高人民法院关于审理环境民事公益诉讼案件适用法律若干问题的解释》第2条至第5条进一步明确，提起环境公益诉讼的社会组织应当符合下列条件：其一，属于依照法律、法规的规定，在设区的市级以上人民政府民政部门登记的社会团体、基金会以及社会服务机构；其二，社会组织章程确定的宗旨和主要业务范围是维护社会公共利益，且从事环境保护公益活动的；其三，社会组织提起的诉讼所涉及的社会公共利益，应与其宗旨和业务范围具有关联性；其四，社会组织在提起诉讼前五年内未因从事业务活动违反法律、法规的规定受过行政、刑事处罚的。

我国法律和司法解释未赋予公民个人公益诉讼的原告资格。如果放开个人的公益诉讼主体资格，可能会造成诉讼数量过多的局面。此外，个人举证能力相对薄弱、取证困难，在目前社会条件下，不适合作为公益诉讼的起诉主体。当然在很多情况下，损害公共利益的行为也会损害个人利益，为此《民事诉讼法解释》第286条规定："人民法院受理公益诉讼案件，不影响同一侵权行为的受害人根据民事诉讼法第一百二十二条规定提起诉讼。"

2. 人身损害赔偿案件的原告资格

一般来说，赔偿权利人是被侵权人（即受害人），但我国《民法典》第1181条作了一些特别规定：一是被侵权人死亡的，其近亲属有权请求侵权人承担侵权责任；二是被侵权人死亡的，支付被侵权人医疗费、丧葬费等合理费用的人有权请求侵权人赔偿费用，但是侵权人已经支付该费用的除外。对于支付上述合理费用的人是被侵权人以外的第三人时，该第三人为赔偿权利人。《民事诉讼法解释》第69条规定，对侵害死者遗体、遗骨以及姓名、肖像、名誉、荣誉、隐私等行为提起诉讼的，死者的近亲属为当事人。

此外，根据《社会保险法》第38条和《工伤保险条例》第39条，劳动者因工死亡的，死者的近亲属有权获得丧葬补助金、供养亲属抚恤金和因工死亡补助金，因此在相关案件中可以成为适格原告。

3. 被侵权人死亡无法查清近亲属时的原告资格

对于被侵权人因侵权而死亡，无法查清其近亲属的案件，谁有资格作为赔偿权利人的问题，我国《民事诉讼法》无明文规定。根据《民法典》第1181条，支付被侵权人医疗费、丧葬费等合理费用的人有权请求侵权人赔偿费用，因此可以在被侵权人死亡无法查清近亲属时具有适格原告身份。

4. 具有追偿权的赔偿义务人

例如，《民法典》第1216条规定，机动车驾驶人发生交通事故后逃逸，该机动车参加强制保险的，由保险人在机动车强制保险责任限额范围内予以赔偿；机动车不明、该机动车未参加强制保险或者抢救费用超过机动车强制保险责任限额，需要支付被侵权人人身伤亡的抢救、丧葬等费用的，由道路交通事故社会救助基金垫付。道路交通事故社会救助基金垫付后，其管理机构有权向交通事故责任人追偿。《最高人民法院关于审理道路交通事故损害赔偿案件适用法律若干问题的解释》第23条规定，被侵权人因道路交通事故死亡，无近亲属或者近亲属不明，支付被侵权人医疗费、丧葬费等合理费用的单位或者个人，请求保险公司在交强险责任限额范围内予以赔偿的，人民法院应予支持。根据上述规定，因维护受害人权益垫付各种合理费用的主体，均享有依法向侵权行为的赔偿义务人提起诉讼请求支付费用的权利，这一点在我国最高人民法院的判例中也得到了体现。

5. 具有追偿权的责任人

例如，《民法典》第1192条规定，提供劳务期间，因第三人的行为造成提供劳务一方损害的，提供劳务一方有权请求第三人承担侵权责任，也有权请求接受劳务一方给予补偿。接受劳务一方补偿后，可以向第三人追偿。再如，《民法典》第 1198 条规定，因第三人的行为造成他人损害的，由第三人承担侵权责任；经营者、管理者或者组织者未尽到安全保障义务的，承担相应的补充责任。经营者、管理者或者组织者承担补充责任后，可以向第三人追偿。追偿权是责任人向受害人承担先行赔偿的责任后，向真正的损害人提出的请求，因此具有追偿权的责任人具有独立的主体地位，可成为适格原告。

原告主体不适格在起诉受理阶段、立案以后会面临不同的处理后果。如果在立案阶段法院认为原告主体不适格，则裁定不予受理；如果在立案之后法院认定原告主体不适格，则裁定驳回起诉。对于以上裁定，原告可以依法向上级人民法院提起上诉。

（三）明确的被告

《民事诉讼法》仅要求起诉时被告明确，即原告应当提供被告住所地或住址、联系方式等信息，证明被告真实存在。至于被告是否为争议的法律关系主体、是否应当承担民事责任，并非人民法院审查受理时应当解决的问题。简言之，被告不存在是否"适格"的问题，仅存在是否"明确"的问题。人民法院不应以被告不是争议的法律关系中的义务主体或责任主体为由，裁定驳回原告对被告的起诉。只要原告提出了明确的被告，且符合其他起诉条件的，人民法院就应当受理并转入实体审理阶段，以判决形式对双方的权利义务和民事责任进行裁判。如果人民法院经过依法审理最终确认被告不应承担民事责任，则可以判决驳回原告的诉讼请求。

一般情况下，被告的选择是比较直观和明确的。比如，合同纠纷案件中，被告一般都是合同的一方当事人且是承担合同履行义务的当事人；侵权案件中，被告一般是侵权行为人或加害人；离婚案件中，被告是夫妻的一方。在这些情况下，选择适当的被告并不会成为一个棘手的法律问题。但是在有的情况下，在存在数个被告或存在请求权竞合的场合，原告方面可以遵循"一网打尽"原则确定被告。"一网打尽"原则是指原告在起诉列举被告的时候，在法律规定范围内尽可能将更多的被告列入其中。换言之，原告起诉列举被告时采取的是加法，至于被告是否承担责任或责任的大小这些问题，则属于人民法院进行裁判的事项，这并不影响原告向相关被告提出诉讼请求。原告起诉被告，一般是要求被告支付价款、承担责任等。原告起诉的最终目的不仅是追求案件的胜诉，更重要的是在于其诉讼请求能实现，即通过判决和执行最终追回款项、判决结果得到落实和执行。因此在符合法律规定的情况下，尽可能多的被告无疑使得原告的诉讼请求有了更多的保障。退一步讲，即使所列举的被告法院最终并未全部要求承担责任，原告方也不应该在未经审理和判决的情况下就自己决定哪一个被告承担责任或不承担责任，而在法律上可以将作为被告的民事主体在起诉时放弃对其追索。如此，既不利于保护原告方权利，也可能导致原告丧失此后向该被告主张的权利。当然，尽可能追加被告的前提是须符合法律的规定，而不应当滥用诉讼权利。

尽管从诉讼后果看，被告的选择对于原告来说只需要满足"明确"即可。可想而知，如果选择了明确的被告，但该被告从实体法律关系角度并非真正承担责任的主体，显然原告的诉讼目的仍然无法实现。从这一角度看，选择最正确的被告仍然具有重要的意义。

根据现有的法律和相关司法解释，与"确定正确的被告"这一问题相关的常见规则主要有以下方面：

1. 法人、其他组织的工作人员

《民事诉讼法解释》第 56 条规定，法人或者其他组织的工作人员执行工作任务造成他人损害的，该法人或者其他组织为当事人。实体法渊源在于，《民法典》第 1191 条规定，用人单位的工作人员因执行工作任务造成他人损害的，由用人单位承担侵权责任。在适用该条款时，同学们需要注意"执行工作任务"这一条件。具体可以考虑上班时间地点、授权行为、职务行为等因素。如果不属于执行工作任务，该工作人员应当为适格当事人。在司法实践中，经常会出现受害人将法人和工作人员一并提起诉讼，要求承担连带责任的情况。但是从法律关系来看，法人工作人员因职务行为发生的侵权，以该法人为正确的被告比较合适，对其工作人员同时提出的连带责任请求往往得不到法院的支持。当然，法人承担相应责任后，有权向有故意或重大过失的工作人员进行追偿。

此外，还需要注意的问题是，法人的法定代表人、其他组织的负责人并非真正意义上的当事人，而是代表法人或其他组织起诉应诉的诉讼参加人，根据《民事诉讼法》第 51 条的规定，其仅有"进行诉讼"的权利。例如，张某是甲公司的董事长，依法作为甲公司的法定代表人向乙公司提起诉讼，本案的原告和被告应为甲公司和乙公司，张某并非本案原告。如果在甲公司诉讼过程中张某不再担任甲公司的法定代表人，则应由新的法定代表人继续进行诉讼，当事人并不发生变化。

2. 劳务关系被告

《民事诉讼法解释》第 57 条规定，提供劳务一方因劳务造成他人损害，受害人提起诉讼的，以接受劳务一方为被告。劳务关系是一种常见的民事法律关系，是劳动者与用工者根据口头或书面约定，由劳动者向用工者提供劳动服务，用工者依约向劳动者支付劳务报酬的一种有偿服务的法律关系。另根据《民法典》第 1192 条，接受劳务一方承担侵权责任后，可以向有故意或者重大过失的提供劳务一方追偿。提供劳务一方因劳务受到损害的，根据双方各自的过错承担相应的责任。提供劳务期间，因第三人的行为造成提供劳务一方损害的，提供劳务一方有权请求第三人承担侵权责任，也有权请求接受劳务一方给予补偿。接受劳务一方补偿后，可以向第三人追偿。

3. 劳务派遣关系被告

根据《民事诉讼法解释》第 58 条，在劳务派遣期间，被派遣的工作人员因执行工作任务造成他人损害的，以接受劳务派遣的用工单位为当事人。当事人主张劳务派遣单位承担责任的，该劳务派遣单位为共同被告。

4. 民事代理关系被告

根据《民事诉讼法解释》第 62 条，行为人没有代理权、超越代理权或者代理权终止后以被代理人名义进行民事活动的，应当以行为人为当事人。此时因为构成无权代理，被代理人不承担责任，因此应当以无权代理人（即行为人）为适格当事人。但是需要注意的问题是，在无权代理中的表见代理是个例外情形。《民法典》第 172 条规定，行为人没有代理权、超越代理权或者代理权终止后，仍然实施代理行为，相对人有理由相信行为人有代理权的，代理行为有效。上述表见代理行为的法律后果由被代理人承担。表见代理从其本质来看仍然属于无权代理，但是为了保护善意第三人的信赖利益与交易的安全，法律强制被代理人承担其法律后果。因此，表见代理尽管实质为无权代理，但是法律后果却等同于有权代理。民法上表见代理的构成，关键在于善意第三人这一条件的成立。

5. 人身损害赔偿案件的赔偿义务人

侵权损害赔偿的义务的确定，需要考虑各类具体的侵权责任。在普通的过错责任中，赔偿义务人是实施侵权行为的人，即侵权人。但是在其他法定情况下，赔偿义务人还包括法律规定的责任人，如监护人、雇主、动物饲养人、教育机构、保险公司等。《最高人民法院关于审理人身损害赔偿案件适用法律若干问题的解释》第 1 条专门就人身损害赔偿纠纷的当事人资格问题作出了规定："赔偿权利人"，是指因侵权行为或者其他致害原因直接遭受人身损害的受害人以及死亡受害人的近亲属。"赔偿义务人"，是指因自己或者他人的侵权行为以及其他致害原因依法应当承担民事责任的自然人、法人或者非法人组织。此外，根据有关法律和司法解释，因承担"先行赔付义务"的责任人也是合格的被告。例如，根据《最高人民法院关于审理铁路运输损害赔偿案件若干问题的解释》第 12 条，在铁路旅客运送期间因第三者责任造成旅客伤亡，旅客或者其继承人要求铁路运输企业先予赔偿的，应予支持。铁路运输企业赔付后，有权向有责任的第三者追偿。

6. 教育机构责任被告

受害人可以根据《民法典》第 1199 条至第 1201 条按照以下标准确定被告：无民事行为能力人在幼儿园、学校或者其他教育机构学习、生活期间受到人身损害的，幼儿园、学校或者其他教育机构应当承担侵权责任，但是能够证明尽到教育、管理职责的，不承担侵权责任。限制民事行为能力人在学校或者其他教育机构学习、生活期间受到人身损害，学校或者其他教育机构未尽到教育、管理职责的，应当承担侵权责任。无民事行为能力人或者限制民事行为能力人在幼儿园、学校或者其他教育机构学习、生活期间，受到幼儿园、学校或者其他教育机构以外的第三人人身损害的，由第三人承担侵权责任；幼儿园、学校或者其他教育机构未尽到管理职责的，承担相应的补充责任。幼儿园、学校或者其他教育机构承担补充责任后，可以向第三人追偿。

7. 产品质量责任被告

受害人可以根据《民法典》第 1203 条和第 1204 条按照以下标准确定被告：因产品存在缺陷造成他人损害的，被侵权人可以向产品的生产者请求赔偿，也可以向产品的销售者请求赔偿。产品缺陷由生产者造成的，销售者赔偿后，有权向生产者追偿。因销售者的过错使产品存在缺陷的，生产者赔偿后，有权向销售者追偿。因运输者、仓储者等第三人的过错使产品存在缺陷，造成他人损害的，产品的生产者、销售者赔偿后，有权向第三人追偿。

8. 环境污染责任被告

受害人可以根据《民法典》第 1229 条和第 1233 条按照以下标准确定被

告：因污染环境、破坏生态、造成他人损害的，侵权人应当承担侵权责任。因第三人的过错污染环境、破坏生态的，被侵权人可以向侵权人请求赔偿，也可以向第三人请求赔偿。侵权人赔偿后，有权向第三人追偿。

9. 医疗损害责任被告

根据《民法典》第 1218 条，患者在诊疗活动中受到损害，医疗机构或者其医务人员有过错的，由医疗机构承担赔偿责任。《民法典》第 1223 条规定，因药品、消毒产品、医疗器械的缺陷，或者输入不合格的血液造成患者损害的，患者可以向药品上市许可持有人、生产者、血液提供机构请求赔偿，也可以向医疗机构请求赔偿。患者向医疗机构请求赔偿的，医疗机构赔偿后，有权向负有责任的药品上市许可持有人、生产者、血液提供机构追偿。

10. 饲养动物损害责任被告

受害人可以根据《民法典》第 1245 条、第 1249 条和第 1250 条按照以下标准确定被告：饲养的动物造成他人损害的，动物饲养人或者管理人应当承担侵权责任；遗弃、逃逸的动物在遗弃、逃逸期间造成他人损害的，由动物原饲养人或者管理人承担侵权责任；因第三人的过错致使动物造成他人损害的，被侵权人可以向动物饲养人或者管理人请求赔偿，也可以向第三人请求赔偿。动物饲养人或者管理人赔偿后，有权向第三人追偿。

11. 物件损害责任被告

受害人可以根据《民法典》第 1252 条至第 1254 条按照以下标准确定被告：建筑物、构筑物或者其他设施倒塌、塌陷造成他人损害的，由建设单位与施工单位承担连带责任，但是建设单位与施工单位能够证明不存在质量缺陷的除外。建设单位、施工单位赔偿后，有其他责任人的，有权向其他责任人追偿。因所有人、管理人、使用人或者第三人的原因，建筑物、构筑物或者其他设施倒塌、塌陷造成他人损害的，由所有人、管理人、使用人或者第三人承担侵权责任。建筑物、构筑物或者其他设施及其搁置物、悬挂物发生脱落、坠落造成他人损害，所有人、管理人或者使用人不能证明自己没有过错的，应当承担侵权责任。所有人、管理人或者使用人赔偿后，有其他责任人的，有权向其他责任人追偿。从建筑物中抛掷物品或者从建筑物上坠落的物品造成他人损害的，由侵权人依法承担侵权责任；经调查难以确定具体侵权人的，除能够证明自己不是侵权人的外，由可能加害的建筑物使用人给予补偿。可能加害的建筑物使用人补偿后，有权向侵权人追偿。

12. 机动车交通事故责任被告

受害人可以根据《民法典》第 1209 条至第 1215 条按以下标准确定被告：因租赁、借用等情形机动车所有人、管理人与使用人不是同一人时，发生交通事故造成损害，属于该机动车一方责任的，由机动车使用人承担赔偿责任；机动车所有人、管理人对损害的发生有过错的，承担相应的赔偿责任；当事人之间已经以买卖或者其他方式转让并交付机动车但是未办理登记，发生交通事故造成损害，属于该机动车一方责任的，由受让人承担赔偿责任；以"挂靠"形式从事道路运输经营活动的机动车，发生交通事故造成损害，属于该机动车一方责任的，由挂靠人和被挂靠人承担连带责任；未经允许驾驶他人机动车，发生交通事故造成损害，属于该机动车一方责任的，由机动车使用人承担赔偿责任；机动车所有人、管理人对损害的发生有过错的，承担相应的赔偿责任；以买卖或者其他方式转让拼装或者已经达到报废标准的机动车，发生交通事故造成损害的，由转让人和受让人承担连带责任；盗窃、抢劫或者抢夺的机动车发生交通事故造成损害的，由盗窃人、抢劫人或者抢夺人承担赔偿责任。盗窃人、抢劫人或者抢夺人与机动车使用人不是同一人，发生交通事故造成损害，属于该机动车一方责任的，由盗窃人、抢劫人或者抢夺人与机动车使用人承担连带责任。

13. 高度危险责任被告

受害人可以根据《民法典》第 1237 条至第 1242 条按以下标准确定被告：民用核设施或者运入运出核设施的核材料发生核事故造成他人损害的，民用核设施的营运单位应当承担侵权责任；民用航空器造成他人损害的，民用航空器的经营者应当承担侵权责任；占有或者使用易燃、易爆、剧毒、高放射性、强腐蚀性、高致病性等高度危险物造成他人损害的，占有人或者使用人应当承担侵权责任；从事高空、高压、地下挖掘活动或者使用高速轨道运输工具造成他人损害的，经营者应当承担侵权责任；遗失、抛弃高度危险物造成他人损害的，由所有人承担侵权责任。所有人将高度危险物交由他人管理的，由管理人承担侵权责任；所有人有过错的，与管理人承担连带责任；非法占有高度危险物造成他人损害的，由非法占有人承担侵权责任。所有人、管理人不能证明对防止非法占有尽到高度注意义务的，与非法占有人承担连带责任。

14. 公司法相关诉讼被告

根据《最高人民法院关于适用〈中华人民共和国公司法〉若干问题的规定（二）》等司法解释相关规定，股东请求确认股东会或者股东大会、董事会决议不成立、无效或者撤销决议以及请求公司分配利润、确认其股东资格、提起解散公司诉讼等公司法相关诉讼案件，应当列公司为被告。

15. 设立法人责任被告

根据《民法典》第75条，设立人为设立法人以自己的名义从事民事活动产生的民事责任，第三人有权选择请求法人或者设立人承担。

16. 具有补偿责任的受益人

根据《民法典》第183条，因保护他人民事权益使自己受到损害的，由侵权人承担民事责任，受益人可以给予适当补偿。没有侵权人、侵权人逃逸或者无力承担民事责任，受害人请求补偿的，受益人应当给予适当补偿。

17. 保证合同纠纷被告

根据《最高人民法院关于适用〈中华人民共和国民法典〉有关担保制度的解释》第26条，一般保证中，债权人未就主合同纠纷提起诉讼或者申请仲裁，仅起诉一般保证人的，人民法院应当驳回起诉。这是因为在一般保证法律关系中，保证人依法享有先诉抗辩权，[1]因此债务人应当先对债务人提起诉讼。在连带保证关系中，由于保证人没有先诉抗辩权，因此债权人既可以仅起诉保证人，也可以仅起诉被保证人。另根据《民事诉讼法解释》第66条，因保证合同纠纷提起的诉讼，债权人向保证人和被保证人一并主张权利的，人民法院应当将保证人和被保证人列为共同被告。保证合同约定为一般保证，债权人仅起诉保证人的，人民法院应当通知被保证人作为共同被告参加诉讼；债权人仅起诉被保证人的，可以只列被保证人为被告。

18. 公司人格否认诉讼被告

人民法院在审理公司人格否认纠纷案件时，应当根据不同情形确定当事人的诉讼地位：①债权人对债务人公司享有的债权已经由生效裁判确认，其另行提起公司人格否认诉讼，请求股东对公司债务承担连带责任的，列股东为被告，公司为第三人；②债权人对债务人公司享有的债权提起诉讼的同时，

---

〔1〕《民法典》第687条规定，一般保证的保证人在主合同纠纷未经审判或者仲裁，并就债务人财产依法强制执行仍不能履行债务前，有权拒绝向债权人承担保证责任。

一并提起公司人格否认诉讼，请求股东对公司债务承担连带责任的，列公司和股东为共同被告；③债权人对债务人公司享有的债权尚未经生效裁判确认，直接提起公司人格否认诉讼，请求公司股东对公司债务承担连带责任的，人民法院应当向债权人释明，告知其追加公司为共同被告。债权人拒绝追加的，人民法院应当裁定驳回起诉。[1]

二、诉讼请求与事实和理由

（一）诉讼请求的明确性

《民事诉讼法》要求当事人提出的诉讼请求必须具体，但如何认定该请求为"具体"则需要结合实际案件确定。原告起诉时有具体的诉讼请求，还要求该诉讼请求必须清楚和明确，避免模棱两可。只有诉讼请求清楚明确，法院才能有针对性地进行审理，且在判决后才可以执行，而模棱两可的诉讼请求会使法院无法确知原告最终的诉讼请求，也会导致在执行中难以执行。

根据《民事诉讼法》第122条，起诉必须有具体的诉讼请求，但原告在诉讼请求中如果使用了模糊和不确定性语言表述，则会让本方陷入较为被动的境地。例如，原告提出"请求所有被告共同承担责任""请求被告赔偿所有损失"，等等。"所有被告"如何认定？"共同责任"是连带责任还是按份责任抑或平均责任？要求赔偿的"所有损失"又是多少具体数字？以上问题，显示出原告在选择诉讼请求的过程中缺乏认真仔细的考虑，结果是即使法院判决支持原告的诉讼请求，该判决也无法执行。因为在执行中无法具体确定所谓的"责任分配"和"损失数字"等。

任何案件的判决最终都必须有相应的法律依据，这表现为原告主张的诉讼请求建立于坚实的实体法基础规范之上。比如，原告方认为被告违约应承担可得利益损失赔偿，即向对方主张可得利益损失赔偿的请求权，该请求权的法律依据为《民法典》第584条。根据该条，当事人一方不履行合同义务或者履行合同义务不符合约定，造成对方损失的，损失赔偿额应当相当于因违约所造成的损失，包括合同履行后可以获得的利益；但是，不得超过违约一方订立合同时预见到或者应当预见到的因违约可能造成的损失。因此如何选择诉讼请求是起诉时最为重要的事项，不同的诉讼请求声明往往会决定案

---

〔1〕　参见2019年《全国法院民商事审判工作会议纪要》第13条。

件的成败，其背后的实体法基础规范也不相同。比如，甲重金购入一枚古代钱币，但不知真伪。甲的朋友乙知悉后找到甲，当面查看后无法鉴定出真伪，于是提出拿回家有机会找专家看一下，甲表示同意。但甲向乙主张返还时，乙以该枚古代钱币丢失为由拒不返还。甲向法院对乙提起诉讼，尽管诉讼请求都是以"返还该古代钱币一枚"为表现形式，但是如果甲选择根据双方之间是借用关系，自己是出借人的，则其享有《民法典》合同编通则尤其是分则所规定的借用人的权利，如请求返还、赔偿损失等；如果甲选择根据双方的"委托鉴定"法律关系提起诉讼，则其诉讼请求成立所依据的实体法基础规范显然与前者截然不同；[1]如果甲选择以"不当得利"法律关系提起诉讼，则其诉讼请求的实体法基础规范又发生了变化。[2]因此，选择不同的诉讼请求就意味着选择了不同的民事法律基础关系，原告方享有的各项权利以及请求权是不同的。

（二）明确诉讼请求的法律关系

原告起诉时基于何种法律关系提出诉讼请求是十分重要的选择性问题。因为不同的诉讼请求建立在完全不同的诉讼请求基础之上，对其关联的基础法律规范、构成要件、当事人适格等将发生一系列连锁反应。以下以一则案件为例进行说明。

旅客 A 乘坐 B 运输公司的大巴车前往某地，其所乘坐的 B 运输公司车辆在行驶过程中与 C 驾驶的小轿车发生碰撞，造成 A 受伤。经交警部门认定，B 运输公司的车承担主要责任、C 驾驶的车辆承担次要责任，A 不承担责任。C 驾驶的车辆在此前向 D 保险公司购买了交强险，事故发生时尚处于交强险保险期限内。A 此前向 E 保险公司投保了人身意外伤害保险。A 此次出行属于因公出差，A 方所在的 F 公司并未为 A 购买社会保险。A 拟就其遭受的损失主张权利。从不同的法律关系角度看，本案所涉及的当事人在不同的实体法基础规范之上，具有不同类型的诉讼请求：

---

〔1〕《民法典》第 927 条规定："受托人处理委托事务取得的财产，应当转交给委托人。"《民法典》第 929 条第 1 款规定："有偿的委托合同，因受托人的过错造成委托人损失的，委托人可以请求赔偿损失。无偿的委托合同，因受托人的故意或者重大过失造成委托人损失的，委托人可以请求赔偿损失。"

〔2〕《民法典》第 985 条规定："得利人没有法律根据取得不当利益的，受损失的人可以请求得利人返还取得的利益……"《民法典》第 987 条规定："得利人知道或者应当知道取得的利益没有法律根据的，受损失的人可以请求得利人返还其取得的利益并依法赔偿损失。"

首先，基于运输合同法律关系提出诉讼请求。因 A 乘坐 B 运输公司车辆，双方之间系客运合同法律关系。根据《民法典》第 811 条，承运人应当在约定期限或者合理期限内将旅客、货物安全运输到约定地点。因 B 运输公司未能将乘客安全送抵目的地，B 运输公司行为已经构成违约，且该违约行为造成了 A 人身伤害后果，因此 A 可以向 B 运输公司主张违约损害赔偿。另外，根据合同相对性原理，客运合同的主体为 A 和 B 运输公司，因此以运输合同关系起诉的，案件的当事人为原告 A 和被告 B 运输公司。

其次，基于人身损害赔偿法律关系提出诉讼请求。A 乘坐 B 运输公司车辆，本案因 B 运输公司和 C 的过错导致 A 受到人身损害，因此 A 作为一方当事人，与 B 运输公司和 C 之间形成人身损害赔偿的法律关系，原告方为 A、被告为 B 运输公司和 C。同时因为 C 驾驶的车辆在 D 保险公司购买了交强险，因此 A 有权要求 D 保险公司在交强险范围内对自己的损失进行赔偿。因此在人身损害赔偿法律关系下，原告为 A，被告为 B 运输公司、C 和 D 保险公司。

再次，基于人身保险合同法律关系提出诉讼请求。因 A 在 E 保险公司购买了人身意外伤害保险，因此对于本次意外伤害事故，符合该保险的理赔条件，A 有权要求 E 保险公司按照其所购买的人身意外伤害保险进行理赔。此纠纷中，原告方为 A，被告为 E 保险公司。

最后，基于劳动法律关系提出诉讼请求。因 A 出现交通事故系因出公差期间发生，因此其所受伤害构成工伤，又因为其所在单位 F 公司未为其购买工伤保险，因此 A 有权要求所在单位按《工伤保险条例》规定向其支付赔偿金。因此，A 以劳动关系中的工伤赔偿为由向劳动仲裁庭提出仲裁申请后，向人民法院提起劳动争议诉讼的，原告方为 A，被告方为 F 公司。

在上述分析的不同情形中，除违约和人身损害赔偿请求权竞合而使得甲方只能选择其中一种主张其权利外，对于人身意外伤害保险和工伤保险赔偿，甲方都可以主张。

根据以上实例分析可见，原告对诉讼请求的选择并不是一个随意的行为。不同的诉讼请求，建立在不同的实体法基础规范之上，呈现出完全不同的民事法律关系。这不仅决定了人民法院审理民事案件的范围和对象，同时也对原告检索诉讼请求成立要件、分析本案要件事实、收集和提供本案证据具有决定性的作用，因此原告方在起诉之前应当对此问题进行认真梳理和考虑。

（三）一次性提出所有诉讼请求

在有些诉讼中，当事人可以提出很多诉讼请求，如在人身侵权中，受害人可以要求物质损害赔偿、精神损害赔偿、赔礼道歉等。如果受害人仅要求物质损害赔偿和赔礼道歉，而没有要求精神损害赔偿，在胜诉后，再次起诉要求精神损害赔偿的话，法院将不再受理。尽管民事诉讼法及其司法解释对此存在缓和的现象，例如，《民事诉讼法解释》第 326 条第 1 款规定："在第二审程序中，原审原告增加独立的诉讼请求或者原审被告提出反诉的，第二审人民法院可以根据当事人自愿的原则就新增加的诉讼请求或者反诉进行调解；调解不成的，告知当事人另行起诉。"但是实际上，根据"一事不再理"原则，原告无正当理由没有在前诉中提出的诉讼请求，很难在后诉向人民法院主张。例如，将一笔金钱债权分为几次诉讼，如债权人甲对债务人乙有 100 万元债权，但乙仅有 10 万元净资产，故甲请求法院判决乙先行偿还 10 万元，对于剩余的 90 万元日后还能否再诉？再比如，在借贷纠纷案件中能否先诉本金后诉利息？这些问题涉及的都是"一事不再理"问题。学界将这种先诉一部分、再诉一部分的情况称为部分请求。如果严格按照重复起诉的法定标准来看，不同的请求意味着前后诉讼并不相同，但是为了避免不必要的诉讼风险，一次性主张全部的诉讼请求是个权宜之计。

（四）多个诉讼请求之间相互不存在冲突

《民法典》等实体法赋予了权利人多种责任主张形式，因而当事人可以提出多个诉讼请求，如开发商迟延交房，购房人可以要求继续履行、支付违约金等。此时要特别注意诉讼请求之间是否存在冲突。《民法典》合同部分所规定的责任形式有的建立在解除合同的基础上，如退货、解除合同等；有的建立在继续保留合同的基础上，如继续履行、修理、更换、重作、减少价款或者报酬等违约责任。即使责任形式都是建立在保留合同基础上，有些责任形式也不可并存，如《民法典》规定，当事人既约定违约金，又约定定金的，一方违约时，对方可以选择适用违约金或者定金条款。

常见的相冲突的责任形式包括：退还与修理、继续履行合同与解除或撤销合同；违约金与定金；违约金和赔偿损失；所有权保留买卖合同中的取回权和货款支付权等。如果在主张多重诉讼请求的前提下，诉讼请求之间存在冲突和矛盾，不仅会导致相关诉讼请求胜诉概率渺茫，也会极大降低起诉行为的谨慎性和专业性。

三、法院主管要件

主管是社会主义国家民事诉讼的特有概念。我国民事诉讼理论中，法院主管是指法院与其他国家机关、社会团体之间解决民事纠纷的分工和权限。从实际情况来看，种类繁多、数量巨大的社会纠纷不可能全部由法院进行解决，否则审判权的行使将不堪重负。因此，法院与其他机关、团体之间必然存在解决社会纠纷的分工和权限。《民事诉讼法》第3条规定，人民法院受理公民之间、法人之间、其他组织之间以及他们相互之间因财产关系和人身关系提起的民事诉讼。我国民事诉讼理论界，将法院受理范围的民事纠纷具体分为：民法调整的财产关系和人身关系纠纷、婚姻法调整的婚姻家庭纠纷、商法调整的商事关系纠纷、经济法调整的经济关系纠纷、劳动法调整的劳动关系纠纷、民事诉讼法规定的特别案件（例如，选民资格案件、非讼案件）。

法院主管制度实际上还包含本国法院对案件具有审判权这一内容，其实质为国际民事管辖权的规定。国际管辖权是一种确定国内法院是否有权审理一定涉外民事案件的原则。随着国际交往的日益频繁，涉外民事案件日益成为各国民事司法面临的问题之一。凡案件涉及外国人或者在外国的人或物，或者涉及在外国发生、变更、消灭的法律关系或法律事实，都会发生国际管辖权问题。例如，美国人甲在意大利驾车误伤在意大利出差的中国人乙。与该案有牵涉的是美国、意大利和中国三个国家，这样便出现该案件在三个国家法院的国家管辖权冲突问题。乙如果选择在中国法院对甲起诉请求人身损害赔偿诉讼，中国法院则必须确定是否对该涉外案件具有国际管辖权。如果本国法院对涉外案件不具有国际管辖权，则意味着提起之诉并不符合诉讼法的要求，法院应当以诉不合法（而非诉无理由）驳回该诉。法院国际管辖权的确定方法并不存在国际通行的原则方法，一些国际条约专门就此问题进行了规定，例如1968年《布鲁塞尔关于民商事案件管辖权及判决执行的公约》，1952年《关于船舶碰撞中民事管辖权若干规则的国际公约》，1958年《海牙国际有体动产买卖协议管辖权公约》，1965年《海牙协议选择法院公约》等。在具体的涉外诉讼审理中，本国国内法也存在确定国际管辖权的基本原则。

（1）属地管辖原则。根据民事案件与管辖国领土的关系来确定国内法院的国际管辖权。这一原则所采取的联系因素主要有当事人的住所地、居所地、临时所在地、营业所所在地、被告财产所在地、诉讼原因发生地、诉讼标的所在地等。地域管辖原则是主权国家在国际法上所享有的属地优越权在国际民事案件管辖权方面的体现。依大陆法系多数国家法律，不论内外国人间或外国人间的诉讼，除有特别规定外，一般由被告住所地国法院管辖。

（2）属人管辖原则。该原则以当事人具有的国籍为连接因素，无论该当事人居住于国内还是国外，其国籍国法院对该案件行使国籍管辖权。这种管辖原则的出发点是保护本国民事主体的合法利益，引申于国际法中的属人优越权，法国、意大利、卢森堡、荷兰以及参加1928年《布斯塔曼特国际私法典》的拉丁美洲国家主要适用该原则。

（3）协议管辖原则。该原则是指根据双方当事人之间在争议发生之前或发生之后达成的协议，向他们所选择的某国法院提起诉讼。协议管辖原则有利于当事人合法权益的保护，当事人可以根据案件的具体情况选择向他们认为最方便、最适当的法院提起诉讼，此外该原则也十分有利于当事人自动执行法院的最终判决。但是规定协议管辖原则的国家，一般均对协议的内容和范围附加了内容各异的限定条件。

（4）专属管辖原则。该原则是指国内法院对某些涉外民事案件具有独占或排他性的管辖权，不承认其他国家法院对这些案件的管辖权，该原则又称为独占管辖原则或排除管辖原则。各国普遍将涉及不动产、家庭、婚姻、继承等方面的民事案件作为专属管辖的范围，但具体规定存在较大差异。

（5）平行管辖原则。该原则是指国内法院主张对某类涉外民事案件具有管辖权的同时，不否认其他国家对这类案件有管辖权。在平行管辖中，立法只一般地规定行使管辖权的联系因素或连接因素。如果联系因素在内国，由内国法院管辖；如果联系因素在外国，则由外国法院管辖。

（6）不方便法院原则。该原则是指对某一案件具有国际民事诉讼管辖权的法院，综合当事人是否便利参加诉讼、法院审理案件的便利程度等因素，如果认为不方便管辖该案，如有另一国法院对该诉讼同样具有管辖权，且其管辖更为方便，则拒绝行使管辖权的制度。该原则主要适用于英美法系国家，大陆法系国家较少采用。

民事案件属于法院主管范围，是人民法院受理民事案件的条件之一。如果原告提起的诉讼并非具有权利义务关系的争议，例如，张三起诉微信群主李四无故将其踢出群聊，请求人民法院判决李四将张三重新加入该群，该诉讼并不具有法律上的权利义务关系。因为网络聊天群是自然人基于某种社会关系组建的网络交流平台，群主对群成员有自主选择权，加群、退群、移出群等行为均系成员间的自治行为，因而此类行为产生的纠纷不属于民事法律调整的范围。但如果张三因李四将其踢出微信群导致其精神利益受到损害，而请求李四赔偿精神损失，则该纠纷属于具有民事权利义务争议的内容，人民法院应予受理。

四、法院管辖要件

我国《民事诉讼法》明确将案件属于法院管辖，作为受理案件的条件之一。这已经充分说明，法院在立案审查阶段，有责任调查和确定本院对案件有管辖权。

（一）级别管辖

级别管辖明确了我国上下级人民法院各自管辖的第一审民事案件的权限和范围，以保证人民法院正确行使审判权。《民事诉讼法》将案件的性质、繁简程度、影响大小三者结合起来作为划分级别管辖的标准。

1. 基层人民法院

《民事诉讼法》第18条规定，基层人民法院管辖第一审民事案件，但该法另有规定的除外。另根据《最高人民法院关于调整高级人民法院和中级人民法院管辖第一审民商事案件标准的通知》第4条，婚姻、继承、家庭、物业服务、人身损害赔偿、名誉权、交通事故、劳动争议等案件，以及群体性纠纷案件，一般由基层人民法院管辖。因此，我国大多数民事纠纷案件的一审都由基层人民法院进行。非诉讼案件，包括特别程序案件、督促程序案件、公示催告程序案件等都属于基层人民法院管辖案件。

2. 中级人民法院

《民事诉讼法》第19条规定，中级人民法院管辖下列第一审民事案件：①重大涉外案件；②在本辖区有重大影响的案件；③最高人民法院确定由中级人民法院管辖的案件。上述法条所列明的"最高人民法院确定由中级人民法院管辖的案件"，是通过不同的司法解释，最高人民法院确定由中级人民法院管辖的案件，主要有：海事海商案件、知识产权案件、公益诉讼案件、申请撤销仲裁裁决案件等。此外，根据《最高人民法院关于调整中级人民法院管辖第一审民事案件标准的通知》，对于除知识产权案件、海事海商案件和涉外涉港澳台民商事案件之外的民事案件，当事人住所地均在或者均不在受理法院所处省级行政辖区的，中级人民法院管辖诉讼标的额 5 亿元以上的第一审民事案件。当事人一方住所地不在受理法院所处省级行政辖区的，中级人民法院管辖诉讼标的额 1 亿元以上的第一审民事案件。

3. 高级人民法院

《民事诉讼法》第 20 条规定，高级人民法院管辖在本辖区有重大影响的第一审民事案件。对普通法院系统的中级人民法院和高级人民法院而言，司法实践主要参考依据是案件的诉讼标的额。例如，《最高人民法院关于调整高级人民法院和中级人民法院管辖第一审民商事案件标准的通知》具体列举了各地高级人民法院受理第一审民商事案件的诉讼标的额标准。

4. 最高人民法院

《民事诉讼法》第 21 条规定，最高人民法院管辖下列第一审民事案件：①在全国有重大影响的案件；②认为应当由本院审理的案件。

（二）集中管辖

集中管辖，是指专业性强、法律问题复杂的案件集中至部分中级人民法院或高级人民法院管辖的制度。集中管辖可以有效排除地方保护主义的干扰，充分发挥专业化审判力量的作用，有利于统一裁判标准、保障审判质量以及提高审判效率。因此，最高人民法院通过司法解释的形式对某些特殊类别的案件采取集中管辖，指定部分法院予以受理，主要包括：

1. 知识产权案件集中管辖

根据《民事诉讼法解释》第 2 条，专利纠纷案件由知识产权法院、最高人民法院确定的中级人民法院和基层人民法院管辖。根据《最高人民法院关于商标法修改决定施行后商标案件管辖和法律适用问题的解释》第 3 条，第一审商标民事案件，由中级以上人民法院及最高人民法院指定的基层人民法院管辖。涉及对驰名商标保护的民事、行政案件，由省、自治区人民政府所在地市、计划单列市、直辖市辖区中级人民法院及最高人民法院指定的其他中级人民法院管辖。根据《最高人民法院关于审理不正当竞争民事案件应用法律若干问题的解释》第 18 条，不正当竞争民事第一审案件，一般由中级人民法院管辖。各高级人民法院根据本辖区的实际情况，经最高人民法院批准，可以确定若干基层人民法院受理不正当竞争民事第一审案件。根据《最高人民法院关于审理著作权民事纠纷案件适用法律若干问题的解释》第 2 条，著作权民事纠纷案件，由中级以上人民法院管辖。各高级人民法院根据本辖区的实际情况，可以报请最高人民法院批准，由若干基层人民法院管辖第一审著作权民事纠纷案件。

2. 涉外民商事案件集中管辖

根据《最高人民法院关于涉外民商事案件诉讼管辖若干问题的规定》，下列五类涉外案件（包括涉港澳台民商事纠纷案件）实行集中管辖：涉外合同和侵权纠纷案件；信用证纠纷案件；申请撤销、承认与强制执行国际仲裁裁决的案件；审查有关涉外民商事仲裁条款效力的案件；申请承认和强制执行外国法院民商事判决、裁定的案件。上述五类案件由下列人民法院集中管辖：国务院批准设立的经济技术开发区人民法院；省会、自治区首府、直辖市所在地的中级人民法院；经济特区、计划单列市中级人民法院；最高人民法院指定的其他中级人民法院；高级人民法院。

3. 虚假陈述证券民事赔偿案件集中管辖

根据《最高人民法院关于审理证券市场虚假陈述侵权民事赔偿案件的若干规定》第3条，证券虚假陈述侵权民事赔偿案件，由发行人住所地的省、自治区、直辖市人民政府所在的市、计划单列市和经济特区中级人民法院或者专门人民法院管辖……省、自治区、直辖市高级人民法院可以根据本辖区的实际情况，确定管辖第一审证券虚假陈述侵权民事赔偿案件的其他中级人民法院，报最高人民法院备案。另根据《最高人民法院关于证券纠纷代表人诉讼若干问题的规定》第2条，证券纠纷代表人诉讼案件，由省、自治区、直辖市人民政府所在的市、计划单列市和经济特区中级人民法院或者专门人民法院管辖。对多个被告提起的诉讼，由发行人住所地有管辖权的中级人民法院或者专门人民法院管辖；对发行人以外的主体提起的诉讼，由被告住所地有管辖权的中级人民法院或者专门人民法院管辖。特别代表人诉讼案件，由涉诉证券集中交易的证券交易所、国务院批准的其他全国性证券交易场所所在地的中级人民法院或者专门人民法院管辖。

4. 涉及域名的侵权纠纷案件集中管辖

根据《最高人民法院关于审理涉及计算机网络域名民事纠纷案件适用法律若干问题的解释》第2条，涉及域名的侵权纠纷案件，由侵权行为地或者被告住所地的中级人民法院管辖。

5. 垄断民事纠纷案件集中管辖

根据《最高人民法院关于审理因垄断行为引发的民事纠纷案件应用法律

若干问题的规定》第3条,第一审垄断民事纠纷案件,由知识产权法院,省、自治区、直辖市人民政府所在地的市、计划单列市中级人民法院以及最高人民法院指定的中级人民法院管辖。

(三) 专门管辖

专门人民法院是按特定的组织或特定范围的案件建立的审判机关,专门人民法院所审理的案件的性质不同于地方人民法院,受理案件的范围具有特定性。专门人民法院主要包括军事法院、知识产权法院、金融法院、互联网法院、铁路运输法院和海事法院。

1. 军事法院专门管辖

我国军事法院分设为三级:中国人民解放军军事法院、大军区级单位的军事法院和军级单位的军事法院。根据《最高人民法院关于军事法院管辖民事案件若干问题的规定》第1条和第2条,下列民事案件,由军事法院管辖:①双方当事人均为军人或者军队单位的案件,但法律另有规定的除外;②涉及机密级以上军事秘密的案件;③军队设立选举委员会的选民资格案件;④认定营区内无主财产案件。下列民事案件,地方当事人向军事法院提起诉讼或者提出申请的,军事法院应当受理:①军人或者军队单位执行职务过程中造成他人损害的侵权责任纠纷案件;②当事人一方为军人或者军队单位,侵权行为发生在营区内的侵权责任纠纷案件;③当事人一方为军人的婚姻家庭纠纷案件;④《民事诉讼法》第33条[1]规定的不动产所在地、港口所在地、被继承人死亡时住所地或者主要遗产所在地在营区内,且当事人一方为军人或者军队单位的案件;⑤申请宣告军人失踪或者死亡的案件;⑥申请认定军人无民事行为能力或者限制民事行为能力的案件。

2. 知识产权法院专门管辖

2014年8月31日,第十二届全国人民代表大会常务委员会第十次会议通过了《全国人民代表大会常务委员会关于在北京、上海、广州设立知识产权法院的决定》,正式设立知识产权法院。根据《最高人民法院关于北京、上海、广州知识产权法院案件管辖的规定》第1条,知识产权法院管辖所在市辖区内的下列第一审案件:①专利、植物新品种、集成电路布图设计、技术秘密、计算机软件民事和行政案件;②对国务院部门或者县级以上地方人民

---

[1] 因《民事诉讼法》于2021年修正,该条现为第34条。

政府所作的涉及著作权、商标、不正当竞争等行政行为提起诉讼的行政案件；③涉及驰名商标认定的民事案件。2020 年 12 月 26 日，第十三届全国人民代表大会常务委员会第二十四次会议通过了《全国人民代表大会常务委员会关于设立海南自由贸易港知识产权法院的决定》，决定设立海南自由贸易港知识产权法院，对海南省有关专利、技术秘密、计算机软件、植物新品种、集成电路布图设计、涉及驰名商标认定及垄断纠纷等专业性、技术性较强的第一审知识产权民事、行政案件；前项规定以外的由海南省的中级人民法院管辖的第一审知识产权民事、行政和刑事案件进行专门管辖。海南自由贸易港知识产权法院审判工作受最高人民法院和海南省高级人民法院监督。

3. 金融法院专门管辖

2018 年 4 月 27 日，第十三届全国人民代表大会常务委员会第二次会议通过了《全国人民代表大会常务委员会关于设立上海金融法院的决定》，正式设立上海金融法院，专门管辖上海金融法院设立之前由上海市的中级人民法院管辖的金融民商事案件和涉金融行政案件。根据《最高人民法院关于上海金融法院案件管辖的规定》第 1 条，上海金融法院管辖上海市辖区内应由中级人民法院受理的下列第一审金融民商事案件：①证券、期货交易、营业信托、保险、票据、信用证、独立保函、保理、金融借款合同、银行卡、融资租赁合同、委托理财合同、储蓄存款合同、典当、银行结算合同等金融民商事纠纷；②资产管理业务、资产支持证券业务、私募基金业务、外汇业务、金融产品销售和适当性管理、征信业务、支付业务及经有权机关批准的其他金融业务引发的金融民商事纠纷；③涉金融机构的与公司有关的纠纷；④以金融机构为债务人的破产纠纷；⑤金融民商事纠纷的仲裁司法审查案件；⑥申请认可和执行香港特别行政区、澳门特别行政区、台湾地区法院金融民商事纠纷判决、裁定案件，以及申请承认和执行外国法院金融民商事纠纷的判决、裁定案件。

2021 年 1 月 22 日，第十三届全国人民代表大会常务委员会第二十五次会议通过了《全国人民代表大会常务委员会关于设立北京金融法院的决定》，正式设立北京金融法院。根据上述决定，北京金融法院专门管辖以下案件：①应由北京市的中级人民法院管辖的第一审金融民商事案件；②应由北京市的中级人民法院管辖的以金融监管机构为被告的第一审涉金融行政案件；③以住所地在北京市的金融基础设施机构为被告或者第三人，与其履行职责相关的第一审金融民商事案件和涉金融行政案件；④北京市基层人民法院第一审金融民商事案件和涉金融行政案件判决、裁定的上诉、抗诉案件以及再审案件；⑤依照法律规定应由其执行的案件；⑥最高人民法院确定由其管辖的其他金融案件。

2022年2月28日，第十三届全国人民代表大会常务委员会第三十三次会议通过了《全国人民代表大会常务委员会关于设立成渝金融法院的决定》，决定在重庆市设立我国第三家金融法院：成渝金融法院。根据该决定，成渝金融法院将专门管辖重庆市范围内，以及四川省属于成渝地区双城经济圈范围内的应由中级人民法院管辖的部分金融民商事和涉金融行政案件。

4. 互联网法院专门管辖

2017年6月，中央全面深化改革领导小组第三十六次会议通过了《关于设立杭州互联网法院的方案》，杭州铁路运输法院改组为杭州互联网法院。2018年，最高人民法院又增设了北京互联网法院和广州互联网法院。根据《最高人民法院关于互联网法院审理案件若干问题的规定》，北京、广州、杭州互联网法院集中管辖所在市的辖区内应当由基层人民法院受理的下列第一审案件：①通过电子商务平台签订或者履行网络购物合同而产生的纠纷；②签订、履行行为均在互联网上完成的网络服务合同纠纷；③签订、履行行为均在互联网上完成的金融借款合同纠纷、小额借款合同纠纷；④在互联网上首次发表作品的著作权或者邻接权权属纠纷；⑤在互联网上侵害在线发表或者传播作品的著作权或者邻接权而产生的纠纷；⑥互联网域名权属、侵权及合同纠纷；⑦在互联网上侵害他人人身权、财产权等民事权益而产生的纠纷；⑧通过电子商务平台购买的产品，因存在产品缺陷，侵害他人人身、财产权益而产生的产品责任纠纷；⑨检察机关提起的互联网公益诉讼案件；⑩因行政机关作出互联网信息服务管理、互联网商品交易及有关服务管理等行政行为而产生的行政纠纷；⑪上级人民法院指定管辖的其他互联网民事、行政案件。

5. 铁路运输法院专门管辖

铁路运输法院初建于1954年，主要受理涉及铁路运输、铁路安全、铁路财产的民事诉讼和刑事诉讼。2009年7月8日，中央下发关于铁路公检法管理体制改革的文件，要求铁路公检法整体纳入国家司法体系，铁路法院整体移交驻在地省（直辖市、自治区）党委、高级人民法院管理。截至2012年6

月底，全国铁路法院完成管理体制改革，整体纳入国家司法体系。《最高人民法院关于全面深化人民法院改革的意见》提出，将铁路运输法院改造为跨行政区划法院，主要审理跨行政区划案件、重大行政案件、环境资源保护、企业破产、食品药品安全等易受地方因素影响的案件、跨行政区划人民检察院提起公诉的案件和原铁路运输法院受理的刑事、民事案件。

6. 海事法院专门管辖

1984 年 11 月 14 日，第六届全国人民代表大会常务委员会第八次会议通过了《全国人民代表大会常务委员会关于在沿海港口城市设立海事法院的决定》，根据需要在沿海一定的港口城市设立海事法院。截至 2019 年，我国共设立了 11 个海事法院，分别为北海、大连、广州、上海、宁波、海口、青岛、天津、武汉、厦门和南京海事法院。根据《最高人民法院关于海事法院受理案件范围的规定》第 110 条和第 111 条，当事人提起的民商事诉讼、行政诉讼包含该规定所涉海事纠纷的，由海事法院受理。当事人就该规定中有关合同所涉事由引起的纠纷，以侵权等非合同诉由提起诉讼的，由海事法院受理。具体包括：海事法院受理海事侵权纠纷案件、海商合同纠纷案件、海洋及通海可航水域开发利用与环境保护相关纠纷案件、其他海事海商纠纷案件、海事行政案件和海事特别程序案件，共计 108 种。

（四）专属管辖

专属管辖，是指法律强制规定某些案件只能由特定的人民法院管辖，其他法院无管辖权，当事人也不得协议变更管辖法院。广义的专属管辖包含了集中管辖和专门管辖的内容，因为集中管辖和专门管辖都是法律规定的强制性管辖方式，具有优先性和排他性。但是从狭义角度看，专属管辖专指根据《民事诉讼法》第 34 条确定的管辖方式，其效力优先于协议管辖、特殊地域管辖和一般地域管辖。

根据《民事诉讼法》第 34 条，专属管辖主要适用于三种民事案件：

1. 不动产纠纷

不动产一般是指不能移动或移动后会降低乃至丧失其价值的财产，如土地及土地上的建筑物、河流滩涂等。不动产中的土地又是国家领土的组成部分，关系到国家主权，因此，将不动产提起的诉讼规定为专属管辖，是各国民事诉讼立法通行的做法。由不动产所在地人民法院管辖不动产诉讼，有利于受诉法院对不动产进行勘验、保全和执行生效裁判。对于不动产纠纷的范

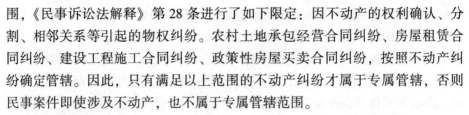

围，《民事诉讼法解释》第 28 条进行了如下限定：因不动产的权利确认、分割、相邻关系等引起的物权纠纷。农村土地承包经营合同纠纷、房屋租赁合同纠纷、建设工程施工合同纠纷、政策性房屋买卖合同纠纷，按照不动产纠纷确定管辖。因此，只有满足以上范围的不动产纠纷才属于专属管辖，否则民事案件即使涉及不动产，也不属于专属管辖范围。

2. 港口作业纠纷

港口作业纠纷包括港口货物的装卸、驳运、仓储过程发生的合同纠纷以及因违章作业等行为损害港口设施或造成其他人身或财产损害而引起的侵权纠纷。港口作业中发生纠纷提起的诉讼专属港口所在地法院管辖，有利于人民法院查明案件事实，及时采取保全措施，及时作出裁判。

3. 继承遗产纠纷

因继承遗产纠纷提起的诉讼，由被继承人死亡时住所地或者主要遗产所在地人民法院管辖。注意住所地，对公民而言主要是指其户籍所在地，但如果有经常居住地的，则经常居住地为其住所地。主要遗产，则根据遗产价值判断。一般而言，不动产相对动产为主要遗产，价值高的遗产为主要遗产。

除了上述专属管辖，以下两种情形也属于广义的专属管辖的范畴：

第一，根据《海事诉讼特别程序法》第 7 条，海事法院专属管辖的适用范围是：①因沿海港口作业纠纷提起的诉讼，由港口所在地海事法院管辖；②因船舶排放、泄漏、倾倒油类或者其他有害物质，海上生产、作业或者拆船、修船作业造成海域污染损害提起的诉讼，由污染发生地、损害结果地或者采取预防污染措施地海事法院管辖；③因在中华人民共和国领域和有管辖权的海域履行的海洋勘探开发合同纠纷提起的诉讼，由合同履行地海事法院管辖。

第二，根据《民事诉讼法》第 273 条，下列涉外民事案件属于我国人民法院专属管辖：①在我国履行的中外合资经营企业合同纠纷；②在我国履行的中外合作经营企业合同纠纷；③在我国履行的中外合作勘探开发自然资源合同纠纷。

（五）协议管辖

协议管辖，是指当事人在纠纷发生前后，以协议方式约定案件管辖法院。协议管辖制度体现了当事人意思自治原则和处分权原则，为当事人进行诉讼提供了便利选择，有利于案件的公正处理。《民事诉讼法》第 35 条规范了当事人进行协议管辖的形式条件："合同或者其他财产权益纠纷的当事人可以书面协议选择被告住所地、合同履行地、合同签订地、原告住所地、标的物所在地等与争议有实际联系的地点的人民法院管辖，但不得违反本法对级别管辖和专属管辖的规定。"根据以上条款，有效的协议管辖应满足以下要求：

1. 当事人双方必须签订书面协议选择管辖法院

书面协议可以采取合同书的形式，包括书面协议中的协议管辖条款，也可以采取信件和数据电文（包括电报、电传、传真、电子数据交换和电子邮件）等有形地表现当事人双方协议选择管辖法院意思表示的形式。口头协议无效。并且，书面协议应当是在诉讼受理前达成的，如果一方起诉后法院已经受理，双方并没有选择管辖法院的书面协议的，此时受诉人民法院的管辖权应当依照法律的规定来确定，不受当事人事后达成的管辖协议的影响。

2. 协议管辖仅适用于第一审的合同纠纷或者其他财产权益纠纷案件

该条件包含两方面：一是，协议管辖只适用第一审诉讼程序，上诉和再审案件管辖根据审级制度确定，非诉讼程序根据特别规定管辖，当事人无权协议变更；二是，协议管辖只能针对合同和其他财产权益纠纷。"其他财产权益纠纷"是一个不确定的法律概念，其涵盖范围非常广泛，应理解为包括物权、知识产权等财产权纠纷以及因侵害人格权而产生的财产赔偿纠纷，对婚姻、收养、监护、抚养、继承纠纷等身份关系纠纷，不能签订协议约定管辖。但是《民事诉讼法解释》第 34 条又规定："当事人因同居或者在解除婚姻、收养关系后发生财产争议，约定管辖的，可以适用民事诉讼法第三十四条规定确定管辖。"

3. 当事人应在法律规定的范围内选择管辖法院

《民事诉讼法》第 35 条提供了被告住所地、合同履行地、合同签订地、原告住所地、标的物所在地五个可供选择的法院，还设置了"与争议有实际联系的地点的人民法院"这样的弹性选择标准。"与争议有实际联系"强调的是以上五个连接点之外与争议有某种客观外在的实际联系的地点。例如，当事人争议的是合同附随义务的履行，而该义务的履行地既不是合同的主要履行地，也不是其他四个法律明确列举的可供选择的地点，但当事人协议选择由该地法院管辖，此时可以适用"与争议有实际联系"的弹性连接点，确认协议管辖的效力。具体如何认定协议管辖法院与争议具有"实际联系"，还需要通过对该法院地点是否与当事人、诉讼法律关系、诉讼标的物等存在联系等方面进行判断。

但无论当事人选择哪些人民法院，都需要起诉时能够具体明确。例如，当事人约定纠纷交由"守约方"所在地人民法院管辖，因为在起诉时法院无法判断哪一方才是守约方，故此该协议管辖无效；再如双方当事人约定纠纷由甲乙双方各自住所地人民法院管辖，根据合同，甲乙为合同当事人，则该协议管辖明确有效，双方均可在自己所在地人民法院起诉。根据《民事诉讼法解释》第30条，根据管辖协议，起诉时能够确定管辖法院的，从其约定；不能确定的，依照《民事诉讼法》的相关规定确定管辖。管辖协议约定两个以上与争议有实际联系的地点的人民法院管辖，原告可以向其中一个人民法院起诉。

4. 协议管辖不能违反专属管辖、级别管辖、集中管辖以及专门管辖的规定

专属管辖在地域管辖范围内属于法定强制性管辖方法，因此协议管辖违反了专属管辖的，则绝对无效。但是当事人约定了级别管辖时，需要具体问题具体分析。当事人约定的协议管辖权条款中包含级别管辖内容时，该级别管辖约定合法的，则该约定有效；如果违反级别管辖的，则该约定无效。

（六）特殊地域管辖

如果不属于专属管辖案件，当事人也未签订有效的管辖协议的，则应根据特殊地域管辖确定管辖法院。但是需要注意的是，特殊地域管辖方式，都是以特殊类型的民事纠纷为对象，并结合当事人、诉讼标的、法律事实以及诉讼标的物等因素与法院辖区关系为标准确定管辖法院的。

1. 合同纠纷的特殊地域管辖

此处所指的合同纠纷并非所有类型的民事合同纠纷，因为保险纠纷、运输纠纷以及票据纠纷，在我国《民事诉讼法》中有专门条款规定管辖，因此上述案件涉及的合同纠纷不在此列讨论范围；同时也需要注意的是，属于专属管辖范围的不动产合同纠纷应按照专属管辖确定管辖法院。

《民事诉讼法》第24条规定，因合同纠纷提起的诉讼，由被告住所地或者合同履行地人民法院管辖。根据该条，被告住所地或者合同履行地法院对合同纠纷都有管辖权，原告可以选择其中一个法院提起诉讼。对于"住所地"这一概念，同学们可参考后文"一般地域管辖"中的相关解释，此处重点讨论合同履行地的确定。

《民事诉讼法解释》第18条第1款和第2款规定："合同约定履行地点

的，以约定的履行地点为合同履行地。合同对履行地点没有约定或者约定不明确，争议标的为给付货币的，接收货币一方所在地为合同履行地；交付不动产的，不动产所在地为合同履行地；其他标的，履行义务一方所在地为合同履行地。即时结清的合同，交易行为地为合同履行地。"根据以上条款，合同履行地的确定应注意以下几点：

（1）合同履行地首先以双方约定的履行地为标准。合同履行地是合同约定履行义务和接受义务的地点，主要表现为交货地、付款地、施工地等。如果合同中明确约定了履行地点的，该地点即为合同履行地。

但是在合同明确约定了履行地的情况下，经常会出现当事人未实际履行合同的情况。合同未实际履行，应当理解为任何一方没有实际履行合同约定的义务，或者未按照约定履行义务。在这种情况下合同履行地法院是否有管辖权，还需要考虑"双方当事人住所地与合同履行地的关系"这个重要因素。因为根据《民事诉讼法解释》第18条，合同没有实际履行，当事人双方住所地都不在合同约定的履行地的，由被告住所地人民法院管辖。这就意味着如果同时满足了"合同没有实际履行"以及"当事人双方住所地都不在合同约定的履行地"这两个条件，合同约定的履行地实际上与该纠纷没有实质性关联，被告住所地法院此时即为唯一的有管辖权法院。

（2）合同未约定履行地时的合同履行地确定规则。原则上，此时的合同履行地主要根据当事人的诉讼请求，并结合合同履行义务内容进行确定。《民事诉讼法解释》第18条对此的解决方式是，以按照"争议标的"的种类确定合同履行地，具体分以下四种情况：

第一，争议标的为给付货币情况。应当注意，不能将民事合同纠纷中的"给付金钱请求"和"争议标的为给付货币"两者完全等同。例如，甲公司销售一台机床给乙公司，甲公司起诉要求乙公司给付货款，即属于争议标的为给付货币；但如果乙公司起诉甲公司承担支付违约金责任或者赔偿损失的，争议标的为甲公司负有的交付机床义务，此时不能根据这一条款确定合同履行地。因此，只有根据合同中的给付货币义务内容产生的诉讼请求，才能解释为"争议标的为给付货币"的情形。此外，还需要注意"接收货币一方"的理解。《民事诉讼法》中所确定的"接收货币一方"，应理解为根据民事合同争议的法律关系，有权接收货币的一方当事人。例如，甲公司起诉请求乙公司偿还借款，甲公司即为有权接收货币一方当事人；再如，甲公司起诉乙银行根据借款合同发放贷款，甲公司作为出借人也是该纠纷的"接收货币一方"。

第二，"交付不动产"情况，注意与专属管辖中的不动产纠纷相区别。如果属于法定的不动产纠纷，那么就应当按照不动产所在地人民法院专属管辖方式确定法院，不再按照合同纠纷确定。如果不属于不动产纠纷，且合同中明确存在交付不动产的法定义务，这种情况才能理解为"交付不动产"。

第三，其他标的，履行义务一方为合同履行地。"其他标的"应当指除了"争议标的为给付货币"以及"交付不动产"之外的合同履行或者解除问题，包括金钱、动产、有价证券、合同行为义务等。例如，甲公司起诉请求乙公司因违约给自己造成的 10 万元损失，就属于其他标的，履行义务一方即为乙公司，乙公司所在地为合同履行地。

第四，即时结清的合同，交易行为地为合同履行地。

（3）财产租赁合同、融资租赁合同，以租赁物使用地为合同履行地，另有约定除外。

（4）以信息网络方式订立的买卖合同，通过信息网络交付标的的，以买受人住所地为合同履行地；通过其他方式交付标的的，收货地为合同履行地，另有约定除外。

2. 侵权纠纷的特殊地域管辖

因侵权行为提起的诉讼，由侵权行为地或者被告住所地人民法院管辖。侵权行为地包括侵权行为实施地和侵权结果发生地。同学们需要注意特殊侵权案件中有关地域管辖法院的确定标准。除了《民事诉讼法解释》第 25 条、第 26 条、第 27 条，最高人民法院还对知识产权侵权案件的地域管辖进行了特别规定。

（1）《最高人民法院关于审理专利纠纷案件适用法律问题的若干规定》第 2 条规定："因侵犯专利权行为提起的诉讼，由侵权行为地或者被告住所地人民法院管辖。侵权行为地包括：被诉侵犯发明、实用新型专利权的产品的制造、使用、许诺销售、销售、进口等行为的实施地；专利方法使用行为的实施地，依照该专利方法直接获得的产品的使用、许诺销售、销售、进口等行为的实施地；外观设计专利产品的制造、许诺销售、销售、进口等行为的实施地；假冒他人专利的行为实施地。上述侵权行为的侵权结果发生地。"

（2）《最高人民法院关于审理商标民事纠纷案件适用法律若干问题的解

释》第 6 条规定："因侵犯注册商标专用权行为提起的民事诉讼，由商标法第十三条、第五十七条所规定侵权行为的实施地、侵权商品的储藏地或者查封扣押地、被告住所地人民法院管辖。前款规定的侵权商品的储藏地，是指大量或者经常性储存、隐匿侵权商品所在地；查封扣押地，是指海关等行政机关依法查封、扣押侵权商品所在地。"

（3）《最高人民法院关于审理著作权民事纠纷案件适用法律若干问题的解释》第 4 条规定："因侵害著作权行为提起的民事诉讼，由著作权法第四十七条、第四十八条所规定侵权行为的实施地、侵权复制品储藏地或者查封扣押地、被告住所地人民法院管辖。前款规定的侵权复制品储藏地，是指大量或者经常性储存、隐匿侵权复制品所在地；查封扣押地，是指海关、版权等行政机关依法查封、扣押侵权复制品所在地。"

3. 其他特殊纠纷的特殊地域管辖

（1）保险合同纠纷。因保险合同纠纷提起的诉讼，由被告住所地或者保险标的物所在地人民法院管辖。《民事诉讼法解释》第 21 条规定，因人身保险合同纠纷提起的诉讼，可以由被保险人住所地人民法院管辖。因此，人身保险合同纠纷的管辖法院应为"被告住所地"或"被保险人住所地"人民法院。针对财产保险合同纠纷，除了适用《民事诉讼法》第 25 条确定的"被告住所地"或者"保险标的物所在地"的管辖规则之外，《民事诉讼法解释》第 21 条进一步扩宽了财产保险合同纠纷的管辖法院范围："因财产保险合同纠纷提起的诉讼，如果保险标的物是运输工具或者运输中的货物，可以由运输工具登记注册地、运输目的地、保险事故发生地人民法院管辖。"

（2）票据纠纷。因票据纠纷提起的诉讼，由票据支付地或者被告住所地人民法院管辖。根据《最高人民法院关于审理票据纠纷案件若干问题的规定》第 6 条，票据支付地是指票据上载明的付款地，票据上未载明付款地的，汇票付款人或者代理付款人的营业场所、住所或者经常居住地，本票出票人的营业场所，支票付款人或者代理付款人的营业场所所在地为票据付款地。

（3）公司法相关诉讼。因公司设立、确认股东资格、分配利润、解散等纠纷提起的诉讼，由公司住所地人民法院管辖。根据《民事诉讼法解释》第 22 条，因股东名册记载、请求变更公司登记、股东知情权、公司决议、公司合并、公司分立、公司减资、公司增资等纠纷提起的诉讼，也属于公司法的相关诉讼，由公司住所地法院管辖。

（4）运输合同纠纷。因铁路、公路、水上、航空运输和联合运输合同纠纷提起的诉讼，由运输始发地、目的地或者被告住所地人民法院管辖。其中运输始发地和运输目的地根据运输合同内容确定，而并不是以实际运输起点和终点为准。

（5）因船舶碰撞或者其他海事损害事故请求损害赔偿提起的诉讼，由碰撞发生地、碰撞船舶最先到达地、加害船舶被扣留地或者被告住所地人民法院管辖。

（6）因海难救助费用提起的诉讼，由救助地或者被救助船舶最先到达地人民法院管辖。

（7）因共同海损提起的诉讼，由船舶最先到达地、共同海损理算地或者航程终止地的人民法院管辖。

（8）劳动争议案件。根据《最高人民法院关于审理劳动争议案件适用法律问题的解释（一）》第3条，劳动争议案件由用人单位所在地或者劳动合同履行地的基层人民法院管辖。劳动合同履行地不明确的，由用人单位所在地的基层人民法院管辖。

（9）民事公益诉讼案件。《民事诉讼法解释》第283条规定，公益诉讼案件由侵权行为地或者被告住所地中级人民法院管辖，但法律、司法解释另有规定的除外。因污染海洋环境提起的公益诉讼，由污染发生地、损害结果地或者采取预防污染措施地海事法院管辖。对同一侵权行为分别向两个以上人民法院提起公益诉讼的，由最先立案的人民法院管辖，必要时由它们的共同上级人民法院指定管辖。根据《最高人民法院关于审理环境民事公益诉讼案件适用法律若干问题的解释》第6条和第7条，第一审环境民事公益诉讼案件由污染环境、破坏生态行为发生地、损害结果地或者被告住所地的中级以上人民法院管辖。经最高人民法院批准，高级人民法院可以根据本辖区环境和生态保护的实际情况，在辖区内确定部分中级人民法院受理第一审环境民事公益诉讼案件。《最高人民法院关于审理消费民事公益诉讼案件适用法律若干问题的解释》第3条规定："消费民事公益诉讼案件管辖适用《最高人民法院关于适用〈中华人民共和国民事诉讼法〉的解释》第二百八十五条的有关规定。经最高人民法院批准，高级人民法院可以根据本辖区实际情况，在辖区内确定部分中级人民法院受理第一审消费民事公益诉讼案件。"

（七）一般地域管辖

一般地域管辖，是指仅以当事人住所地与法院辖区的关系来确定管辖法院。对于不属于专属管辖、协议管辖和特殊地域管辖的案件，则采用一般地域管辖方法确定管辖法院。

1. 原则规定：原告就被告

该原则的主要依据是《民事诉讼法》第 22 条。其中公民的住所地是指公民的户籍所在地，公民的经常居住地是指公民离开住所地至起诉时已连续居住一年以上的地方，但公民住院、就医的地方除外。法人或者其他组织的住所地是指法人或者其他组织的主要办事机构所在地。法人或者其他组织的主要办事机构所在地不能确定的，法人或者其他组织的注册地或者登记地为住所地。

《民事诉讼法解释》针对一部分特殊案件，再次明确了适用原告就被告的原则，但是需要注意被告地点的特殊性。例如，《民事诉讼法解释》第 8 条和第 9 条规定的情形。

2. 例外规定：被告就原告

《民事诉讼法》第 23 条规定了四类民事案件由原告住所地人民法院管辖；《民事诉讼法解释》第 9 条和第 12 条也确立了原告住所地法院有管辖权的两类情形。

五、除斥期间要件

除斥期间，是指法律规定的某种权利存在的期间，权利人在此期间内不行使相应的权利，则在该法定期间届满时导致该权利消灭。其特点有：除斥期间是不变期间，不因任何事由而中止、中断或者延长；除斥期间属于形成权范畴，届满消灭的是权利人享有的权利本身；除斥期间规定的是权利人行使某项权利的期限，以权利人不行使该项权利为依据；除斥期间自相应的权利成立之时起算。从起诉权的角度看，我国相关法律和司法解释基于不同因素的考量，为了促使权利人尽快主张权利提出诉讼，在特殊的情况下设计了诉讼上的除斥期间。

例如，《民事诉讼法》第 230 条规定，利害关系人因正当理由不能在判决前向人民法院申报的，自知道或者应当知道判决公告之日起一年内，可以向作出判决的人民法院起诉。《民事诉讼法》第 59 条规定，有独立请求权或无独立请求权的第三人，因不能归责于本人的事由未参加诉讼，但有证据证明发生法律效力的判决、裁定、调解书的部分或者全部内容错误，损害其民事权益的，可以自知道或者应当知道其民事权益受到损害之日起 6 个月内，向作出该判决、裁定、调解书的人民法院提起诉讼。人民法院经审理，诉讼请求成立的，应当改变或者撤销原判决、裁定、调解书；诉讼请求不成立的，驳回诉讼请求。

对于原告而言，上述立法内容中的有效期间一旦经过，则相应的诉讼将不会被人民法院受理，从这个角度来看，诉讼上的除斥期间可以被视为诉讼请求的诉讼要件之一。

六、第三人撤销之诉的特别要件

根据《民事诉讼法》第 59 条，有独立请求权第三人和无独立请求权第三人，因不能归责于本人的事由未参加诉讼，但有证据证明发生法律效力的判决、裁定、调解书的部分或者全部内容错误，损害其民事权益的，可以自知道或者应当知道其民事权益受到损害之日起 6 个月内，向作出该判决、裁定、调解书的人民法院提起诉讼。上述诉讼即为第三人撤销之诉。该诉讼以撤销生效的裁判为目的，因此具有较为严格的起诉条件。

（1）第三人撤销之诉的适格原告，是非因本人原因未参加本诉的案外人。根据《民事诉讼法解释》第 293 条，不能归责于本人的原因主要有：不知道诉讼而未参加的；申请参加未获准许的；知道诉讼，但因客观原因无法参加的；因其他不能归责于本人的事由未参加诉讼的。第三人撤销之诉的被告，即为原审诉讼的各方当事人，生效判决、裁定、调解书中没有承担责任的无独立请求权的第三人列为第三人。

（2）第三人撤销之诉的提起，应当有证据证明生效的判决裁定、调解书的内容错误，损害其民事权益。第三人是否对生效裁判享有诉的利益，为该第三人提起第三人撤销之诉的先决条件之一。因此，人民法院首先要判断生效判决、裁定和调解书的内容有无损害其合法权益，然后再判断其是否属于《民事诉讼法》第 59 条规定的第三人条件。

（3）第三人撤销之诉的期间为"自知道或者应当知道其民事权益受到损害之日起六个月内"的不变期间，不适用延长、中止和中断的规定。

（4）第三人撤销之诉的目的，是请求人民法院撤销生效的裁判。人民法院经审理，第三人诉讼请求成立的，应当改变或者撤销原判决、裁定、调解书；诉讼请求不成立的，驳回诉讼请求。

（5）第三人撤销之诉的管辖法院专属确定为作出生效裁判和调解书的人民法院，不适用协议管辖、地域管辖等管辖方法。

（6）第三人撤销之诉应当在生效裁判执行之前向作出生效裁判或调解书的人民法院提出。

（7）执行阶段以后未提出执行异议。生效裁判已经进入执行阶段后，第三人仍可能提起第三人撤销之诉。案外人申请再审与第三人撤销之诉功能上近似，如果案外人既有申请再审的权利，又符合第三人撤销之诉的条件，按照启动程序的先后，案外人只能选择相应的救济程序：案外人先启动执行异议程序的，对执行异议裁定不服，认为原裁判内容错误损害其合法权益的，只能向作出原裁判的人民法院申请再审，而不能提起第三人撤销之诉。这是因为第三人先提出了执行异议，且异议申请被裁定驳回，只能提出执行异议之诉或者申请再审的方式进行救济，不能再提起第三人撤销之诉。

七、案外人执行异议之诉的特别要件

案外人执行异议之诉是案外人对驳回执行标的异议的裁定不服，且与生效裁判无关的情况下向执行法院提起的诉讼，目的是阻止对执行标的的强制执行，维护自己的合法权益。与一般的诉讼程序相比较，案外人执行异议之诉的特别要件主要有：

（1）当事人身份资格。案外人执行异议之诉的原告为案外人，即非原诉讼的当事人，且该案外人对执行标的物享有足以排除执行的实体权利。案外人执行异议之诉的被告是申请执行人，在被执行人否认案外人权利时，可以将其列为被告。此外，执行依据的执行力所及主体范围并不仅仅限于生效裁判中的原告和被告，还包括享有权利的有独立请求权第三人、承担民事责任的无独立请求权第三人、执行程序中执行依据裁判文书确定的权利义务承受人，因此上述主体应排除在案外人范畴之外。

（2）诉讼提起的前置程序。案外人执行异议之诉的启动有法定的前置程序，即只有在执行终结前，案外人对执行标的提出书面异议，待执行法院对书面异议作出驳回其申请的裁定后，案外人才可以提起诉讼。同时，案外人应当在驳回其异议裁定送达之日起15日内提起执行异议之诉，否则人民法院

不予受理。

（3）诉讼请求的特殊性。案外人执行异议之诉的诉讼请求是请求法院停止对执行标的物的执行，诉讼的目的在于通过诉讼阻却对执行标的物的强制执行，而非单纯确认标的物所有权或者交付标的物。同时，案外人的诉讼请求应当与原判决裁定内容无关，否则应通过审判监督程序申请再审。

八、申请执行人执行异议之诉的特别要件

申请执行人异议之诉，是指人民法院对案外人执行标的异议申请进行审查，依法裁定中止执行后，申请执行人为反对案外人对执行标的主张权利而提起的诉讼，又称为"许可执行之诉"。申请执行人执行异议之诉应当满足的特别要件主要有：

（1）诉讼当事人条件。申请执行人提起执行异议之诉的，以案外人为被告。被执行人反对申请执行人主张的，以案外人和被执行人为共同被告；被执行人不反对申请执行人主张的，可以列被执行人为第三人。

（2）诉讼请求条件。申请执行人反对案外人对执行标的主张的权利，认为并不存在阻却继续执行的法定情况，请求对执行标的物继续执行。

（3）起诉前置程序条件。申请执行人应当在人民法院根据案外人执行标的异议申请，认为案外人对执行标的享有足以排除强制执行的权益并依法裁定中止执行后，才可以提起执行异议之诉。同时，申请执行人应当在法院中止执行裁定送达之日起15日内提起异议之诉，逾期人民法院不予受理，同时人民法院应当自起诉期限届满之日起7日内解除对该执行标的采取的执行措施。

九、诉讼前置程序特别要件

针对一些特定的民商事案件，法律规定原告提起诉讼之前应当完成一定的前置程序，若原告未完成该前置程序，人民法院对该案起诉不予受理。例如，《公司法》第151条第1款和第2款规定："董事、高级管理人员有本法第一百四十九条规定的情形的，有限责任公司的股东、股份有限公司连续一百八十日以上单独或者合计持有公司百分之一以上股份的股东，可以书面请求监事会或者不设监事会的有限责任公司的监事向人民法院提起诉讼；监事有本法第一百四十九条规定的情形的，前述股东可以书面请求董事会或者不设董事会的有限责任公司的执行董事向人民法院提起诉讼。监事会、不设监

事会的有限责任公司的监事，或者董事会、执行董事收到前款规定的股东书面请求后拒绝提起诉讼，或者自收到请求之日起三十日内未提起诉讼，或者情况紧急、不立即提起诉讼将会使公司利益受到难以弥补的损害的，前款规定的股东有权为了公司的利益以自己的名义直接向人民法院提起诉讼。"因此，股东提起代表诉讼的前置程序之一是，股东必须先书面请求公司有关机关向人民法院提起诉讼。

再如，《劳动法》第79条规定："劳动争议发生后，当事人可以向本单位劳动争议调解委员会申请调解；调解不成，当事人一方要求仲裁的，可以向劳动争议仲裁委员会申请仲裁。当事人一方也可以直接向劳动仲裁委员会申请仲裁。对仲裁裁决不服的，可以向人民法院提起诉讼。"

第三节 诉讼请求成立要件事实分析方法

一、检索诉讼请求实体法基础规范

在纷繁复杂的实体法规范体系中，对支持诉讼请求成立的法律规范进行检索，并不是一个盲目的过程。恰恰相反，如同我们学习外语时查阅字典，需要明确查找的关键词，也需要知道查找的方法，还需要分析所查找出来的内容是否能有利于理解相关的词句。例如，机动车交通事故侵权案件诉讼请求的基础规范，不会出现在《民法典》的"融资租赁合同"部分，也不会出现在《民法典》的"饲养动物损害责任"部分。检索诉讼请求实体法基础法规范，不仅需要我们对案件事实有一定的初步分析，还需要我们对法律关系的性质进行初步的判断之后，在实体法规范中检索出能与之匹配的具体内容。例如，在机动车交通事故损害赔偿案件中，原告向保险公司主张赔偿责任，则需要在《民法典》第七编第五章"机动车交通事故责任"部分、《道路交通安全法》《机动车交通事故责任强制保险条例》以及相关司法解释中寻求诉讼请求成立的基础法律规范。再如在代理人实施法律行为后，相对人请求被代理人承担责任，需要检索出《民法典》第162条、第172条[1]作为基础法

---

[1]《民法典》第162条规定，代理人在代理权限内，以被代理人名义实施的民事法律行为，对被代理人发生效力。《民法典》第172条规定，行为人没有代理权、超越代理权或者代理权终止后，仍然实施代理行为，相对人有理由相信行为人有代理权的，代理行为有效。

律规范。

二、整理诉讼请求成立的法律要件事实

检索出诉讼请求的实体法基础规范仅仅是起诉策略中的前奏，接下来一个重要的环节是，需要结合具体的诉讼请求，以实体法基础规范为依据，整理或归纳出诉讼请求成立的法律要件。例如，甲乙为夫妻关系，甲常年深陷赌博之中，经常欠下外债。为了避免家庭财产被甲挥霍一空，乙向法院提出请求分割夫妻共同财产的诉讼请求。上述诉讼请求的实体法基础规范为：《民法典》第 1066 条："婚姻关系存续期间，有下列情形之一的，夫妻一方可以向人民法院请求分割共同财产：（一）一方有隐藏、转移、变卖、毁损、挥霍夫妻共同财产或者伪造夫妻共同债务等严重损害夫妻共同财产利益的行为；（二）一方负有法定扶养义务的人患重大疾病需要医治，另一方不同意支付相关医疗费用。"根据检索出的实体法基础规范，原告乙的诉讼请求成立要件，可以整理为如下几个方面：①夫妻双方尚在婚姻关系存续期间；②被告存在隐藏、转移、变卖、毁损、挥霍夫妻共同财产或者伪造夫妻共同债务等严重损害夫妻共同财产利益的行为；或者原告一方负有法定扶养义务的人患重大疾病需要医治，被告一方不同意支付相关医疗费用；③请求分割的财产为夫妻双方共同财产。整理诉讼请求成立的法律要件对于原告的意义在于，原告以此为方向梳理诉讼请求的事实和理由，明确需要向法院提交的证据范围以及自己应当承担的举证责任。如果上述某个法律要件不具备，则原告的诉讼请求难以获得法院的支持。例如，原告请求分割的财产属于被告个人财产，那么原告并无权利提出分割的诉求；再如，原告无法证明被告存在《民法典》第 1066 条第 2 项的情形，法院也将驳回其分割夫妻共同财产的诉讼请求。

诉讼请求成立的法律要件，实质上蕴含于诉讼请求基础法律规范之中。但由于我国成文法并非仅仅发挥裁判准则之功能，还兼具行为准则规范功能，因此法律条文的设计未呈现法律要件的思维。因此，原告对诉讼请求成立的法律要件的整理和归纳，需要建立在认真解读和准确解释基础规范条文的基础上。

第四节 本案要件事实归入

本案要件事实归入，是将具体的案件事实与前述分析出的法律要件事实进行比对或归入的过程，体现司法三段论的逻辑思维方式。在司法裁判领域，司法三段论被看作是大陆法系司法判决推理的主要形式，通常被描述为：法律规则（大前提）、案件事实（小前提）、裁决（结论）。例如，张三从网上购买的一双皮鞋，由于邮递员的失误被送到了李四家。李四以为是自己妻子给自己购买的礼物，于是就打开包裹将皮鞋穿走。事后张三得知自己买的鞋被李四据为己有，起诉要求李四返还皮鞋。这是一个可以通过不当得利角度提起民事诉讼的案件。张三很容易从《民法典》中找到支持自己诉讼请求的法律规范。根据《民法典》第 985 条，得利人没有法律根据取得不当利益的，受损失的人可以请求得利人返还取得的利益。于是，从这个基础规范出发，返还不当得利请求的成立要件事实体现为：①得利人取得利益；②得利人取得利益没有法律根据；③得利人取得利益导致权利人受损失。

三段论的逻辑思路是：先陈述大前提，也就是检索法律规范，再陈述小前提，也就是具体案件事实，最后得出结论。在具体案件的应用中，大前提与小前提之间的关系，需要通过某种桥梁实现贯通，这一桥梁就是本案要件事实归入的过程。具体而言，法律规范经过要件化处理之后，为具体事实与法律规范进行比对创造了条件，经过要件化处理的法律规范，更容易将具体案件事实归入其中。结合案情来看，李四获得了一双皮鞋，即满足得利人取得利益的要件；李四获得皮鞋是因为邮递员将张三的鞋错误投递到了李四家里，因此李四获得这双皮鞋是没有法律根据的；李四将这双皮鞋据为己有，导致张三财产的减少而发生损失。如此，案件具体事实与法律要件事实进行了对比和匹配，实现了本案要件事实归入的过程。这样，结论——李四应当将皮鞋返还给张三，就是理所当然、水到渠成的了。相反地，如果案件事实无法归入到某个法律要件事实之中，例如，本案并无证据证明李四将张三网购的这双皮鞋据为己有，则李四显然不承担不当得利返还义务。

从逻辑三段论与司法三段论的结构来看，二者无疑都由大前提、小前提和结论三部分组成。即将案件事实小前提，与法律规范的大前提进行"目光检视"，之后得出相应的结论。当然，这个结论对于不同的诉讼主体而言，具有不同的诉讼意义。对原告而言，这个预判的结论可以指导其诉讼策略的选择以及诉讼结果的预期，并因此影响证据的收集和举证质证行为。对被告而言，这个结论能够为其否认原告诉讼请求、消灭原告诉讼请求的法律效果提供诉讼方向。对审判者而言，案件的认定和法律适用的过程显然会呈现出层次分明、逻辑清晰的裁判路径。

第五节　原告起诉实务在线训练

在这一小节，本教材通过"民事诉讼实训平台"中的一个原告实训实验为例，讲述在"法律要件事实分析方法"之下，原告起诉实务的训练方法和基本步骤。

案件详情

2021 年 3 月 19 日，户籍地为杭州市 A 区的林某，驾驶牌照为浙 B4FT×× 的小客车，在杭州市 B 区某路口将行人赵某甲和潘某（户籍地均为南京市 F 区）撞出，造成赵某甲死亡、潘某受伤、车辆损坏的后果。经过技术检查报告分析意见显示，浙 B4FT×× 的小客车制动系统合格，灯光发光强度不合格，转向系统存在瑕疵。交警部门认为，林某驾驶不符合技术标准的机动车，未按规定通过路口的违法行为，与本起道路交通事故的发生有因果关系，是事故发生的全部原因，认定林某为全部责任，赵某甲和潘某无责任。潘某为赵某甲的妻子，赵某乙为赵某甲未成年之子。赵某甲为非农业家庭户籍。另查明，浙 B4FT×× 的小客车登记在杭州市 S 服装贸易公司（杭州市 G 区）名下，该车辆在杭州市 D 保险公司（杭州市 K 区）投保了交强险和 50 万元商业三者险，不计免赔。本次事故发生，均在保险期内。林某驾驶浙 B4FT×× 的小客车，系租用杭州市 S 服装贸易公司的车辆用于个人日常出行，每月租金 1800 元。经过核算，死亡赔偿金（含被抚养人生活费）、医疗费、丧葬费、交通费、住宿费、就餐费为 1 522 550 元，精神损害抚慰金 5000 元。

一、原告实训第一步：本案诉讼要件整理

（一）实训要点

原告在这一阶段，结合案件详情，需要明确以下事项：①本案原告、被

告的确定。②选择本案管辖法院。③固定本案诉讼请求。

（二）参考思路

（1）本案原告为潘某和赵某乙。这是因为作为受害人的赵某甲已经死亡，不具有诉讼权利能力而无法成为诉讼当事人。潘某和赵某乙的身份为赵某甲的近亲属，根据《民法典》第1181条，被侵权人死亡的，其近亲属有权请求侵权人承担侵权责任。因此，潘某和赵某乙为适格原告。

（2）本案被告一为林某，被告二为杭州市S服装贸易公司，被告三为杭州市D保险公司。林某为本案交通事故的机动车驾驶人，应承担侵权责任；杭州市S服装贸易公司为机动车所有人，应承担相应过错责任；杭州市D保险公司为涉案机动车交强险和商业三者险保险人，应依法承担保险赔偿责任。

（3）本案管辖法院为杭州市A区人民法院、杭州市B区人民法院、杭州市G区人民法院或杭州市K区人民法院。本案为机动车交通事故侵权案件。根据《民事诉讼法》第30条，因铁路、公路、水上和航空事故请求损害赔偿提起的诉讼，由事故发生地或者车辆、船舶最先到达地、航空器最先降落地或者被告住所地人民法院管辖。杭州市B区为事故发生地、杭州市A区为被告一住所地、杭州市G区为被告二住所地、杭州市K区为被告三住所地，因此上述四地人民法院对本案均有管辖权。

（4）本案诉讼请求的固定。本案特点是被告存在多人情况，需要在诉讼请求中具体列明要求被告承担的具体责任和数额。①请求杭州市D保险公司在机动车交通事故责任强制保险限额内赔偿原告死亡赔偿金（含被抚养人生活费）、医疗费、丧葬费、交通费、住宿费、就餐费共计200 000元。②请求杭州市D保险公司在机动车交通事故商业保险限额内赔偿原告死亡赔偿金（含被抚养人生活费）、医疗费、丧葬费、交通费、住宿费、就餐费共计500 000元。③请求林某和杭州市S服装贸易公司共同赔偿原告死亡赔偿金（含被抚养人生活费）、医疗费、丧葬费、交通费、住宿费、就餐费827 550元。④请求被告承担本案诉讼费用。具体赔偿数额的确定，请参考本教材机动车交通事故类案实训部分内容。

二、原告实训第二步：检索本案诉讼请求成立实体法基础规范

（一）实训要点

检索诉讼请求成立的基础法律规范，为进行法律要件分析奠定基础。

（二）参考思路

实体法基础规范：

（1）《道路交通安全法》第 76 条。

（2）《最高人民法院关于审理道路交通事故损害赔偿案件适用法律若干问题的解释》第 1 条。

（3）《民法典》第 1209 条、第 1213 条。

（4）《最高人民法院关于确定民事侵权精神损害赔偿责任若干问题的解释》第 1 条。

三、原告实训第三步：整理本案诉讼请求成立法律要件事实

（一）实训要点

检索诉讼请求成立的基础法律规范之后，在此基础上进行法律要件事实的整理和归纳。

（二）本案诉讼请求成立法律要件事实

1. 请求杭州市 S 服装贸易公司承担责任。

（1）租赁、借用等情形机动车所有人、管理人与使用人不是同一人。

（2）发生交通事故造成损害属于该机动车一方责任。

（3）机动车所有人、管理人对损害的发生有过错。

（4）交通事故造成实际损害后果，保险公司赔偿后有不足部分。

2. 请求杭州市 D 保险公司承担交强险责任。

（1）发生交通事故造成损害属于该机动车一方责任。

（2）被告承保机动车强制保险且在保险期内。

（3）按照强制保险责任限额范围赔偿。

3. 请求杭州市 D 保险公司承担商业险责任。

（1）发生交通事故造成损害属于该机动车一方责任。

（2）被告承保机动车商业保险且在保险期内。

（3）强制保险责任之外，按照保险合同的约定赔偿。

4. 请求林某承担责任。

（1）机动车与非机动车驾驶人、行人之间发生交通事故。

（2）交通事故造成实际损害后果，保险公司赔偿后有不足部分。

四、原告实训第四步：本案诉讼请求成立要件事实归入

（一）实训要点

结合本案事实材料，将本案事实与诉讼请求成立要件事实进行比对，并得出相应的事实认定结果。

（二）参考思路

（1）交警部门认定，林某作为机动车驾驶人，未按规定通过路口的违法行为，与本起道路交通事故的发生有因果关系，认定林某为全部责任。

（2）案涉机动车质量检查报告显示，制动系统合格，灯光发光强度不合格，转向系统存在瑕疵。交警部门认定机动车不符合技术标准是发生交通事故的原因之一，杭州市 S 服装贸易公司将存在缺陷的机动车租给林某使用，存在过错，且该机动车缺陷与发生交通事故的结果之间存在因果关系，应承担相应责任。

（3）杭州市 S 服装贸易公司在杭州市 D 保险公司投保了机动车交强险和商业三者险，且在保险期内。

（4）经过核算，死亡赔偿金（含被抚养人生活费）、医疗费、丧葬费、交通费、住宿费、就餐费为 1 522 550 元，精神损害抚慰金 5000 元。

五、原告实训第五步：完成本案起诉状

民 事 起 诉 状

原告：潘某、赵某乙

被告：林某、杭州市 S 服装贸易公司、杭州市 D 保险公司

案由：机动车交通事故责任纠纷

诉讼请求：

1. 请求杭州市 D 保险公司在机动车交通事故责任强制保险限额内赔偿原告死亡赔偿金（含被抚养人生活费）、医疗费、丧葬费、交通费、住宿费、就餐费共计 200 000 元。

2. 请求杭州市 D 保险公司在机动车交通事故商业保险限额内赔偿原告死亡赔偿金（含被抚养人生活费）、医疗费、丧葬费、交通费、住宿费、就餐费共计 500 000 元。

3. 请求林某和杭州市 S 服装贸易公司共同赔偿原告死亡赔偿金（含被抚养人生活费）、医疗费、丧葬费、交通费、住宿费、就餐费 827 550 元。

4. 请求被告承担本案诉讼费用。

事实与理由：

2021 年 3 月 19 日，林某驾驶牌照为浙 B4FT×× 的小客车，在杭州市 B 区某路口将赵某甲和潘某撞出，造成赵某甲死亡、潘某受伤、车辆损坏的后果。经过技术检查报告分析意见显示，浙 B4FT×× 的小客车制动系统合格，灯光发光强度不合格，转向系统存在瑕疵。交警部门认为，林某驾驶不符合技术标准的机动车，未按规定通过路口的违法行为，与本起道路交通事故的发生有因果关系，是事故发生的全部原因，并认定林某为全部责任，赵某甲和潘某无责任。潘某为赵某甲的妻子，赵某乙为赵某甲未成年之子。赵某甲为非农业家庭户籍。另查明，浙 B4FT×× 的小客车登记在杭州市 S 服装贸易公司（杭州市 G 区）名下，该车辆在杭州市 D 保险公司（杭州市 K 区）投保了交强险和 50 万元商业三者险，不计免赔。本次事故发生，均在保险期内。林某驾驶浙 B4FT×× 的小客车，系有偿租用杭州市 S 服装贸易公司的车辆用于个人日常出行。

林某作为机动车驾驶人，在路口违反交通安全法律法规，应承担相应责任。杭州市 S 服装贸易公司作为机动车所有人，将存在安全隐患的不符合技术标准的机动车租给林某使用，对本次事故发生存在过错，且机动车存在缺陷与交通事故之间存在因果关系，应承担相应责任。涉案机动车在杭州市 D 保险公司购买了交强险和 50 万元商业三者险，均在保险期内，因此杭州市 D 保险公司应承担相应保险责任。据此，原告根据我国《民法典》第 1209 条、第 1213 条，《道路交通安全法》第 76 条，《最高人民法院关于审理道路交通事故损害赔偿案件适用法律若干问题的解释》第 1 条，《最高人民法院关于确定民事侵权精神损害赔偿责任若干问题的解释》第 1 条，特向贵院提起诉讼，望判如所请。

此致

杭州市 A 区人民法院

具状人：潘某、赵某乙

年　月　日

附：本起诉状副本 3 份

第三章
被告法律要件事实思维与训练

　　被告对于原告提出的诉讼请求，除了提出反诉之外基本上采取的都是针对性的防御手段。与原告提起诉讼相同，被告防御的顺序也要通过法律要件事实思路来组织和安排。通常情况下，被告应诉的策略主要体现在以下三道防线上：

　　第一道防线是对原告起诉的诉讼要件提出异议和诉讼抗辩。例如，本案不属于法院主管、双方存在有效的管辖协议、纠纷不是民事纠纷、原告不适格或者重复起诉等。由于诉讼要件若不具备，或者诉讼抗辩成立，法院将不会继续进行实体审理，而是直接驳回原告起诉，因此被告通过这道防线可以避免案件进入到实体审理阶段，从而摆脱了败诉风险。而对于原告而言，若诉讼被人民法院裁定驳回，无异于其提起的诉讼请求失去了审理甚至是胜诉的机会。

　　第二道防线是对原告诉讼请求成立要件提出异议。如果案件具备诉讼要件或者诉讼抗辩不成立，案件将进入实体审理阶段。即使如此，原告诉讼请求成立要件若不具备，仍然会被人民法院判决驳回诉讼请求。因此，被告从原告诉讼请求成立要件入手，提出有力的证据或者通过法庭辩论，推翻原告诉讼请求成立要件，如不当得利不成立、侵权不成立、合同关系不存在等，被告将免除承担实体败诉的后果。

　　第三道防线是对原告诉讼请求主张抗辩。"抗辩"作为一个法律术语，在不同的语境下含义有所不同。在民事实体法中，抗辩以抗辩权的形式出现，即义务人为对抗相对方的请求权得拒绝给付的权利。《民法典》明确规定了若干抗辩权的类型，如同时履行抗辩权、不安抗辩权等。在民事诉讼法理论中，抗辩被视为当事人对抗对方诉讼请求的防御方法，即当事人通过主张与对方请求的要件事实不同的事实以排斥对方主张。例如，在侵权案件中，被告主张原告自己对损害后果的发生也存在过错，因此应当减轻其赔偿责任。

被告应诉的上述三道防线具有前后递进关系，前一道防线如果成功，后面的就无需使用。前一道防线失效则启动后一道防线。被告可以根据实际情形来具体选择防线，然后按照这些防线的顺序来具体考虑自己的举证策略。

第一节　诉讼要件异议与诉讼抗辩

一、诉讼要件异议——被告对诉讼要件的否认

（一）管辖权异议

《民事诉讼法》第 127 条规定，人民法院受理案件后，当事人对管辖权有异议的，应当在提交答辩状期间提出。人民法院对当事人提出的异议，应当审查。异议成立的，裁定将案件移送有管辖权的人民法院；异议不成立的，裁定驳回。当事人的管辖权异议法律要点分析如下：

（1）提出管辖权异议的主体为双方当事人，并不限于被告。例如，原告对受移送法院的管辖权提出异议，或者对被告的反诉提出管辖权异议等。

（2）异议的对象，既可能是地域管辖，也可能是级别管辖，但只能针对第一审法院的管辖权提出，对第二审法院不得提出管辖权异议。

（3）管辖权异议时间，应当是在当事人提交答辩状期间。如果未在此期间提出管辖权异议，则发生失权后果。但例外情况是，《最高人民法院关于审理民事级别管辖异议案件若干问题的规定》第 3 条规定，提交答辩状期间届满后，原告增加诉讼请求金额致使案件标的额超过受诉人民法院级别管辖标准，被告提出管辖权异议，请求由上级人民法院管辖的，人民法院应当按照该规定第 1 条审查并作出裁定。

（4）当事人提出管辖权异议后，法院应当审查。审查结果可能有：异议成立，裁定进行移送管辖；异议不成立的，裁定驳回。对驳回管辖权异议的裁定，当事人可以向上一级人民法院提起上诉。

需要注意的是，根据《民事诉讼法》第 130 条，当事人未提出管辖异议，并应诉答辩的，视为受诉人民法院有管辖权，但违反级别管辖和专属管辖规定的除外。据此，如果被告未能提出管辖权异议并且应诉答辩，则失去了对法院管辖要件提出异议的权利，从而产生应诉管辖后果。应诉管辖必须同时满足三个条件：一是当事人未提出管辖异议；二是该当事人积极应诉答辩；

三是不得违反级别管辖和专属管辖规定。上述任何一个条件没有满足，都不能产生应诉管辖的后果。例如，被告在提交管辖异议的同时，也提交了书面答辩状的，根据《民事诉讼法解释》第 223 条的规定，人民法院应当依照《民事诉讼法》第 130 条第 1 款的规定，对管辖异议进行审查。此外，如何理解当事人的应诉答辩行为？《民事诉讼法解释》第 223 条将其解释为"就案件实体内容进行答辩、陈述或者反诉"。

（二）原告主体资格异议

被告在接到原告的起诉状后，应当以本案的基础法律关系为依据，审查原告是否系本案所涉法律关系的主体，其作为本案原告是否符合法律规定。

（三）法院主管异议

原告提起的民事诉讼应当属于人民法院受理民事纠纷的范围，如果本案不属于人民法院民事案件主管范围，则人民法院不予受理，受理之后查明不属于法院主管范围的应当驳回起诉。例如，《最高人民法院关于适用〈中华人民共和国民法典〉婚姻家庭编的解释（一）》第 17 条第 2 款规定："当事人以结婚登记程序存在瑕疵为由提起民事诉讼，主张撤销结婚登记的，告知其可以依法申请行政复议或者提起行政诉讼。"再如，《最高人民法院关于适用〈中华人民共和国民法典〉婚姻家庭编的解释（一）》第 4 条规定："当事人仅以民法典第一千零四十三条[1]为依据提起诉讼的，人民法院不予受理；已经受理的，裁定驳回起诉。"因此，被告有权就原告提起的民事诉讼法院主管这一诉讼要件提出异议。

（四）起诉期间异议

例如，《民法典》第 1082 条规定，女方在怀孕期间、分娩后 1 年内或终止妊娠后 6 个月内，男方不得提出离婚。再如，《民事诉讼法》第 124 条规定，判决不准离婚和调解和好的离婚案件，判决、调解维持收养关系的案件，没有新情况、新理由，原告在 6 个月内又起诉的，不予受理。因此，被告可以在有关的民事案件中以原告起诉不满足法定起诉期间为由，请求法院驳回原告起诉。

---

[1]《民法典》第 1043 条规定，家庭应当树立优良家风，弘扬家庭美德，重视家庭文明建设。夫妻应当互相忠实，互相尊重，互相关爱；家庭成员应当敬老爱幼，互相帮助，维护平等、和睦、文明的婚姻家庭关系。

（五）起诉前置程序异议

例如，根据《劳动法》第 83 条，劳动争议当事人对仲裁裁决不服的，可以自收到仲裁裁决书之日起 15 日内向人民法院提起诉讼。一方当事人在法定期限内不起诉又不履行仲裁裁决的，另一方当事人可以申请人民法院强制执行。再如执行异议之诉、许可执行之诉等特殊的诉讼，《民事诉讼法》也设置了相应的诉前前置程序，如果被告有证据证明当事人未进行相应的前置程序，人民法院将驳回原告的起诉。

（六）重复起诉异议

根据《民事诉讼法》第 127 条的规定，对判决、裁定、调解书已经发生法律效力的案件，当事人又起诉的，人民法院告知原告申请再审，但人民法院准许撤诉的裁定除外。因此，被告可以主张原告提起的民事诉讼为重复起诉，法院应驳回起诉。根据《民事诉讼法解释》第 247 条，构成重复起诉需要同时符合下列条件：

第一，后诉与前诉的当事人相同。例外情形是，公益诉讼案件裁判发生法律效力后，其他具有原告资格的机关或组织再次就同一侵权案件提起公益诉讼的，人民法院将不予受理。

第二，后诉与前诉的诉讼标的相同。诉讼标的是当事人发生争议的民事法律关系，由于诉的种类不同，其诉讼标的也就不同。在给付之诉中，诉讼标的是原告基于某种法律关系，向被告所提出的履行一定义务的实体权利的请求权；在确认之诉中，诉讼标的是原告提出的要求确认的某个法律关系；在变更之诉中，诉讼标的是原告提出变更或消灭同被告之间现存的某一法律关系。如果当事人以不同的法律关系提起诉讼，不属于重复起诉。例如，原告以民间借贷合同关系提起诉讼，人民法院查明债务属于其他法律关系引起的，可判决驳回原告诉讼请求，债权人可按照其他法律关系另行起诉。

第三，后诉与前诉的诉讼请求相同，或者后诉的诉讼请求实质上否定前诉裁判结果。诉讼请求是建立在诉讼标的的基础上的具体声明，是民事法律关系的外在形式或具体体现，具体的请求内容对于诉讼中识别诉讼标的及理清其范围具有实际意义。司法解释在诉讼标的之外，将诉讼请求的同一性作为判断此诉与彼诉的标准之一，即后诉与前诉的诉讼请求相同，或者后诉的诉讼请求实质上否定前诉裁判结果。在前诉与后诉当事人相同、诉讼标的同一的情形下，以下情形可被认为属于重复诉讼：一是后诉提起与前诉相反的诉讼请求的，例如，甲起诉乙要求确认法律关系有效，乙又起诉甲请求确认法律关系无效的；二是后诉的请求实质上否定前诉裁判结果的情形，例如，甲起诉乙要求依法律关系进行给付，乙又起诉甲请求确认法律关系无效的。

需要注意的是，裁判发生法律效力后，发生新的事实，当事人再次提起诉讼的，并不属于重复起诉。这种情况属于对"一事不再理"原则的突破情形。例如，《民事诉讼法解释》第 218 条规定，赡养费、扶养费、抚养费案件，裁判发生法律效力后，因新情况、新理由，一方当事人再行起诉要求增加或者减少费用的，人民法院应作为新案受理。再如，《民法典》第 1092 条规定，夫妻一方隐藏、转移、变卖、毁损、挥霍夫妻共同财产，或者伪造夫妻共同债务企图侵占另一方财产的，在离婚分割夫妻共同财产时，对该方可以少分或者不分。离婚后，另一方发现有上述行为的，可以向人民法院提起诉讼，请求再次分割夫妻共同财产。

二、诉讼抗辩——被告应诉拒绝权的体现

（一）诉讼抗辩的含义

诉讼抗辩的实质，是仅需要当事人提出，法院才予以进行审查的诉讼法要件事项。被告作为原告起诉的对方当事人，始终具有对原告起诉的诉讼要件提出质疑和异议的权利。

第一，原告之起诉，在一定情形下并无正当性，这可以通过法院依法审查原告起诉条件和诉讼要件进行处理。然而，尽管原告的起诉满足了诉讼要件，但对于被告而言仍然显失公平。例如，原告与被告之间已经就民事纠纷达成了和解协议，同时双方进行了弃权处理，即双方约定该纠纷不再通过诉讼进行解决。如果此时原告仍然可以提起诉讼，且人民法院已经进行审理，对于被告而言将徒增诉讼成本和负担，且原告也存在不履行和解协议内容这一违背诚信的行为。因此，笔者认为在相当程度上，即使原告起诉具备了诉讼要件，当被告提出双方对纠纷已经形成和解的情况下，法院将无需审理双方的案件，对原告起诉应当进行驳回。

第二，被告的应诉拒绝权作为一项权利，完全属于被告主张抗辩事项，法院并不依职权进行探知。从某种意义上讲，诉讼要件的内容，都关涉诉的合法性的问题，法院必须依职权进行调查。这主要是因为诉讼要件的内容具有一定的公益性，法院若不调查清楚进行实体审理，将会直接引起实体审理

毫无必要的后果。但被告的应诉拒绝权则不同，被告可以根据自己的意愿选择提出或者不提出诉讼抗辩。如果被告选择行使其应诉拒绝权，其将通过诉讼抗辩主张形式提交法院审查抗辩事项。若抗辩事由成立，则自己将免除进行本案辩论，原告的起诉将被法院驳回。但如果被告不行使其应诉拒绝权，则意味着被告也希望通过诉讼解决与原告之间的民事争议，法院自然无需依职权进行诉讼抗辩事项的审查。

第三，被告应诉拒绝权应属于被告答辩权的重要组成部分。针对原告的起诉，被告依法享有答辩权。但事实上答辩的对象不仅仅针对原告主张的事实和法律观点进行驳斥，也包括对原告诉讼要件的异议以及本案无需进行实体审理的主张，而后者就应当表现为被告主张的诉讼抗辩事项。值得注意的是，诉讼要件的异议和诉讼抗辩的提出的本质截然不同。这是因为诉讼要件的审查，是法院依职权调查的事项，被告针对原告诉讼要件提出异议，并不必然承担证明责任，而是应当由原告承担因诉讼要件不具备而导致诉讼被驳回的不利后果。但诉讼抗辩事项，应当由被告承担证明责任，即诉讼抗辩事项真伪不明时，应当由被告承担"诉讼继续进行"的这一不利后果。

从我国民事诉讼法的角度看，常见的被告的异议行为都不属于真正意义的诉讼抗辩行为，类似当事人针对原告当事人主体资格提出的异议、当事人主张对方重复起诉而请求驳回起诉的主张等。因为上述事项的内容，其实属于人民法院应当依职权调查的事项，并不需要主张者承担证明责任。这也充分说明，诉的合法性问题，绝大多数都是通过人民法院依职权调查的模式进行立法的。但是，这并不排除诉的合法性问题，有部分内容具有一定的私人利益性，属于因当事人主张抗辩，人民法院才予以进行审查的现象。例如，《民事诉讼法解释》第216条规定："在人民法院首次开庭前，被告以有书面仲裁协议为由对受理民事案件提出异议的，人民法院应当进行审查。经审查符合下列情形之一的，人民法院应当裁定驳回起诉：（一）仲裁机构或者人民法院已经确认仲裁协议有效的；（二）当事人没有在仲裁庭首次开庭前对仲裁协议的效力提出异议的；（三）仲裁协议符合仲裁法第十六条规定且不具有仲裁法第十七条规定情形的。"

上述仲裁协议异议，其实质就是诉讼抗辩事项。因为只有被告及时提出了仲裁协议，人民法院才予以进行审查。但是该条仅仅简单地规定人民法院在被告提出异议的情况下，进行职权审查的诉讼行为，这显然与诉讼抗辩的实质不吻合。按照抗辩理论，当事人提出诉讼抗辩后有义务提交证据进行证明，且应当承担相应的证明责任。因此，诉讼中被告提出的仲裁协议抗辩，是针对"当事人之间的诉讼标的不应当由人民法院进行审理这一问题"，从其实质上来看，仍然属于诉讼标的方面的诉的合法性问题。但是由于针对仲裁协议问题，人民法院在起诉审查阶段几乎难以调查清楚，因此将这一问题列为诉讼抗辩事项，更有利于提高当事人对仲裁协议的可选择性，避免人民法院对当事人私人合意问题的职权干涉。

严格来说，诉讼抗辩事项属于诉的合法性条件中必须经过当事人主张，法院才予以进行审查的事项，其本质是被告应诉拒绝权的审查制度。诉讼抗辩事项具有一定的私人属性，并不直接具有公益性和国家性色彩。尽管人民法院在多数情况下应当在确认诉已经达到合法性要件的情况下，才能进行实体审理，但并不否认当事人针对诉是否合法具有一定的处分权，而这些处分权将直接影响案件是否有必要进行实体审理。

（二）诉讼抗辩的类型

1. 仲裁协议抗辩

当事人在纠纷产生之前签订的仲裁协议，具有排除诉讼的效果。但是如果原告起诉后被告积极应诉答辩，则完全可以视为当事人放弃了仲裁协议的诉讼效力，人民法院依法进行实体审判并不被视为违法。案件一旦被法院受理，仲裁协议的事项就成了被告的抗辩事项，即被告是否在法定时间之前提出仲裁协议的抗辩，决定了法院处理该案件的不同结局。

第一，《民事诉讼法解释》第216条规定："在人民法院首次开庭前，被告以有书面仲裁协议为由对受理民事案件提出异议的，人民法院应当进行审查。经审查符合下列情形之一的，人民法院应当裁定驳回起诉：（一）仲裁机构或者人民法院已经确认仲裁协议有效的；（二）当事人没有在仲裁庭首次开庭前对仲裁协议的效力提出异议的；（三）仲裁协议符合仲裁法第十六条规定且不具有仲裁法第十七条规定情形的。"显然，如果被告能够在"法院首次开庭前"以仲裁协议为理由对法院受理案件提出异议，法院需要审查仲裁协议效力问题：如果审查后认为仲裁协议符合法定情况的，则裁定驳回起诉；如果审查后认为仲裁协议不符合法定情况的，则会继续审理案件。

第二，法院之所以能够进行仲裁协议效力审查，有一个重要的前提是被告在法院首次开庭前提出仲裁协议抗辩。如果被告没有在法定的时间之前提出仲裁协议抗辩,法院便不会再审查仲裁协议效力,而将继续审理案件。例如,甲公司和乙公司签订过书面仲裁协议,但甲公司向法院提起了诉讼,法院受理案件后,被告乙公司并没有及时提出仲裁协议抗辩,直到法院开庭后才主张仲裁协议的,法院并不会围绕仲裁协议进行审查,可以这样认为,被告在人民法院开庭后就失去了主张仲裁协议抗辩的权利。

2. 不起诉协议抗辩

在当前民事纠纷解决机制中,民事和解和民事调解越来越受到关注和提倡。在相当多的民事和解或调解协议中,当事人往往会约定类似这样一个条款:一方当事人以后不再就该案所涉及的债权向另一方当事人通过人民法院提起诉讼。这种条款往往被视为弃权条款,或者不起诉协议条款。针对上述条款的法律效力,我国《民事诉讼法》并未进行明确规定,因此在理论上具有争议。本教材认为,当事人双方在意思自治原则基础上,通过平等对话方式进行的和解或调解协议具有民事合同效力,任何一方当事人都应当履行。针对不起诉的行为,是当事人在上述约定中正式接受并认可的内容,并没有违反我国法律的强制性规定,应当对上述处分权的行为赋予法律效力。因此,如果当事人违背上述约定,并就同一案件向人民法院起诉,对方当事人可以提出不起诉协议抗辩主张。从诉讼理论角度看,当事人上述起诉尽管符合一般的诉讼要件内容,但如果被告主张了不起诉协议抗辩,人民法院也应当裁定不予受理。

3. 管辖抗辩

在立案登记制度条件下,人民法院应当根据《民事诉讼法》第122条的规定,在认定本院拥有确定无误管辖权的情况下对案件进行审理。受诉法院对于"不符合起诉条件的,应当在七日内作出裁定书,不予受理"并"告知原告向有管辖权的人民法院起诉"(《民事诉讼法》第126条和第127条)。因此,在我国较为高阶化的民事诉讼起诉受理审查条件下,法院对起诉条件的职权审查必然涉及管辖权问题。但是事实上,管辖问题的内容较为复杂,管辖方法也趋于多元化。从人民法院职权调查的事项来看,级别管辖和专属管辖属于强制性管辖范畴,不允许当事人任意变更,因此应当属于人民法院必须查明的管辖事项。但至于一般地域管辖、协议管辖、特殊地域管辖等,当事人私意性较强,甚至《民事诉讼法》规定了"应诉管辖制度",这意味着起诉时没有地域管辖权的案件(级别管辖和专属管辖除外),法院也可以根据

"应诉管辖"获得管辖权。因此从这一角度看，本教材认为在起诉审查阶段法院应当依职权查明的管辖要件仅仅包括级别管辖和专属管辖事项，而针对其他管辖方法确定的管辖问题，则不应当在起诉立案阶段进行审查，而是应通过建立起管辖抗辩制度，赋予当事人诉讼抗辩权，人民法院对管辖抗辩进行审查。管辖抗辩的处理可能呈现两种后果：一是当事人提出证据证明受诉法院无管辖权，受诉人民法院认为双方并不存在默认的协议管辖，应裁定进行案件移送；如果受诉人民法院认为当事人管辖抗辩主张不合法，应裁定驳回抗辩继续审理案件。因此，现有的应诉管辖制度，其实应当被包含在管辖抗辩制度中进行理解和应用才较为具有合理性。

第二节　被告对诉讼请求成立要件事实的异议

从广义的角度看，被告面对来自原告的起诉，除了承认对方的诉讼请求之外，可能会有以下表现形式：不做任何答辩、对诉讼请求提出异议、对诉讼请求主张抗辩。被告对诉讼请求提出异议，应当以诉讼请求成立要件事实为对象提出否定的观点并提供证据证明，否则不会产生否认的诉讼后果。例如，在民间借贷案件中，被告提出了很多事实，来证明自己陷入财务困境，没有能力如期还款，所以不能履行返还借款的义务。被告的上述努力丝毫不会动摇原告诉讼请求的成立要件，这是因为其主张的事实对原告诉讼请求成立的法律要件事实根本不具有针对性。因此，即使是否认原告的诉讼请求，被告仍然需要进行周密和细致的准备。

一、检索诉讼请求实体法基础规范

为何被告也要认真检索原告诉讼请求的实体法基础规范？相对而言，被告是应诉的主体，这就决定了被告必须了解甚至熟悉原告起诉的基本策略和内容，这样才能知己知彼，从中寻求突破的方向。例如，在机动车交通事故侵权案件中，被告需要根据原告提交的起诉状副本，来了解原告起诉的基本依据。但有的原告并不会将支持其诉讼请求的所有法律依据一一列明，这样就需要被告在原告起诉状内容的基础上，以诉讼请求为核心，尽可能全面地查找诉讼请求成立的基础规范。

二、整理诉讼请求成立的法律要件

检索出诉讼请求的实体法基础规范是为整理法律要件做的准备工作，接下来的一个重要环节是，如同原告一样，被告需要结合具体的诉讼请求，以实体法基础规范为依据，整理或归纳出诉讼请求成立的法律要件。例如，甲乙为夫妻关系，甲常年深陷赌博之中，经常欠下外债。为了避免家庭财产被甲挥霍一空，乙向法院提出分割夫妻共同财产的诉讼请求。上述诉讼请求的实体法基础规范为《民法典》第1066条。根据该条，婚姻关系存续期间，有下列情形之一的，夫妻一方可以向人民法院请求分割共同财产：①一方有隐藏、转移、变卖、毁损、挥霍夫妻共同财产或者伪造夫妻共同债务等严重损害夫妻共同财产利益的行为；②一方负有法定扶养义务的人患重大疾病需要医治，另一方不同意支付相关医疗费用。根据检索出的实体法基础规范，原告乙的诉讼请求成立要件，可以整理为如下几个方面：①夫妻双方尚在婚姻关系存续期间；②被告存在隐藏、转移、变卖、毁损、挥霍夫妻共同财产或者伪造夫妻共同债务等严重损害夫妻共同财产利益的行为；或者原告一方负有法定扶养义务的人患重大疾病需要医治，被告一方不同意支付相关医疗费用；③请求分割的财产为夫妻双方共同财产。整理诉讼请求成立的法律要件对于被告的意义在于：被告需要寻求否定原告诉讼请求成立要件的突破口，并以此展开证据调查和法庭辩论的内容。因为被告应当确信：如果上述某个法律要件不具备，则原告的诉讼请求难以获得法院的支持。例如，被告有证据证明，原告请求分割的财产是属于被告的个人财产，那么原告诉讼请求其他要件具备，也无权利对被告的个人财产提出分割的诉求。

三、寻找突破口——本案要件事实析出

前文已经述及，本案要件事实归入，是原告将具体的案件事实与前述分析出的法律要件事实进行比对或归入的过程，其目标是得出本案事实完全满足诉讼请求成立法律要件事实的结论。相对而言，被告在整理出诉讼请求成立的法律要件之后，需要进行与原告完全相反的动作——本案要件事实析出。本案要件事实析出，仍然属于司法三段论的逻辑范畴之内的诉讼活动，是被告将具体的案件事实与前述分析出的法律要件事实进行比对后，得出本案事实不满足诉讼请求成立要件事实的结论。这里仍然用本教材前文所举的例子

进行说明。张三从网上购买的一双皮鞋，由于邮递员的失误，被送到了李四家。李四未经询问就打开包裹将皮鞋穿走。事后张三得知自己买的鞋被李四据为己有，起诉要求李四返还皮鞋。这是一个可以通过不当得利角度提起的民事诉讼案件。张三和李四都可以从《民法典》中找到诉讼请求成立的法律规范：根据《民法典》第985条，得利人没有法律根据取得不当利益的，受损失的人可以请求得利人返还取得的利益。于是，从这个基础规范出发，返还不当得利请求的成立要件体现为：①得利人取得利益；②得利人取得利益没有法律根据；③得利人取得利益导致权利人受损失。

结合案情来看，李四获得了一双皮鞋，即满足得利人取得利益的要件；李四获得皮鞋是因为邮递员将张三的鞋错误投递到了李四家里，李四获得这双皮鞋是没有法律根据的；李四将这双皮鞋据为己有，导致了张三的财产减少这一损失。如此，案件具体事实与法律要件事实进行了对比和匹配，实现了本案要件事实归入的过程。这样，结论——李四应当将皮鞋返还给张三，就是理所当然、水到渠成的了。但事实上，李四完全可以在上述三个法律要件之中寻求突破。例如，本案李四提出证据证明，案涉的皮鞋是张三通过网购送给自己的生日礼物，并提交了较为充分的证据予以说明，那么李四获得这双皮鞋当然就不存在"没有法律根据"，就不承担不当得利的返还义务。实际上，李四主张自己获得利益存在法律根据，就是在否认张三诉讼请求的成立要件之一，使案件事实无法与法律要件事实进行归入，达到了本案要件事实析出的效果。

从法律效果来看，本案要件事实析出的诉讼活动，应当理解成被告对诉讼请求成立要件事实的否认。那么具体到一个案件中，被告究竟选择哪一个要件事实作为否认的对象，需要进行认真的考虑和慎重的选择。这不仅建立在被告充分研究原告诉讼请求的法律要件的基础之上，更要求被告结合案件具体事实选择适当的、有利于否定原告诉讼请求成立要件事实的诉讼方向，并以此开展相应的举证、质证等诉讼活动。例如，在原告提起撤销权诉讼的案件中，被告结合案情发现，原告依法具有撤销权，但时间上已经超出了法定的期限，则应当及时提出除斥期间届满的主张。例如，《民法典》第152条规定："有下列情形之一的，撤销权消灭：（一）当事人自知道或者应当知道撤销事由之日起一年内、重大误解的当事人自知道或者应当知道撤销事由之日起九十日内没有行使撤销权；（二）当事人受胁迫，自胁迫行为终止之日起一年内没有行使撤销权；（三）当事人知道撤销事由后明确表示或者以自己的行为表明放弃撤销权。当事人自民事法律行为发生之日起五年内没有行使撤销权的，撤销权消灭。"

第三节　实体法抗辩和反诉

被告在提出抗辩（权）时，可以从多个角度进行抗辩。这是因为抗辩（权）具有多重性。例如，原告请求返还借款，被告可以抗辩称原告的借款系无效借款，该抗辩实质为无效抗辩；被告可以主张已经归还该笔借款，该主张实质为权利消灭抗辩；被告可以辩称原告尚未满足所附还款条件，该主张实质为附条件抗辩；被告还可以抗辩称原告债权已经超过诉讼时效，这时，他提出的是时效抗辩。并且，值得注意的是，被告可能同时提出上述不同的抗辩。

被告在选择和主张抗辩时，应明确以下三点：一是打算主张的抗辩到底是什么性质和内容，其目的是使抗辩特定化，并有利于进行法律规范检索的工作；二是要准确检索出抗辩的实体法基础规范，如果没有明确的法律规范作为支撑，则无法达到抗辩起到的阻碍诉讼请求成立的法律效果；三是将抗辩基础法律规范进行要件化整理，以便将案件具体事实归入法律要件事实之中。其实从这一点来看，提出抗辩的被告，与原告的诉讼策略基本相同，都需要将其主张进行要件化后进行本案要件事实归入的活动，而且都应当对相应的法律要件事实承担举证责任。对被告而言，抗辩法律要件事实没有证据证明，或者无法达到证明标准的，将承担抗辩无法发生排除诉讼请求的不利后果。

被告究竟提出什么样的抗辩，需要结合具体案情进行选择，这　点在本教材的类案实训部分将充分进行展示和说明，并配合一定的实训实验提供给读者进行训练。以下简单举两例实体法抗辩加以说明。

一、诉讼时效抗辩

《民法典》第188条规定："向人民法院请求保护民事权利的诉讼时效期间为三年。法律另有规定的，依照其规定。诉讼时效期间自权利人知道或者应当知道权利受到损害以及义务人之日起计算。法律另有规定的，依照其规定。但是，自权利受到损害之日起超过二十年的，人民法院不予保护，有特殊情况的，人民法院可以根据权利人的申请决定延长。"

根据以上规定，被告在收到原告起诉状后，应当优先审核原告的诉讼请求是否存在诉讼时效已经过期的情况。如果结合案件具体事实能够确定存在时效经过的情形，被告应当及时在答辩状中进行主张。

当然，除了上述《民法典》对时效的一般规定，其他法律也存在对时效性的特别规定。例如，《保险法》第26条规定："人寿保险以外的其他保险的被保险人或者受益人，向保险人请求赔偿或者给付保险金的诉讼时效期间为二年，自其知道或者应当知道保险事故发生之日起计算。人寿保险的被保险人或者受益人向保险人请求给付保险金的诉讼时效期间为五年，自其知道或者应当知道保险事故发生之日起计算。"

应当说，时效抗辩是被告最有利也最简单的抗辩，因为人民法院查明原告诉讼请求已经超过了诉讼时效之后，原告便丧失胜诉权，法院应当判决驳回其诉讼请求。正因如此，一旦被告收到原告的起诉状，必须优先对其诉请是否超过诉讼时效进行审核以便在一审时及时提出。

二、虚假诉讼抗辩

《民事诉讼法》第115条规定，当事人之间恶意串通，企图通过诉讼、调解等方式侵害他人合法权益的，人民法院应当驳回其请求，并根据情节轻重予以罚款、拘留；构成犯罪的，依法追究刑事责任。上述情形其实属于民事诉讼中经常出现的"虚假诉讼"现象。《最高人民法院、最高人民检察院关于办理虚假诉讼刑事案件适用法律若干问题的解释》第1条规定："采取伪造证据、虚假陈述等手段，实施下列行为之一，捏造民事法律关系，虚构民事纠纷，向人民法院提起民事诉讼的，应当认定为刑法第三百零七条之一第一款规定的'以捏造的事实提起民事诉讼'：（一）与夫妻一方恶意串通，捏造夫妻共同债务的；（二）与他人恶意串通，捏造债权债务关系和以物抵债协议的；（三）与公司、企业的法定代表人、董事、监事、经理或者其他管理人员恶意串通，捏造公司、企业债务或者担保义务的；（四）捏造知识产权侵权关系或者不正当竞争关系的；（五）在破产案件审理过程中申报捏造的债权的；（六）与被执行人恶意串通，捏造债权或者对查封、扣押、冻结财产的优先权、担保物权的；（七）单方或者与他人恶意串通，捏造身份、合同、侵权、继承等民事法律关系的其他行为。隐瞒债务已经全部清偿的事实，向人民法院提起民事诉讼，要求他人履行债务的，以'以捏造的事实提起民事诉讼'

论。向人民法院申请执行基于捏造的事实作出的仲裁裁决、公证债权文书，或者在民事执行过程中以捏造的事实对执行标的提出异议、申请参与执行财产分配的，属于刑法第三百零七条之一第一款规定的'以捏造的事实提起民事诉讼'。"

虚假诉讼往往具有以下共同特点：首先，当事人之间关系的特殊性。调查显示，虚假诉讼案件当事人之间一般存在亲属、朋友等特殊关系。原因是找亲戚或朋友造假进行诉讼，成本较低、操作方便、易于得逞。其次，当事人之间配合默契，查处难度较大。在虚假诉讼案件中，为了避免露出破绽，当事人到庭率较低，大多委托诉讼代理人单独参加诉讼，给法院查清案件事实设置障碍；即使参加诉讼，也不会进行实质性的诉辩对抗，或者假戏真做地辩论一番，且多为"自认"；有的当事人还为对方提供便利，如代请律师、代交诉讼费等，以便加快诉讼进程，早日骗取法院裁判文书。再次，以调解方式结案的比较普遍。从人民法院查处的虚假诉讼案件来看，绝大多数都以调解方式结案。最后，案件类型相对集中。根据《最高人民法院关于防范和制裁虚假诉讼的指导意见》第2条，以下情形案件需要重点进行虚假诉讼的防范：①当事人为夫妻、朋友等亲近关系或者关联企业等共同利益关系；②原告诉请司法保护的标的额与其自身经济状况严重不符；③原告起诉所依据的事实和理由明显不符合常理；④当事人双方无实质性民事权益争议；⑤案件证据不足，但双方仍然主动迅速达成调解协议，并请求人民法院出具调解书。

尽管人民法院依法有责任防范和制裁虚假诉讼案件，但是当事人完全有权利对原告恶意虚构事实或者证据而杜撰出的"民事案件"提出抗辩，这也是被告针对虚假诉讼行使"应诉拒绝权"的重要形式。

三、提起反诉

民事诉讼中的反诉，是指在已经开始的民事诉讼中，本诉的被告向本诉的原告提起的独立反请求。反诉的构成，实质上是受理本诉的人民法院，将本诉被告针对本诉原告的起诉进行合并审理形成的诉讼现象。因此，反诉首先要理解成本诉被告向本诉原告提出的独立的诉讼请求。从民事主体处分权的角度看，在本诉中作为被告的一方当事人，当然也有权对本诉的原告提起诉讼。但是，本诉被告向本诉原告提起的诉讼，能否被受理本诉的人民法院受理并与本诉合并审理，则不仅仅取决于被告提起的诉讼的一般诉讼要件，还要满足其他一系列实质和程序要件。在很多参考资料中，上述要件直接被称为反诉的构成要件，但同学们应当明确这一问题的实质所在：反诉的构成，即等于反诉与本诉合并审理的诉讼法问题。

（一）反诉的实质要件

反诉的实质要件，是反诉与本诉之间必须具有实质的牵连性，只有具备了这种牵连性，人民法院将反诉与本诉合并审理才具有实际意义，才能够实现节约诉讼成本、提高审判效率、实现纠纷一次性解决的目的。如果不具有实质牵连性，即使反诉满足了起诉的一般条件，受理本诉的人民法院也不得将其与本诉合并审理。目前的主流观点认为，反诉与本诉的牵连性，主要表现为反诉请求与本诉请求基于同一法律关系，或者基于同一法律事实。例如，基于合同关系，本诉原告起诉要求被告履行合同，被告对原告提起诉讼请求撤销该合同，该案件中被告的反请求与本诉请求即基于同一合同法律关系。再如，原告甲起诉要求乙赔偿因打架导致自己受伤的损失，被告乙也向甲提起诉讼要求甲赔偿两人打架导致自己受伤的损失，该案件中被告乙的反请求与本诉请求即基于同一法律事实（同一打架纠纷）。根据《民事诉讼法解释》第233条，反诉与本诉的诉讼请求基于相同法律关系、诉讼请求之间具有因果关系，或者反诉与本诉的诉讼请求基于相同事实的，人民法院应当合并审理。

（二）反诉的程序要件

（1）反诉应满足起诉的一般程序要件。反诉应当同本诉一样，首先必须符合《民事诉讼法》第122条规定的起诉条件。但是从当事人角度看，反诉的提出仅限于本诉的被告向本诉的原告提出，并不涉及第三人。此外，根据相关司法解释，在民事公益诉讼中，被告不得提出反诉。

（2）反诉的管辖法院条件。受理本诉的人民法院应当对反诉具有管辖权，这实际上属于起诉的一般程序要件之一。但是，根据《民事诉讼法解释》第233条，反诉只能向受理本诉的法院提出，因此，审理本诉的法院可以基于牵连管辖而获得对反诉的管辖权。但如果反诉属于另一法院专属管辖，受理本诉的法院则无权管辖，本诉的被告只能向有专属管辖权的法院另行起诉。专属管辖多因涉及公共利益而具有强制性，不允许随意变更，具有不可改变性、排他性，由某一法院专属管辖的案件，其他任何法院都无权管辖。

（3）反诉的程序条件。反诉与本诉应当使用同一种诉讼程序，这是本诉法院将本诉与反诉合并审理的必然前提条件。具体而言，反诉与本诉都适用普通程序或者简易程序，否则不但不会简化诉讼程序，反而会造成诉讼拖延。

（4）反诉的提起时间。反诉只有在本诉审理期间，才具有合并审理的意义。《民事诉讼法解释》第 232 条规定，在案件受理后，法庭辩论结束前，原告增加诉讼请求，被告提出反诉，第三人提出与本案有关的诉讼请求，可以合并审理的，人民法院应当合并审理。因此，本诉被告提起反诉，应当在法庭辩论终结前提出。

但值得注意的是，根据《民事诉讼法解释》第 326 条，原审被告有权在第二审程序中提起反诉，但是第二审人民法院将其与本诉合并审理的，只能进行调解，不得直接进行判决。

第四节　准备答辩材料

一、审查原告的起诉材料

作为被告在收到法院送来的起诉状副本后，要认真审查原告的起诉。审查的内容主要包括：

（1）该起诉的诉讼要件是否齐备。诉讼要件包括三个方面：其一，法院方面，包括该纠纷的前置程序是否完成、是否属于法院主管、受诉法院有无管辖权。其二，当事人方面，包括当事人是否实际存在，有无当事人能力，当事人是否适格等。其三，诉讼标的方面，包括不属于重复起诉等。从民事诉讼法学理论角度看，诉讼要件是否成立虽然属于法院依职权审查的对象，但被告也有提出异议的诉讼权利。考虑到法院有时审查不够周全，被告在发现原告之诉欠缺诉讼要件时，还是应当及时提出，请求法院审查。

（2）审查原告起诉的实体依据是否成立。主要包括原告主张的权利是什么，依据的实体法是什么、是否准确；原告主张的要件事实是什么、是否真实、各要件事实是否有证据支持，起诉是否超过诉讼时效等。

（3）对于损失赔偿案件，要仔细审查原告提出的赔偿数额是否准确、计算方法是否合理；存在多个被告时，审查原告有无对各被告之间的责任进行划分，以及划分的依据与方法是否正确。

（4）是否遗漏当事人，如共同原告、共同被告等，以及是否存在应当承担最终责任的无独立请求权的第三人。

二、拟定被告的回应策略

被告审查完原告的起诉材料后，应根据不同的情况选择不同的防御手段。

如果发现不属于法院主管范围，当事人之间存在仲裁协议，则应在答辩期内向法院提出，一旦诉讼要件异议或诉讼抗辩成立，法院可能会裁定驳回原告的诉讼请求，使被告免于诉讼风险，最大限度地节省了时间和精力。如果受诉法院没有管辖权，根据实际情况决定是否需要提出管辖权异议。如果有必要提出管辖权异议，如新的管辖法院离被告近，能大幅降低诉讼成本，则应在答辩期内提出管辖异议。如不想提出管辖异议，则可以任由法院处理。如果很想在该没有管辖权的法院进行诉讼，则应在答辩期内尽快进行实体答辩，以便让该法院取得应诉管辖权。《民事诉讼法解释》第 223 条第 2 款规定："当事人未提出管辖异议，就案件实体内容进行答辩、陈述或者反诉的，可以认定为民事诉讼法第一百三十条第二款规定的应诉答辩。"如果存在应当承担最终责任的无独立请求权的第三人，应当向法院提出申请追加无独立请求权的第三人。如发现责任确实全部或部分在被告方，可以建议被告同原告和解，并拟定和解方案。如对方不愿调解或调解不成，则准备应诉，如果被告也有损失，且损失系原告造成，则需要与被告商量以决定是否提起反诉。

三、制作答辩状

答辩主要应从两方面着手：一是除前述的主管和管辖外，看原告之诉的其他诉讼要件，如当事人适格、禁止重复起诉等是否满足；二是实体答辩，可能的实体答辩主要包括否认和抗辩两个方面：

（1）原告主张的要件事实不真实，被告则需对原告主张的不属实的要件事实逐一进行否认，并提出自己认为真实的要件事实。

（2）原告提供的证据不能证明其主张的要件事实。

（3）虽然原告主张的要件事实真实，但存在可以让被告免责的抗辩事实。

（4）在损害赔偿案件中，虽然原告主张的要件事实成立，但损失计算有误，或者原告自己也有过错，需要自行承担一部分。

（5）在有多个被告的情形下，应由其他被告承担或者其他被告应当承担主要责任。

（6）被告存在可以抵销原告债权的情形等。

如果被告可以用来对抗原告起诉的理由有很多，则应当排一个顺序，相当于设置多道防线。防线设置的基本原则是，将原告诉讼请求最薄弱、最容易被否定的内容置于前，难以取证、难以证明的部分置于后。大致顺序是：诉讼要件欠缺、诉讼抗辩主张、诉讼时效已过、否认诉讼请求成立要件事实、被告主张实体抗辩事由。

《民事诉讼法》第128条规定，人民法院应当在立案之日起5日内将起诉状副本发送被告，被告应当在收到之日起15日内提出答辩状。答辩状应当记明被告的姓名、性别、年龄、民族、职业、工作单位、住所、联系方式；法人或者其他组织的名称、住所和法定代表人或者主要负责人的姓名、职务、联系方式。人民法院应当在收到答辩状之日起5日内将答辩状副本发送原告。

该条尽管规定了被告"应当"在收到起诉状副本之日起15日内提出答辩状，但并没有规定不提出答辩状会有什么不利后果，因而在诉讼实践中，大部分被告不提交答辩状，直到开庭时才进行答辩，以期达到突然袭击的效果。实际上，这是一个误解。被告不在答辩期内进行答辩，法院又不召开庭前会议组织证据交换的话，会导致原告无从知晓被告的观点和被告持有的证据，在开庭时可能一时难以对被告提供的证据进行质证，或者需要搜集新的证据来反驳被告的证据，后果自然是造成法院多次开庭，拖延诉讼。这样做，实际上既起不到突然袭击的作用，又浪费了当事人和法院的时间。

第五节　被告应诉实务在线训练

在本小节，教材通过"民事诉讼实训平台"中的一个被告实训实验为例，讲述在"法律要件事实分析方法"之下，被告实务的训练方法和基本步骤。

案情介绍

2020年11月5日，家住杭州市G区的韩某驾驶浙A3DU××小轿车，在杭州市F县某路口与行人宋某发生交通事故，导致宋某受伤，经抢救无效于次日死亡。事发后，韩某驾车逃逸，于次日到公安机关投案自首。道路交通事故认定书认定：韩某负有主要责任，宋某因闯红灯负次要责任。宋某甲和李某甲为受害人父母（户籍地为湖北省武汉市W区）。经计算，受害人损失合计944 300元，财产损失100 000元。事故发生后，公安部门对浙A3DU××小轿车进行了技术检验鉴定，鉴定意见为：转向系未见故障；灯光系无故障；制动系未见故障；其他安全设备未见故障，事故车辆及时参加年检。

浙A3DU××小轿车2020年在杭州市D保险公司（杭州市Y区）投保了交强险和50万不计免赔商业三者险。事故发生在保险期间内。浙A3DU××小轿车登记车主为于某。2019年3月，于某将该车借给王某某使用，王某某向于某出具了借条一份。王某某未取得驾驶执照。事故发生前，王某某将车辆借给其朋友韩某使用，韩某在驾驶该车送货途中发生以上交通事故。韩某驾驶证准驾车型为C1，可以驾驶该轿车。另查明，韩某在送货前在小吃店里喝了两瓶啤酒，交警认定了韩某存在酒后驾驶车辆的事实。杭州市D保险公司已经向受害人在交强险保险限额内进行了赔偿，共计赔偿医药费、死亡赔偿金等损失20万元。宋某甲和李某甲向人民法院提起诉讼，请求于某赔偿经济损失。

参考材料

民事起诉状

原告：宋某甲、李某甲

被告：于某

诉讼请求：

1. 判令被告赔偿交通事故各项损失844 300元。

2. 判令被告承担本案诉讼费用。

事实与理由：

2020年11月5日，家住杭州市G区的韩某驾驶浙A3DU××小轿车，在杭州市F县某路口与行人宋某发生交通事故，导致宋某受伤，经抢救无效于次日死亡。事发后，韩某驾车逃逸，于次日到公安机关投案自首。道路交通事故认定书认定：韩某负有主要责任，宋某因闯红灯负次要责任。宋某甲和李某甲为受害人父母（户籍地为湖北省武汉市W区）。经计算，受害人损失合计944 300元，财产损失100 000元。事故发生后，公安部门对浙A3DU××小轿车进行了技术检验鉴定，鉴定意见为：转向系未见故障；灯光系无故障；制动系未见故障；其他安全设备未见故障，事故车辆及时参加了年检。

浙A3DU××小轿车2020年在杭州市D保险公司（杭州市Y区）投保了交强险和50万元不计免赔商业三者险。事故发生在保险期间内。浙A3DU××小轿车登记车主为于某。2019 年 3 月，于某将该车借给王某某使用，王某某向于某出具了借条一份。王某某未取得驾驶执照。事故发生前，王某某将车辆借给其朋友韩某使用，韩某在驾驶该车送货途中发生以上交通事故。韩某取得了驾驶执照，可以驾驶该车型。另查明，韩某在送货前在小吃店里喝了两瓶啤酒，交警认定了韩某存在酒后驾驶车辆的事实。杭州市 D 保险公司已经向受害人在交强险保险限额内进行了赔偿，共计赔偿医药费、死亡赔偿金等损失 20 万元。宋某甲和李某甲向人民法院提起诉讼，请求于某赔偿经济损失。

此致

杭州市 F 县人民法院

具状人：宋某甲、李某甲

年　　月　　日

一、被告实训第一步：本案诉讼要件异议与诉讼抗辩

（一）实训指导

被告对原告提起的诉讼，初步判断诉讼要件是否具备，若认为原告不具备诉讼要件，应当在其答辩状中提出诉讼要件异议。如果被告认为本案可以提出诉讼抗辩，也应当考虑在答辩状中一并主张，并提出相应证据加以说明。

（二）参考思路

（1）本案管辖法院错误，杭州市 Y 区人民法院对本案无管辖权。

（2）本案原告并非利害关系人，原告主体不适格。

二、被告实训第二步：本案诉讼请求实体法基础规范与要件事实整理

（一）实训指导

在这一步骤，被告需要站在原告的角度"像原告一样思考诉讼请求"。被告分析原告诉讼请求成立要件事实的目的，是为进行实体答辩和实体法抗辩做准备。被告需要了解原告诉讼请求成立的基础规范、整理出诉讼请求成立要件事实。

（二）参考思路

（1）机动车所有人对损害的发生存在过错。

（2）受害人因交通事故发生实际损失。

（3）《道路交通安全法》第 76 条。

（4）《最高人民法院关于审理道路交通事故损害赔偿案件适用法律若干问

题的解释》第 1 条。

（5）《民法典》第 1209 条、第 1213 条。

（6）《最高人民法院关于确定民事侵权精神损害赔偿责任若干问题的解释》第 1 条。

三、被告实训第三步：本案诉讼请求成立要件异议

（一）实训指导

经过了上一步骤的诉讼请求成立要件事实分析之后，被告结合具体案件情况，可以决定是否对诉讼请求成立要件事实提出异议。因为诉讼请求成立要件事实是法院支持原告诉讼请求的基本条件，因此只要通过证据证明某个法律要件事实不具备，则被告即可达到胜诉目的。

（二）参考思路

（1）浙 A3DU×× 小轿车所有人于某对交通事故的发生不存在过错。于某将车辆借给王某某，王某某具备驾驶该车型的驾驶证。同时，车辆检测显示机动车无安全故障，车辆灯光损坏、引擎盖变形、未参加年检与事故的发生不具有因果关系。车辆驾驶人韩某的饮酒行为，于某作为机动车主无法预见和掌控，不能认定于某将车辆出借时存在明知或应知驾驶人因饮酒而不能驾驶机动车的法定情形。

（2）受害人实际损失应扣除获得的保险公司赔偿。保险公司已经向受害人在保险限额内进行了赔偿，共计赔偿医药费、死亡赔偿金等损失 20 万元。

四、被告实训第四步：本案抗辩实体法基础规范与要件事实整理

（一）实训要点

结合被告答辩主张的抗辩，检索抗辩成立基础法律规范，分析抗辩成立的法律要件事实。

（二）实训指导

当被告主张抗辩之时，其诉讼负担与原告基本相同，都要承担相应主张的举证责任。在这一步骤，被告根据案件具体情况，从减轻或者免除自身责任的角度，确定抗辩主张，并据此检索抗辩基础规范、分析抗辩要件事实。

（三）参考思路

受害人因自身存在过错应当承担一部分责任。

五、被告实训第五步：本案抗辩要件事实分析

（一）实训指导

这一步骤的目的，是实现本案抗辩成立，以妨碍诉讼请求成立的法律效果。通过将本案具体事实归入到抗辩法律要件事实之中，完成向法院证明抗辩成立的诉讼任务。

（二）参考思路

道路交通事故认定书认定：韩某负有主要责任，受害人宋某因闯红灯负次要责任。

六、被告实训第六步：书写答辩状

民事答辩状

答辩人：于某。

被答辩人：宋某甲、李某甲。

对杭州市 F 县人民法院受理的原告宋某甲、李某甲诉被告于某交通事故责任纠纷一案的起诉，答辩如下：

浙 A3DU×× 小轿车所有人于某对交通事故的发生不存在过错。浙 A3DU×× 小轿车不存在缺陷，机动车性能对机动车交通事故的发生不具有因果关系。于某将车辆借给王某某，王某某虽然不具备驾驶该车型的驾驶证，但实际发生交通事故的实际驾驶人并非王某某而是韩某，王某某并未实际驾驶机动车。车辆驾驶人韩某有驾驶资格，于某作为机动车主不满足"知道或应当知道驾驶人无驾驶资格或未取得相应驾驶资格"的法定情形。于某将车辆借给王某某时，也不存在"明知或应知驾驶人因饮酒而不能驾驶机动车"的法定情形。

被答辩人不应承担原告主张的交通事故侵权责任，请求贵院公正判决，驳回被答辩人的诉讼请求。

此致

杭州市 F 县人民法院

答辩人：于某

年　　月　　日

附：答辩状副本 1 份

第四章

裁判法律要件事实思维与训练

裁判法律要件事实思维，是从法官的角度将法律规范适用于具体案件事实的方法，其本质是法律适用方法。从裁判者的立场来看，将法律适用于事实的过程可谓艰辛且充满着变数，如何判断事实真伪？用什么方法将什么法律规范适用于哪些案件事实？法律适用于事实后作出何种裁判？这些都是民事裁判过程中裁判者必须面对的问题。由于民事诉讼程序具有分步骤进行的特点，因此民事裁判的过程需要结合不同的程序阶段的特点，结合法律要件事实的分析方法来进行认识。

第一节　诉讼法要件事实的裁判

一、诉讼要件与诉讼抗辩的调查方法

（一）职权探知主义

所谓的职权探知主义，是指在民事诉讼中法院对诉讼资料的收集拥有主导权，当事人未经提出的事实同样可以作为裁判的基础，法院可以在当事人未提出的情况下通过职权进行证据调查。诉讼要件决定着诉是否合法的问题，因此体现着人民法院维护诉讼秩序以及节约诉讼成本的公益性，应当体现法院职权探知主义的特点。从调查方式来看，诉讼要件采取法院职权调查的方法，体现法院不受当事人主张行为的约束，换言之，无论当事人是否提出对诉讼要件的异议，法院也应当主动调查诉讼要件是否具备。这是因为，诉之合法性要件更注重诉讼秩序的维护，对诉讼在实体判决之前进行一定必要的筛选，不符合条件的诉讼将不再具有实体判决的意义。

《民事诉讼法》对诉讼要件的职权探知主义审理原则，集中体现在人民法院对原告起诉的立案审查阶段。由于《民事诉讼法》并未明确区分起诉条件

和诉讼要件，所谓受理民事案件的条件在内容上与诉讼要件事项相符，因此，受理案件的条件即等同于诉讼要件。在立案审查阶段，人民法院主要根据原告提出的诉讼资料进行审查，并通过职权探知主义的方法确定诉讼要件是否具备，并决定是否对案件予以受理。

即使人民法院立案之后，诉讼要件的审查也可能通过职权探知主义方式进行再次审查和裁判，若发现诉讼要件欠缺，可以裁定驳回起诉。例如，《民事诉讼法解释》第 328 条规定，人民法院依照第二审程序审理案件，认为依法不应由人民法院受理的，可以由第二审人民法院直接裁定撤销原裁判，驳回起诉。

（二）辩论主义

辩论主义，是指只有当事人在诉讼中所提出并经过辩论的事实才能作为法院的判决依据，当事人没有在诉讼中提出的事实，就不能作为法院的裁判依据的一项诉讼制度或基本原则。辩论主义的核心是法院不得主动依职权调查，只能由当事人提出主张后才得以调查诉讼事项。显然，辩论主义是与职权探知主义完全对立的相对概念。诉讼抗辩事项的公益色彩并不明显，反而与私人利益具有密切联系。诉讼抗辩功能仅仅表现为被告主张抗辩，以对抗合法成立之诉，对合法之诉的法律效力具有妨碍和排除的效果。抗辩的普遍原理，决定了抗辩是在承认一定前提要件的情况下，妨碍和排除其法律效果的发生，这在实体法和诉讼法中均为如此。例如，仲裁契约的有无，虽然也能够影响到诉讼的合法性，但是因属于当事人可处分的事项，应当体现辩论主义的精神。

二、诉讼法要件事实的审理

被告主张诉讼要件有欠缺和被告主张诉讼抗辩，在诉讼程序上均表现为当事人之间对诉讼法要件事实发生争议，需要人民法院予以审查并处理。但是上述两种争议在性质上完全不同。前者属于被告对原告诉讼要件的否认，而后者并不针对诉讼要件，而是提出独立的旨在排除合法之诉的抗辩主张。例如，法院管辖权属于诉讼要件之一，被告提出的管辖权异议并非诉讼抗辩，并不承担证明责任；但主张仲裁契约存在即属于诉讼抗辩的内容，因为是否存在仲裁契约并非法院职权调查的诉讼要件内容。

我国《民事诉讼法》对诉讼法要件的争议，并未设置一个独立的诉讼程序进行审理。《民事诉讼法》仅仅对以下两个方面出现的诉讼法要件争议问题，规定了相对详细的裁判程序：

（一）管辖权异议

《民事诉讼法》第130条规定，人民法院受理案件后，当事人对管辖权有异议的，应当在提交答辩状期间提出。人民法院对当事人提出的异议，应当审查。异议成立的，裁定将案件移送有管辖权的人民法院；异议不成立的，裁定驳回。最高人民法院为被告提出管辖权异议制定了独立的法律文书，可见，管辖权异议在民事诉讼程序中，作为比较重要的诉讼法要件事实争议，需要由人民法院特别予以审查，并根据不同情形导致裁定驳回管辖权异议申请或者移送管辖的后果。

（二）仲裁协议抗辩

根据《仲裁法》第5条，当事人达成仲裁协议，一方向人民法院起诉的，人民法院不予受理，但仲裁协议无效的除外。有效的仲裁协议，将会排除人民法院受理对该案件的起诉，这体现了民事仲裁的"或裁或审原则"。或裁或审原则体现为两个方面：首先，对于通过仲裁还是诉讼解决纠纷，当事人拥有选择权；其次，当事人选择仲裁或者诉讼解决纠纷，具有一定的排斥性。根据《最高人民法院关于适用〈中华人民共和国仲裁法〉若干问题的解释》第7条，当事人约定争议可以向仲裁机构申请仲裁也可以向人民法院起诉的，仲裁协议无效。法院如果在当事人提起诉讼后，在审查起诉材料过程中发现当事人之间有有效的仲裁协议的，将裁定不予受理。反之，如果当事人选择了起诉，则不得再通过民事仲裁途径解决纠纷。

事实上，人民法院在审查起诉材料过程中，很有可能没有发现当事人之间的仲裁协议，既可能是因为原告隐瞒了仲裁协议材料，也可能因为法院疏忽遗漏了仲裁协议事实。那么由此可能产生的问题是，法院在案件受理后，如何处理新发现的仲裁协议问题？

第一，根据《民事诉讼法解释》第216条，在人民法院首次开庭前，被告以有书面仲裁协议为由对受理民事案件提出异议的，人民法院应当进行审查。经审查符合法定情形之一的，人民法院应当裁定驳回起诉。显然，如果被告能够在"法院首次开庭前"以仲裁协议为理由对法院受理案件提出异议，法院需要审查仲裁协议的效力问题：如果审查后认为仲裁协议符合法定情况的，则裁定驳回起诉；如果审查后认为仲裁协议不符合法定情况的，则会继续审理案件。法院首次开庭，是指答辩期满后人民法院组织的第一次开庭审理，不包括审前程序中的各项活动。

第二，法院之所以能够进行仲裁协议效力审查，有一个重要的前提是被告在法院"首次开庭前"提出仲裁协议抗辩。如果被告没有在法定的时间之前提出仲裁协议抗辩，法院便不会再审查仲裁协议的效力，而将继续审理案件。例如，甲公司和乙公司签订过书面仲裁协议，但甲公司向法院提起了诉讼，法院受理案件后，被告乙公司并没有及时提出仲裁协议抗辩，直到法院开庭后才主张仲裁协议，法院并不会围绕仲裁协议进行审查，可以这样认为，被告在人民法院开庭后就失去了主张仲裁协议抗辩的权利。

不同于被告提出管辖权异议，仲裁协议抗辩并没有配备独立的法律文书，《民事诉讼法》也没有相应的独立审查程序的规定，因此，可以被理解为属于被告在其答辩状中主张的事项。

《民事诉讼法》之所以没有对诉讼法要件事实争议设置一个统一的独立程序进行审查，主要原因是：在立法上，诉讼法要件事实大多属于人民法院需要职权调查的事项，即使被告未提出异议，法院也需要认真审核诉讼要件是否具备。实践中，诉讼要件欠缺的问题，通过人民法院职权审查之后，基本上都会以不予受理或者驳回起诉的方式排除于诉讼程序，而不必经过被告再提出异议。但是，如果法院在立案审查阶段未能查明诉讼要件欠缺而受理案件，那么显然应当允许被告对原告起诉的诉讼要件提出异议，人民法院也应当对相关争议进行审查。例如，根据《最高人民法院关于审理民间借贷案件适用法律若干问题的规定》第2条，被告对原告的债权人资格提出有事实依据的抗辩，人民法院经审查认为原告不具有债权人资格的，裁定驳回起诉。只不过，由于没有特别的争议处理程序规定，被告对诉讼要件欠缺的主张，都应当列入答辩状的内容向人民法院提交。一旦被告对诉讼要件提出异议，应当提交相应的证据予以证明，人民法院根据起诉材料和被告提交的证据进行职权调查后，对诉讼要件是否欠缺的争议作出相应的裁判。值得注意的是，除了管辖权异议和仲裁协议抗辩之外，其他诉讼法要件事实的异议或抗辩，在《民事诉讼法》中并没有规定提出的时间限制，因此，被告如果未在答辩期间或者开庭前主张诉讼法要件事实的争议，并不产生实权的法律后果。

三、诉讼要件的裁判

《民事诉讼法解释》第 208 条规定："人民法院接到当事人提交的民事起诉状时，对符合民事诉讼法第一百二十二条的规定，且不属于第一百二十七条规定情形的，应当登记立案……"立案登记制强调的是，只要当事人向人民法院提交了符合形式要件的起诉状，人民法院就应当接收。因此，人民法院接收起诉状的条件，可以理解为起诉要件。而是否应当予以立案，则关系到诉讼要件的审查；诉讼抗辩是否成立，是法院作出驳回起诉的重要依据。

（一）立案审查阶段诉讼要件欠缺的情形

（1）依照《行政诉讼法》的规定，属于行政诉讼受案范围的。例如，根据《最高人民法院关于适用〈中华人民共和国民法典〉婚姻家庭编的解释（一）》第 17 条，当事人以结婚登记程序存在瑕疵为由提起民事诉讼，主张撤销结婚登记的，告知其可以依法申请行政复议或者提起行政诉讼。

（2）依照法律规定，应当由其他机关处理的争议。例如，学术争议、宗教问题、不具有权利义务关系的道德问题等，人民法院不予受理。例如，《最高人民法院关于适用〈中华人民共和国民法典〉婚姻家庭编的解释（一）》第 4 条规定："当事人仅以民法典第一千零四十三条〔1〕为依据提起诉讼的，人民法院不予受理；已经受理的，裁定驳回起诉。"

（3）不属于本院管辖的案件，人民法院裁定不予受理。

（4）对判决、裁定、调解书已经发生法律效力的案件，当事人又起诉的，人民法院裁定不予受理。

（5）根据《仲裁法》第 9 条，仲裁实行一裁终局的制度。因此，裁决作出后，当事人就同一纠纷向人民法院起诉的，人民法院不予受理。

（6）依照法律规定，需要满足法定起诉期间的案件，不满足法定期限的，不予受理。例如，《民法典》第 1082 条规定："女方在怀孕期间、分娩后一年内或者终止妊娠后六个月内，男方不得提出离婚；但是，女方提出离婚或者人民法院认为确有必要受理男方离婚请求的除外。"

---

〔1〕《民法典》第 1043 条规定，家庭应当树立优良家风，弘扬家庭美德，重视家庭文明建设。夫妻应当互相忠实，互相尊重，互相关爱；家庭成员应当敬老爱幼，互相帮助，维护平等、和睦、文明的婚姻家庭关系。

（7）判决不准离婚和调解和好的离婚案件，判决、调解维持收养关系的案件，没有新情况、新理由，原告在 6 个月内又起诉的。《民事诉讼法解释》第 214 条第 2 款规定："原告撤诉或者按撤诉处理的离婚案件，没有新情况、新理由，六个月内又起诉的，比照民事诉讼法第一百二十七条第七项的规定不予受理。"

（8）一审原告在第二审程序中撤回起诉后重复起诉的，人民法院裁定不予受理。

（9）一审原告在再审程序中撤回起诉后重复起诉的，人民法院裁定不予受理。

（10）公益诉讼案件的裁判发生法律效力后，其他依法具有原告资格的机关或者组织就同一侵权行为另行提起公益诉讼的，人民法院裁定不予受理。

（11）属于其他人民法院专属管辖的反诉，或者与本诉无关联的反诉，人民法院裁定不予受理。

（12）案外人对人民法院驳回其执行异议的裁定不服，提起第三人撤销之诉的，人民法院裁定不予受理。

（13）未进行起诉前置程序的，人民法院裁定不予受理。例如，根据《劳动法》第 83 条，劳动争议当事人对仲裁裁决不服的，可以自收到仲裁裁决书之日起 15 日内向人民法院提起诉讼。一方当事人在法定期限内不起诉又不履行仲裁裁决的，另一方当事人可以申请人民法院强制执行。再如，对于执行异议之诉、许可执行之诉等特殊的诉讼，《民事诉讼法》也设置了相应的诉前前置程序，如果当事人未进行相应的前置程序，人民法院不予受理。

如果人民法院认定原告提起的诉讼存在上述法定的不予受理情形，不予登记立案的同时，应当在 7 日内出具书面裁定不予受理。当事人对不予受理的裁定不服的，依法可以提起上诉。如果在立案后发现存在不予受理情形的，人民法院应当裁定驳回起诉。

（二）立案审查阶段不属于诉讼要件欠缺的情形

《民事诉讼法解释》除了明确规定不予受理的具体情形，还规定了特殊情况下人民法院必须受理的情形：

（1）裁定不予受理、驳回起诉的案件，原告再次起诉，符合起诉条件且不属于《民事诉讼法》第 127 条规定情形的，人民法院应予受理。

（2）原告撤诉或者人民法院按撤诉处理后，原告以同一诉讼请求再次起诉的，人民法院应予受理。

（3）夫妻一方下落不明，另一方诉至人民法院，只要求离婚，不申请宣告下落不明人失踪或者死亡的案件，人民法院应当受理，对下落不明人公告送达诉讼文书。

（4）当事人超过诉讼时效期间起诉的，人民法院应予受理。根据我国《民法典》第188条至第193条，向人民法院请求保护民事权利的诉讼时效期间为三年，自权利人知道或者应当知道权利受到损害以及义务人之日起计算。诉讼时效期间届满的，义务人可以提出不履行义务的抗辩。人民法院不得主动适用诉讼时效的规定。可见，诉讼时效是法院立案后，由义务人提出抗辩才能成为法院审理的事项，并非起诉受理时审查的内容。

（5）裁判发生法律效力后，发生新的事实，当事人再次提起诉讼的，人民法院应当依法受理。这种情况属于对"一事不再理"原则的突破情形，例如，《民事诉讼法解释》第218条规定，赡养费、扶养费、抚养费案件，裁判发生法律效力后，因新情况、新理由，一方当事人再行起诉要求增加或者减少费用的，人民法院应作为新案受理。再如，《民法典》第1092条规定，夫妻一方隐藏、转移、变卖、毁损、挥霍夫妻共同财产，或者伪造夫妻共同债务企图侵占另一方财产的，在离婚分割夫妻共同财产时，对该方可以少分或者不分。离婚后，另一方发现有上述行为的，可以向人民法院提起诉讼，请求再次分割夫妻共同财产。

（三）立案之后诉讼要件欠缺的裁判方式

人民法院立案之后，在审理过程中发现原告提起的诉讼存在诉讼要件欠缺的情况，可能会出现如下处理：

（1）诉讼要件欠缺的情形发生于立案前，在立案后仍然存在。此时，人民法院应当以该案件不满足受理条件为由，裁定驳回起诉。《民事诉讼法解释》第208条第3款规定："立案后发现不符合起诉条件或者属于民事诉讼法第一百二十七条规定情形的，裁定驳回起诉。"

（2）诉讼要件欠缺的情形发生于立案前，在立案后诉讼要件已经具备。对于不满足立案条件的诉讼，法院审查发现不予受理的情形已经消失的，此时作出驳回起诉的裁定显然并无必要，因此法院应当继续进行审理。

（3）诉讼要件欠缺的情形发生于立案之后、判决之前。已经受理的案件，发生新的情况导致诉讼要件欠缺，需要具体问题具体分析。如果诉讼要件欠缺情形无法得到补正，则诉讼不得进入实体审理，而应当采取终结诉讼方式，不再继续进行实体审理。《民事诉讼法》第 154 条规定:"有下列情形之一的,终结诉讼:(一) 原告死亡,没有继承人,或者继承人放弃诉讼权利的;(二) 被告死亡,没有遗产,也没有应当承担义务的人的;(三) 离婚案件一方当事人死亡的;(四) 追索赡养费、扶养费、抚养费以及解除收养关系案件的一方当事人死亡的。"

(4) 对诉讼要件事项不明的案件,作出本案判决。根据《民事诉讼法解释》第 333 条,用以确定当事人主体资格、案件性质、民事权利义务等对原判决、裁定的结果有实质性影响的事实,属于《民事诉讼法》第 177 条第 1 款第 3 项规定的基本事实。如果上述基本事实不清,根据《民事诉讼法》第 177 条,第二审人民法院应当裁定撤销原判决,发回原审人民法院重审,或者查清事实后改判。

(5) 对欠缺诉讼要件的案件作出本案判决。这种情况说明本案判决以不合法的诉为对象,因此,本案判决本身便不具有存在的合理性。无论欠缺的诉讼要件是否事后得到补正,该判决应当予以撤销,否则诉讼要件的意义将不复存在。例如,《民事诉讼法解释》第 328 条规定,人民法院依照第二审程序审理案件,认为依法不应由人民法院受理的,可以由第二审人民法院直接裁定撤销原裁判,驳回起诉。《民事诉讼法解释》第 406 条规定:"按照第二审程序再审的案件,人民法院经审理认为不符合民事诉讼法规定的起诉条件或者符合民事诉讼法第一百二十七条规定不予受理情形的,应当裁定撤销一、二审判决,驳回起诉。"一个例外情形是,《民事诉讼法解释》第 329 条规定,人民法院依照第二审程序审理案件,认为第一审人民法院受理案件违反专属管辖规定的,应当裁定撤销原裁判并移送有管辖权的人民法院。

(6) 本案判决具备诉讼要件但在上诉审程序中不具备该要件。诉讼要件的时间与空间,应当限于法院作出本案判决之前。如果在此之前满足诉讼要件,法院以此作出的本案判决并不违法。因此,即使在上诉审阶段原诉讼要件有欠缺或不存在的情形,原本案判决也不因此而存在被撤销的理由。

(7) 法院以诉讼要件欠缺作出诉讼判决,上诉法院发现本案判决前诉讼要件为存在,显然,第一审法院的诉讼判决存在错误,应当在上诉程序中进行撤销。例如,《民事诉讼法解释》第 330 条规定,第二审人民法院查明第一审人民法院作出的不予受理裁定有错误的,应当在撤销原裁定的同时,指令第一审人民法院立案受理;查明第一审人民法院作出的驳回起诉裁定有错误的，应当在撤销原裁定的同时，指令第一审人民法院审理。但是上诉审并不对诉讼要件进行判断，当事人仍然可以再次提起诉讼。至于再次审理过程中法院如何审查诉讼要件，并非上诉法院审理的问题。

四、诉讼抗辩的裁判

根据《民事诉讼法解释》第 215 条，当事人在书面合同中订有仲裁条款，或者在发生纠纷后达成书面仲裁协议，一方向人民法院起诉的，人民法院应当告知原告向仲裁机构申请仲裁，其坚持起诉的，裁定不予受理，但仲裁条款或者仲裁协议不成立、无效、失效、内容不明确无法执行的除外。

另外，《民事诉讼法解释》第 216 条规定："在人民法院首次开庭前，被告以有书面仲裁协议为由对受理民事案件提出异议的，人民法院应当进行审查。经审查符合下列情形之一的，人民法院应当裁定驳回起诉：（一）仲裁机构或者人民法院已经确认仲裁协议有效的；（二）当事人没有在仲裁庭首次开庭前对仲裁协议的效力提出异议的；（三）仲裁协议符合仲裁法第十六条规定且不具有仲裁法第十七条规定情形的。"

第二节　实体法要件事实的裁判

一、诉讼请求的固定

（一）诉的种类

根据原告诉讼请求的内容和目的，民事诉讼可分为确认之诉、变更之诉（形成之诉）和给付之诉。

1. 确认之诉

确认之诉，是指原告提出请求人民法院确认其与对方当事人之间存在或者不存在一定民事法律关系的诉讼，分为积极的确认之诉和消极的确认之诉。确认之诉的对象，是双方之间的民事法律关系，法律事实不能成为确认之诉的对象。例如，原告请求人民法院确认其与对方在某年某月某日共同书写了一张借据，该诉讼内容并非针对民事法律关系，因此并不构成合格的确认之诉。确认之诉仅仅是需要由人民法院对特定民事法律关系的存在与否或者存在状态进行确认，因此并不涉及法律关系的变化和实现，也不存在裁判执行的问题。确认之诉的原告资格，具有一定的扩张性，即可能为民事法律关系的当事人，也可能是法定的利害关系人。例如，根据《最高人民法院关于适用〈中华人民共和国民法典〉婚姻家庭编的解释（一）》第9条，有权请求确认婚姻无效的主体，包括婚姻当事人及利害关系人。

此外，确认之诉的提起，应当满足一定的必要性，即双方对民事法律关系的存在与否或者存在状态发生了争议，如果该争议不能得到解决则会导致原告法律地位的不安定性等。例如，《最高人民法院关于适用〈中华人民共和国民法典〉物权编的解释（一）》第2条规定，当事人有证据证明不动产登记簿的记载与真实权利状态不符，其为该不动产物权的真实权利人，请求确认其享有物权的，应予支持。

2. 变更之诉

变更之诉也称为形成之诉，是指当事人请求人民法院改变或消灭其与对方当事人之间的民事法律关系的诉讼，例如，解除婚姻关系之诉（离婚）、解除收养关系之诉、解除合同之诉等。如果原告请求变更的并非民事法律关系的，人民法院不予受理。例如，根据《最高人民法院关于适用〈中华人民共和国民法典〉婚姻家庭编的解释（一）》第3条，当事人提起诉讼仅请求解除同居关系的，人民法院不予受理；当事人因同居期间财产分割或者子女抚养纠纷提起诉讼的，人民法院应当受理。

变更之诉不同于确认之诉的地方在于，变更之诉的双方当事人对双方民事法律关系的存在并无争议，而是对是否要改变以及如何改变该民事法律关系存在争议。一旦人民法院作出改变或者消灭双方民事法律关系的生效判决，则双方的民事法律关系将发生变化或者消灭的法律后果。在我国民法中，权利人可以凭借单方意思表示对民事法律关系进行改变或者消灭，即民法上的形成权。如果根据民法上的形成权单方改变或者撤销民事法律关系，此时并无起诉的必要，例如，法定代理人的追认权、法定合同解除权等。但是权利人行使形成权的过程中，可能与对方发生争议，因此有必要向人民法院提起诉讼进行救济。例如，值得注意的是，在法律有明确规定的情况下，原告也可以要求法院判决变更他人之间的民事法律关系。例如，债权人可依据合同法上的撤销权，请求人民法院作出判决，撤销债务人与第三人之间以明显不合理的低价转让财产的行为，从而消灭债务人与第三人之间已成立的买卖合同关系。

3. 给付之诉

给付之诉，是指原告请求人民法院判令被告向其履行特定给付义务的诉讼。在给付之诉中，原告要求被告履行的给付义务可能表现为给付一定数额的货币或财产，可能表现为某种特定的行为的作为和不作为，如请求被告支付租金、返还借用物、停止侵害名誉权、立刻停止排放污水的行为等。给付之诉的特点在于人民法院的判决内容包含了民事义务的履行内容，因此具有执行力。当被告不履行给付义务时，原告可以将生效判决作为执行依据申请人民法院强制执行。需要注意的是，在相当一部分给付之诉中，原被告之间可能对双方之间的民事法律关系的存在性存在争议，但并不能因此认为该诉讼为确认之诉。例如，在甲公司请求乙公司返还租赁物诉讼中，乙公司否认与甲公司之间存在租赁合同关系，我们便不能将该案件理解为确认双方租赁合同关系是否存在的确认之诉。在判断诉的类型的问题上，我们的注意力应当放在原告的诉讼请求上，至于诉讼过程中双方围绕某些具体法律问题产生的争议，不能将其作为判断诉的类型的依据。

（二）诉讼请求的确认

1. 确认诉讼请求的意义

毋庸置疑的是，诉讼请求是原告向法院主张要求被告履行义务或者承担责任的具体要求。从这个角度来看，诉讼请求的确认仅仅是个形式问题。但是原告所选择的诉讼请求建立于其对具体民事案件的法律关系进行初步分析和总结的基础之上，因此其有时所选择的诉讼请求，可能未必完全符合该民事案件真正的法律关系。例如，在侵权案件中，原告以不当得利返还作为诉讼请求；在合同纠纷案件中，原告选择的是请求被告承担侵权责任而要求经济赔偿。在这种情况下，法院面对原告提出的诉讼请求，是否有必要根据民事案件的真正基础法律关系进行调整，显然是个十分重要的问题。因为如果认为原告诉讼请求的基础法律关系错误，那么法院既可能按照"错误的基础法律关系"继续进行审理，也可能根据其所认定的"正确的基础法律关系"进行审理。对比上述法院的两种选择，诉讼请求成立要件事实的裁判过程显然存在极大的差异。不同的诉讼请求会导致诉讼请求成立要件事实差异，由此也决定了有关举证责任、被告的防御手段以及当事人处分权等重要问题。因此，如何确认诉讼请求将对当事人权利保护和人民法院裁判具有重大影响。

对于原告选择的诉讼请求是否正确的问题，《民事诉讼法》并没有规定人民法院有责任予以判断或者在此基础上进行必要的司法干预。无论当事人是选择了错误的诉讼请求基础法律关系，还是提出了明显不合理或明显遗漏了诉讼请求，《民事诉讼法》都没有赋予法官代替当事人进行选择或者更改诉讼请求的权利。但是出于充分保护当事人合法权益、促进民事纠纷的一次性解决的考虑，纠正背离了正确轨道的基础法律关系的诉讼请求，显然会收获双赢的结局，同时也不会对当事人平等的诉讼地位产生实质影响。正如邹碧华法官所言，应以当事人主义为主，同时融入职权主义的法官释明和指导来解决问题，不宜采用全方位的法官职权主义。[1]

2. 诉讼请求基础法律关系的认定

根据《民事证据规定》第 53 条，诉讼过程中，当事人主张的法律关系性质或者民事行为效力与人民法院根据案件事实作出的认定不一致的，人民法院应当将法律关系性质或者民事行为效力作为焦点问题进行审理。但法律关系性质对裁判理由及结果没有影响，或者有关问题已经当事人充分辩论的除外。根据该条，人民法院对原告诉讼请求基础法律关系的认定与原告不一致的，具体可以作出以下两种处理：

第一，被告对诉讼请求基础法律关系提出异议，人民法院应就该争议让双方进行充分辩论，并根据人民法院认定的基础法律关系作出实体判决。如果人民法院认定被告对诉讼请求基础法律关系的异议成立，显然应当判决驳回原告的诉讼请求。《最高人民法院关于审理民间借贷案件适用法律若干问题的规定》第 14 条基本体现了这一情况的处理。根据该条，原告以借据、收据、欠条等债权凭证为依据提起民间借贷诉讼，被告依据基础法律关系提出抗辩或者反诉，并提供证据证明债权纠纷非民间借贷行为引起的，人民法院应当依据查明的案件事实，按照基础法律关系审理。本条针对的是司法实践中遇到的大量以民间借贷形式出现的其他债权债务纠纷，如合伙、货款、工程款、票据贴现、股权交易等。这时，被告往往会主张双方是另一种法律关系从而对原告诉讼请求进行否认。对此，该条明确了按照基础法律关系审理的两个前提：一是被告提出非民间借贷之主张；二是有证据可以证明双方系其他法律关系。这时，法院应当按照已经查明的基础法律关系及其法律要件事实来进行审理。

---

[1] 邹碧华：《要件审判九步法》，法律出版社 2010 年版，第 70 页。

第二，被告没有主张诉讼请求基础法律关系异议，人民法院应主动将法律关系性质或者民事行为效力作为焦点问题进行审理，并由双方当事人充分进行辩论。如果经过审理认定原告诉讼请求基础法律关系错误，则应当根据人民法院所认定的基础法律关系判决驳回原告诉讼请求。当然，根据该条第 2款，存在前款情形，当事人根据法庭审理情况变更诉讼请求的，人民法院应当准许并可以根据案件的具体情况重新指定举证期限。这说明如果原告根据不同的基础法律关系变更了诉讼请求，则人民法院将按照改变后的诉讼请求成立要件事实进行民事裁判，但可能在技术层面上重新制定举证期限，以保障双方当事人的攻防手段平衡。

二、实体法要件事实的审理

(一) 诉讼请求成立要件事实的整理

将原告的诉讼请求固定之后，可以对诉讼请求成立的基础法律规范进行检索，这一过程详见前文叙述，此处不再赘述。同样地，裁判者需要根据检索出的基础法律规范，分析出诉讼请求成立法律要件事实，为下一步的法律要件事实裁判奠定基础。

(二) 识别被告的否认和抗辩

被告提出的否认和抗辩具有完全不同的诉讼后果，引起的举证责任也完全不同。因此，裁判者有必要根据被告应诉答辩的具体情况，识别出被告主张的否认和抗辩。被告对诉讼请求成立要件事实的否认，将成为双方的焦点事实被重点审查，而抗辩事实则属于被告提出的旨在妨害诉讼请求法律效果的新事实，也应当被视为重要的法律争点进行调查。

(三) 对法律要件事实的裁判

当事人之间对诉讼请求成立要件事实的争议，是通过被告主张否认的形式成为审理争议焦点的。如果被告未对其他诉讼请求成立要件事实提出否认，裁判者也应当根据被告是否存在自认而采取不同的审理方式。如果被告对诉讼请求成立要件事实进行自认，当然应当依法免除原告的举证责任，法院应当认定该法律要件事实存在。如果被告未对诉讼请求成立要件事实进行自认，也未表示否认的，法院应当结合原告举证情况来判断该法律要件事实是否存在。同样地，被告主张抗辩的情况下，原告对该抗辩主张法律要件事实存在自认、否认和既不承认也不否认的情况的，法院也应当如上述裁判方法，分别免除被告举证责任,将抗辩法律要件事实作为争点进行审理以及结合被告举证责任情况,来判断被告抗辩法律要件事实是否存在。

从裁判结果来看,法律要件事实分析方法的特点是,通过事实归入的手段,裁判者可以逐一将诉讼请求成立要件事实与案件事实进行比对,以判断原告的诉讼请求是否成立。因为诉讼请求成立的全部要件具备,法院才能支持原告的诉讼请求,因此,只要有其中一个要件事实无法与案件具体事实匹配,则应当驳回原告的诉讼请求。另一方面,即使原告诉讼请求成立要件全部满足,也需要认定被告主张抗辩要件事实是否成立,因为抗辩具有妨害诉讼请求法律效果的功能,因此,只要被告主张抗辩事实成立,则可能或免除或减轻被告责任,而对原告诉讼请求产生部分或全部驳回的诉讼后果。

第三节 法律要件事实的举证责任

一、主观举证责任和客观举证责任

《民事诉讼法解释》第 90 条规定,当事人对自己提出的诉讼请求所依据的事实或者反驳对方诉讼请求所依据的事实,应当提供证据加以证明,但法律另有规定的除外。因此,上述法条规范,体现着《民事诉讼法》第 67 条规定的"提供证据"责任,是当事人提出主张以后所负有的"提交证据加以说明"的诉讼义务。从这一点来看,提出诉讼请求的原告、提出否认以及主张抗辩的被告,对自己提出的相关事实都应当承担提供证据的责任,即主观举证责任。

主观举证责任,并不必然导致当事人承担败诉的诉讼后果。例如,甲起诉乙偿还借款 10 万元,被告乙为反驳甲的诉讼请求主张"自己根本没有向甲借过 10 万元钱",乙对其上述反驳应承担提供证据加以说明的主观举证责任。但如果乙没有提供证据,并不意味着乙将承担败诉的后果。因此,主观举证责任,仅仅限于当事人对其主张的"证据提供义务"角度来进行理解。

如果当事人没有提供证据加以证明,是否承担败诉后果,需要根据客观举证责任进行判断。根据《民事诉讼法解释》第 90 条,在作出判决前,当事人未能提供证据或者证据不足以证明其事实主张的,由负有举证证明责任的当事人承担不利的后果。该法条所指的"举证证明责任"即为客观举证责任,是人民法院在事实真伪不明的情况下,决定应当由哪一方当事人承担不利后果的一种裁判规则。例如，根据《最高人民法院关于审理民间借贷案件适用法律若干问题的规定》第 17 条，负有举证责任的原告无正当理由拒不到庭，经审查现有证据无法确认借贷行为、借贷金额、支付方式等案件主要事实的，人民法院对原告主张的事实不予认定。

二、举证责任分配

客观举证责任分配关系到不利后果由哪一方当事人承担，显然成为法院针对法律要件事实进行裁判的方法。例如，《反不正当竞争法》第 7 条规定，经营者的工作人员进行贿赂的，应当认定为经营者的行为；但是，经营者有证据证明该工作人员的行为与为经营者谋取交易机会或者竞争优势无关的除外。"经营者的工作人员进行贿赂"，是"经营者商业贿赂"的构成要件事实；"该工作人员的行为与为经营者谋取交易机会或者竞争优势无关"属于"经营者商业贿赂"的消灭要件事实。再如，《民法典》第 1064 条规定，夫妻一方在婚姻关系存续期间以个人名义超出家庭日常生活需要所负的债务，不属于夫妻共同债务；但是，债权人能够证明该债务用于夫妻共同生活、共同生产经营或者基于夫妻双方共同意思表示的除外。根据该条，"以个人名义超出家庭日常生活需要所负的债务"为夫妻共同债务这一事实的成立要件，"该债务用于夫妻共同生活、共同生产经营或者基于夫妻双方共同意思表示"为夫妻共同债务这一事实的消灭要件，上述要件事实均由债权人承担举证责任。

根据《民事诉讼法解释》第 91 条，主张法律关系存在的当事人，应当对产生该法律关系的基本事实承担举证证明责任；主张法律关系变更、消灭或者权利受到妨害的当事人，应当对该法律关系变更、消灭或者权利受到妨害的基本事实承担举证证明责任。具体联系到法律要件事实分析方法，诉讼请求成立要件事实以及抗辩事实举证责任的承担，也需要区分为法律关系存在事实、法律关系变更、消灭或权利受到妨害的不同情形，由相关事实的主张者承担举证责任。例如，在一般侵权案件中，被告主张"受害人有过错"的抗辩事实，属于原告赔偿请求权受到妨害的事实，因此该事实应当由主张抗辩的被告承担举证责任。离婚案件中，原告请求解除婚姻法律关系，因此原告应当就法律关系消灭事实，即夫妻感情破裂的事实承担举证责任。在民间借贷纠纷中，请求对方偿还借款的原告，应当就双方存在民间借贷法律关系的事实承担举证责任。

除了上述条款规定的举证责任一般分配原则之外，我国相关实体法对特殊的案件设计了特殊举证责任分配规则。例如，《最高人民法院关于审理劳动争议案件适用法律问题的解释（一）》第 44 条规定，因用人单位作出的开除、除名、辞退、解除劳动合同、减少劳动报酬、计算劳动者工作年限等决定而发生的劳动争议，用人单位负举证责任。《消费者权益保护法》第 23 条规定，经营者提供的机动车、计算机、电视机、电冰箱、空调器、洗衣机等耐用商品或者装饰装修等服务，消费者自接受商品或者服务之日起 6 个月内发现瑕疵，发生争议的，由经营者承担有关瑕疵的举证责任。除了类似上述举证责任的特别规定情形，大部分民事合同、侵权纠纷的举证责任分配，仍然需要按照《民事诉讼法解释》第 91 条的规定进行认定。

（一）合同纠纷

根据《民事诉讼法解释》第 91 条规定的举证责任分配原则，合同纠纷待证的基本事实主要有两类：一类是合同法律关系产生的事实；另一类是合同法律关系变更、消灭或权利受到妨害的事实。在出现待证事实真伪不明时，人民法院要对真伪不明的待证事实进行归类，确定对该事实负有举证责任的当事人，并据此判决由其承担不利后果。

例如，如果甲公司根据买卖合同诉请乙公司履行合同的付款义务，主张合同成立并生效的一方当事人显然是原告甲公司。如果乙公司辩称双方已经解除了该买卖合同而无需履行义务的，则该主张属于合同关系的解除情形，应当由乙公司承担举证责任。有的时候我们需要考虑，围绕某一个事实，是属于何种要件事实，然后再考虑究竟分配给哪一方当事人承担举证责任。合同纠纷中，当事人对债务人是否履行合同的事实发生争议，"合同已经履行完毕"作为合同法律关系的"消灭要件事实"，应当由主张该事实的债务人承担举证责任。例如，根据《最高人民法院关于审理民间借贷案件适用法律若干问题的规定》第 16 条，原告仅依据金融机构的转账凭证提起民间借贷诉讼，被告抗辩转账系偿还双方之前借款或者其他债务的，被告应当对其主张提供证据证明。被告提供相应证据证明其主张后，原告仍应就借贷关系的成立承担举证责任。根据上述条款，在民间借贷合同纠纷中，"偿还借款"为民间借贷合同的消灭要件事实，应由被告承担举证责任；"借贷关系的成立"属于民间借贷合同的成立要件事实，应由原告承担举证责任。

（二）侵权纠纷

侵权案件的举证责任分配，除了要结合举证责任一般分配原则，还需要结合侵权类型、特殊侵权的法律要件等方面。一般而言，我国侵权责任采取过错责任原则为主要的归责原则，即侵权的法律构成要件包括四个方面：过错、侵权行为、损害后果和因果关系。因此，主张侵权成立的当事人需要承担上述四个方面法律构成要件事实的举证责任。主张侵权关系消灭、妨害要件事实的当事人，主要对免责事由、减责事由以及受害人过错等承担举证责任。例如，根据《产品质量法》第41条，生产者能够证明有下列情形之一的，不承担赔偿责任：①未将产品投入流通的；②产品投入流通时，引起损害的缺陷尚不存在的；③将产品投入流通时的科学技术水平尚不能发现缺陷的存在的。上述免责事由将由主张产品质量侵权关系消灭、妨害要件的当事人（主要是被告）承担举证责任。

除了过错责任原则，侵权案件还存在特殊归责方式，主要表现为过错推定、因果关系推定、无过错责任三个方面。

1. 过错推定

过错推定本质上仍然属于过错责任原则，是过错责任原则的一种特殊适用方式。《民法典》第1165条规定，依照法律规定推定行为人有过错，其不能证明自己没有过错的，应当承担侵权责任。显然，行为人能够证明自己无过错的，则可以推翻上述的过错推定，从而不承担侵权赔偿责任。因此，从这个角度来说，过错推定原则仍然需要满足构成侵权四个方面的法律要件，只不过"过错"这一要件并不需要受害人证明，而是由法律推定。

根据我国《民法典》，以下侵权案件适用过错推定原则：

（1）无民事行为能力人在教育机构受侵害时，教育机构的过错推定责任（第1199条）。

（2）法定情况下的医疗机构的过错推定责任（第1222条）。

（3）非法占有高度危险物所有人、管理人的过错推定责任（第1242条）。

（4）动物园的过错推定责任（第1248条）。

（5）建筑物、构筑物或者其他设施脱落、坠落造成他人损害的过错推定责任（第1253条）。

（6）堆放物侵权（第1255条）。

（7）林木折断侵权（第1257条）。

（8）窨井管理人的过错推定责任（第1258条）。

2. 因果关系推定

在环境污染侵权责任确定中，只要证明加害人已经排放了可能危及人身健康的有害物质，而公众的人身健康在排污后受到或正在受到危害，就可以推定这种危害是由该排污行为所致。《民法典》第1230条规定，因污染环境、破坏生态发生纠纷，行为人应当就法律规定的不承担责任或者减轻责任的情形及其行为与损害之间不存在因果关系承担举证责任。该条款规定的因果关系事实，显然应由污染环境的行为人承担相应的举证责任，受害人无需就因果关系进行举证，从这一角度来看，在当事人无法证明因果关系是否确定存在的情况下，法律推定污染行为与污染后果之间存在因果关系。在环境污染案件中将因果关系事实作为加害人承担举证责任的规则，减轻了受害人的证明负担，这对于保护受害人的合法权益是非常有利的。值得注意的是，根据《最高人民法院关于审理环境侵权责任纠纷案件适用法律若干问题的解释》第6条，环境污染案件中被侵权人仍然需要提供"侵权人排放的污染物或者其次生污染物、破坏生态行为与损害之间具有关联性"的初步证据，但显然，行为与损害之间的"关联性"并不等同于"因果关系"，后者仍属于行为人承担举证责任证明的事实。

3. 无过错责任

根据《民法典》第1166条，行为人造成他人民事权益损害，不论行为人有无过错，法律规定应当承担侵权责任的，依照其规定。因此，无过错责任的侵权构成要件只有三个方面：损害事实的存在、加害人的行为、加害人行为与损害事实之间的因果关系。行为人的主观过错，不再属于侵权的构成要件，不需要由受害人承担证明责任。按照无过错责任原则的侵权类型案件，被告即使证明自己对损害的发生并无过错，仍然可能需要承担损害赔偿责任，因此这种责任也被称为"严格责任"。

我国《民法典》等实体法规定的无过错责任主要包括：

（1）无民事行为能力人、限制民事行为能力人致人损害的，监护人承担无过错责任（第1188条）。

（2）用人单位的工作人员因执行工作任务致人损害的，用人单位承担无过错责任（第1191条）。

（3）提供个人劳务一方因劳务致人损害的，接受劳务一方承担无过错责任（第1192条）。

（4）因产品存在缺陷造成他人损害的，生产者和销售者承担的不真正连带责任，为无过错责任（第1203条）。

（5）机动车与行人、非机动车驾驶人之间发生道路交通事故的，机动车一方承担无过错责任（《道路交通安全法》第76条）。

（6）因环境污染致人损害的，污染者承担无过错责任（第1229条）。

（7）从事高度危险作业造成他人损害，高度危险物品的经营者、占有人承担无过错责任（第1236条）。

（8）饲养的动物致人损害的，动物饲养人或者管理人承担无过错责任（但动物园承担过错推定责任）（第1245条）。

（9）建筑物倒塌致人损害的，建设单位与施工单位承担无过错责任（第1252条）。

（10）医务人员违反告知义务，给患者造成损害的，医疗机构承担无过错责任（第1219条）。

（11）因医疗产品致患者损害的，医疗机构与产品提供者承担不真正连带责任的，为无过错责任（第1223条）。

（12）在公共道路上倾倒、堆放、遗撒妨碍通行物的，行为人承担无过错责任（第1256条）。

三、举证责任的免除

（一）自认的事实

《民事证据规定》第3条规定，在诉讼过程中，一方当事人陈述的于己不利的事实，或者对于己不利的事实明确表示承认的，另一方当事人无需举证证明。

1. 自认的构成

构成自认显然需要满足以下两个条件：

第一，要在诉讼过程中进行自认，包括在证据交换、询问、调查过程中，或者在起诉状、答辩状、代理词等书面材料中，当事人明确陈述或承认于己不利的事实。例如，原告仅凭借款项交付凭据（例如银行转账记录），未能提交借款合意证据（例如借款合同），被告如果在诉讼中明确承认从原告处借款的，原被告之间的民间借贷合意即为免证事实，即原告不再需要就双方存在借款合意承担举证责任；但如果被告否认借款事实的，原告仍需要就双方存在借款合意承担举证责任。

诉讼自认与为了达成调解协议进行的自认有不同的法律后果。根据《民事诉讼法解释》第107条，在诉讼中，当事人为达成调解协议或者和解协议作出妥协而认可的事实，不得在后续的诉讼中作为对其不利的根据，但法律另有规定或者当事人均同意的除外。

第二，要以"明确表示"为条件，即以积极的诉讼行为来实现对己不利事实的陈述或承认。但是《民事证据规定》第4条规定了一个特殊情况：一方当事人对于另一方当事人主张的于己不利的事实既不承认也不否认，经审判人员说明并询问后，其仍然不明确表示肯定或者否定的，视为对该事实的承认。

2. 不适用自认的情形

自认尽管可以依法免除对方当事人的举证责任，但并非绝对。根据《民事证据规定》第8条，下列事实不适用自认规则：涉及可能损害国家利益、社会公共利益的；涉及身份关系的；涉及《民事诉讼法》第58条规定诉讼的；当事人有恶意串通损害他人合法权益可能的；涉及依职权追加当事人、中止诉讼、终结诉讼、回避等程序性事项的；自认的事实与已经查明的事实不符的。

3. 自认的撤回

当事人可以撤回自认。根据《民事证据规定》第9条，经对方当事人同意或在受胁迫或者重大误解情况下作出的自认，当事人在法庭辩论终结前撤销的，人民法院应当作出准许的裁定。

4. 视为自认的情形

首先，一方当事人对于另一方当事人主张的于己不利的事实既不承认也不否认，经审判人员说明并询问后，其仍然不明确表示肯定或者否定的，视为对该事实的承认；其次，当事人委托诉讼代理人参加诉讼的，除授权委托书明确排除的事项外，诉讼代理人的自认视为当事人的自认，当事人在场对诉讼代理人的自认明确否认的除外；最后，普通共同诉讼中，共同诉讼人中一人或者数人作出的自认，对作出自认的当事人发生效力。必要共同诉讼中，共同诉讼人中一人或者数人作出自认而其他共同诉讼人予以否认的，不发生自认的效力。其他共同诉讼人既不承认也不否认，经审判人员说明并询问后仍然不明确表示意见的，视为全体共同诉讼人的自认。

（二）自然规律以及定理、定律

自然规律与定理不必证明，是由于它们的科学性与正确性早已被反复验证，不会存在被反驳或者推翻的情形。

（三）众所周知的事实

众所周知的事实，也叫公知的事实，是指在特定范围内人们广为知晓的事实，包括生活常识、习俗、有重大影响的事件等。这些事实通常没有必要再去证明，人民法院可以根据自由裁量权直接将其作为认定事实的依据。

（四）推定的事实

推定，是指根据已知事实和日常生活经验法则或者法律规定推定出的另一事实无需证明。推定的事实包括事实推定的事实和法律推定的事实。

1. 事实推定

事实推定，是指法官依据经验法则，从已知事实或生活经验法则中推定事实存在的假定。这种推定并不属于法律明确规定的范畴，因此，法官可以根据其实践经验和逻辑推理自由裁量，决定是否适用。例如，根据《最高人民法院关于审理不正当竞争民事案件应用法律若干问题的解释》第8条，人民法院应当根据日常生活经验、相关公众一般注意力、发生误解的事实和被宣传对象的实际情况等因素，对引人误解的虚假宣传行为进行认定。

2. 法律推定

法律推定是一种由成文法明确的法律条款，从某一法律事实推定另一法律事实存在或者不存在的一种诉讼现象。以下举例说明：

《民事诉讼法解释》第112条规定："书证在对方当事人控制之下的，承担举证证明责任的当事人可以在举证期限届满前书面申请人民法院责令对方当事人提交。申请理由成立的，人民法院应当责令对方当事人提交，因提交书证所产生的费用，由申请人负担。对方当事人无正当理由拒不提交的，人民法院可以认定申请人所主张的书证内容为真实。"该主张即为推定的事实，无需另行证明。

《最高人民法院关于审理民间借贷案件适用法律若干问题的规定》第2条规定，当事人持有的借据、收据、欠条等债权凭证没有载明债权人，持有债权凭证的当事人提起民间借贷诉讼的，人民法院应予受理。被告对原告的债权人资格提出有事实依据的抗辩，人民法院经审查认为原告不具有债权人资格的，裁定驳回起诉。根据此条内容，原告持有未载明债权人的债权凭证起诉，人民法院可推定其为"债权人"。

根据《民事诉讼法解释》第 114 条，国家机关或者其他依法具有社会管理职能的组织，在其职权范围内制作的文书所记载的事项推定为真实。例如，公安机关交通管理部门制作的交通事故认定书，人民法院应依法审查并确认其相应的证明力。

《最高人民法院关于审理劳动争议案件适用法律问题的解释（一）》第 42 条规定，劳动者主张加班费的，应当就加班事实的存在承担举证责任。但劳动者有证据证明用人单位掌握加班事实存在的证据，用人单位不提供的，由用人单位承担不利后果。可见，如果劳动者有证据证明用人单位掌握加班事实存在的证据，用人单位不提供的，人民法院将推定"加班事实的存在"。

推定事实并非都是无可争议的事实，在法律允许当事人提出相反的证据足以推翻后，推定事实将重新成为证明对象。

（五）已为仲裁机构生效裁决所确认的事实，当事人有相反证据足以反驳的除外

（六）已为人民法院发生法律效力的裁判所确认的事实，当事人有相反证据足以推翻的除外

（七）已为有效公证文书所证明的事实，当事人有相反证据足以推翻的除外

民事裁判方法尽管主要发挥着为法官寻求裁判结果的思维路径，但对于原被告而言也具有重要的意义。原告为了寻求法院对其诉讼请求的支持、被告为了获得法院驳回诉讼请求的结果，都必须建立在充分了解和熟悉法官的裁判思维的基础之上。只有这样，当事人才能够最大限度地影响法官作出有利于自己的裁判结果。

第四节　民事裁判实训实验

在本小节，教材通过"民事诉讼实训平台"中的一个原告实训实验为例，讲述"法律要件事实分析方法"之下，裁判法律要件事实分析方法和基本步骤。

案情介绍：肇事车辆辽 A×××××号丰田牌小轿车的登记车主为赵某甲。赵某乙是赵某甲的儿子，已领取驾驶证，经公安机关出具证明，有长期吸毒史。2021 年 5 月 23 日晚，赵某乙驾驶辽 A×××××号丰田牌小轿车到沈阳青年

街某歌舞厅唱歌，赵某丙是赵某乙的同学，当晚在歌舞厅唱歌后赵某乙因饮酒不便开车，将车钥匙借给赵某丙，要求赵某丙去某小区开车接同班另一同学田某来歌舞厅娱乐。赵某丙接受赵某乙的请求，驾驶辽A×××××号丰田牌小轿车于22时17分许行至沈阳某红绿灯路段时，不按信号灯指示而擅自左转弯驾车驶入解放路，与从人民东路行驶的邓某甲驾驶的台铃牌二轮电动车（车驾号码5852×××××）发生碰撞。碰撞发生后，赵某丙驾车往新城路方向逃跑。事故发生时，赵某丙未取得机动车驾驶证，事故发生后邓某甲被送至沈阳人民医院救治，后转至中国人民解放军某医院抢救治疗，但于2021年5月26日上午10时经抢救无效死亡。2021年6月2日，经沈阳市公安局交通警察大队作出的沈公交认字［2021］第027号《道路交通事故认定书》认定，赵某丙负全责，邓某甲无责任。刘某为邓某甲的妻子。2021年8月13日，经有关机关和当事人核算，死亡赔偿金、医疗费用等损失980 000元，财产损失501 700元。事故发生于富安保险公司辽宁分公司承保辽A×××××号丰田牌小轿车交强险及100万元商业三者险（不计免赔）期间，保险条款适用《机动车交通事故责任强制保险条款》（2020年）、《机动车商业保险示范条款》（2020年）。

起诉状

原告：刘某

被告：赵某甲、赵某乙、赵某丙、富安保险公司辽宁分公司

诉讼请求：

1. 请求赵某甲、赵某乙、赵某丙、富安保险公司辽宁分公司对交通事故损害损失1 481 700元，承担连带赔偿责任。

2. 本案诉讼费由被告承担。

案由：机动车交通事故责任纠纷。

事实与理由：

肇事车辆辽A×××××号丰田牌小轿车的登记车主为赵某甲。赵某乙是赵某甲的儿子，已领取驾驶证，经公安机关出具证明，有长期吸毒史。2021年5月23日晚，赵某乙驾驶辽A×××××号丰田牌小轿车到沈阳青年街某歌舞厅唱歌，赵某丙是赵某乙的同学，当晚在歌舞厅唱歌后赵某乙因饮酒不便开车，将车钥匙借给赵某丙，要求赵某丙去某小区开车接同班另一同学田某来歌舞

厅娱乐。赵某丙接受赵某乙的请求，驾驶辽A×××××号丰田牌小轿车于22时17分许行至沈阳某红绿灯路段时，不按信号灯指示而擅自左转弯驾车驶入解放路，与从人民东路行驶的邓某甲驾驶的台铃牌二轮电动车（车驾号码5852×××××）发生碰撞。碰撞发生后，赵某丙驾车往新城路方向逃跑。事故发生时，赵某丙未取得机动车驾驶证。事故发生后，邓某甲被送至沈阳人民医院救治，后转至中国人民解放军某医院抢救治疗，但于2021年5月26日上午10时5分经抢救无效死亡。2021年6月2日，经沈阳市公安局交通警察大队作出的沈公交认字〔2021〕第027号《道路交通事故认定书》认定，赵某丙负全责，邓某甲无责任。刘某为邓某甲的妻子。事故发生于富安保险公司辽宁分公司承保辽A×××××号丰田牌小轿车交强险及100万元商业三者险（不计免赔）期间。

辽A×××××号丰田牌小轿车所有人赵某甲将车辆借给赵某乙，赵某乙具有吸毒史，因此赵某甲对交通事故损害后果承担过错责任。赵某乙将车辆交给无驾驶证的赵某丙驾驶，实际为委托赵某丙接人，赵某乙与赵某丙之间为雇用关系，双方应当对交通事故损害后果承担连带责任。赵某丙对交通事故的发生具有直接责任，应承担赔偿责任。富安保险公司辽宁分公司承保辽A×××××号丰田牌小轿车交强险及100万元商业三者险，应当对本次交通事故损害承担责任。2021年8月13日，经有关机关和当事人核算，死亡赔偿金、医疗费用等损失980 000元，财产损失501 700元。据此，特向贵院提起诉讼，要求以上被告对实际损失1 481 700元承担连带责任，望判如所请。

此致

沈阳市A区人民法院

具状人：刘某
年　　月　　日

附：起诉状副本4份

答辩状

答辩人：赵某甲、赵某乙、赵某丙、富安保险公司辽宁分公司

被答辩人：刘某

答辩人对沈阳市A区人民法院受理刘某诉赵某甲、赵某乙、赵某丙、富安保险公司辽宁分公司交通事故损害纠纷一案，答辩意见如下：

1. 赵某甲尽管知晓赵某乙存在吸毒史，但在出借给赵某乙车辆时已经确认赵某乙并未吸毒。赵某乙的吸毒历史并不意味着赵某甲将车辆借给赵某乙存在过错，同时，赵某甲并不知情赵某乙将车辆又交给无驾驶证的赵某丙驾驶，因此赵某甲对赵某丙引起的本次交通事故不存在过错。

2. 赵某乙因自己饮酒不便开车，将车辆交由其他人驾驶并无过错。赵某乙将辽A×××××号丰田牌小轿车交给赵某丙开车时并不知道赵某丙没有驾照，反而赵某丙答应开车接人让赵某乙相信赵某丙有驾照资格，赵某乙属于受到欺骗，自身不存在过错，不应承担赔偿责任。

3. 赵某丙受赵某乙指派接田某来歌舞厅消费娱乐，并非借用机动车用于自己的生活或经营，属于受赵某乙委托从事雇用活动，产生的损害后果应当由雇主承担责任，自己不承担责任。

4. 富安保险公司辽宁分公司认为驾驶人赵某丙属于无证驾驶，属于不承担保险责任的法定情形，不应承担本次交通事故的赔偿责任。

综上，答辩人请求法院驳回被答辩人的全部诉讼请求。

此致

沈阳市 A 区人民法院

答辩人：赵某甲、赵某乙、赵某丙、富安保险公司辽宁分公司

年　　月　　日

附：答辩状副本 1 份

一、裁判实训第一步：分析本案诉讼要件与诉讼抗辩

（一）实训要点

根据原告起诉材料和被告应诉材料，分析本案诉讼要件是否全部具备，被告是否在答辩状中对诉讼要件提出异议或者主张诉讼抗辩，对以上诉讼要件争议需要进行一定的判断和分析。

（二）参考思路

本案原告诉讼要件具备，被告未提出诉讼抗辩主张。

二、裁判实训第二步：本案诉讼请求实体法基础规范与要件事实整理

（一）实训要点

结合原告起诉材料，站在原告角度检索诉讼请求成立的基础法律规范，

并分析相应的诉讼请求成立法律要件事实。

（二）参考思路

（1）机动车所有人对交通事故的发生存在过错。

（2）机动车管理人对交通事故的发生存在过错。

（3）机动车管理人与机动车驾驶人之间为雇用关系。

（4）机动车投保了交强险和商业三者险，均在保险期内。

（5）交通事故对受害人产生实际损失。

三、裁判实训第三步：本案诉讼请求成立要件事实分析

（一）实训要点

结合本案具体事实以及被告答辩有关诉讼请求成立要件事实异议部分，判断本案诉讼请求成立要件事实是否全部满足。

（二）参考思路

（1）机动车所有人对交通事故的发生存在过错。赵某乙是赵某甲的儿子，已领取驾驶证，经公安机关出具证明，有长期吸毒史。

（2）机动车管理人对交通事故的发生存在过错。赵某乙因饮酒不便开车，将车钥匙交给赵某丙，要求赵某丙去某小区开车接同班另一同学田某来歌舞厅娱乐，并未认真审核赵某丙的驾驶资格，存在过错。

（3）机动车管理人与机动车驾驶人之间为雇用关系。赵某甲与赵某乙之间为机动车借用关系。赵某乙委托赵某丙接人到歌舞厅，不存在借用关系，而是雇用关系。2021年6月2日，经沈阳市公安局交通警察大队作出的沈公交认字〔2021〕第027号《道路交通事故认定书》认定，赵某丙负全责，邓某甲无责任。

（4）机动车投保了交强险和商业三者险，均在保险期内。富安保险公司辽宁分公司承保辽A×××××号丰田牌小轿车交强险及100万元商业三者险，均在保险期内。

（5）交通事故对受害人造成了实际损失。2021年8月13日，经有关机关和当事人核算，死亡赔偿金、医疗费用等损失980 000元，财产损失501 700元。

四、裁判实训第四步：本案抗辩实体法基础规范与要件事实整理

（一）实训要点

结合被告答辩主张的抗辩，检索抗辩成立基础法律规范，分析抗辩成立

的法律要件事实。

（二）参考思路

（1）保险公司的交强险免责事由。《机动车交通事故责任强制保险条例》第 21 条规定，道路交通事故的损失是由受害人故意造成的，保险公司不予赔偿。《机动车交通事故责任强制保险条例》第 22 条规定，对受害人的财产损失，保险公司在三种法定情形下不承担交强险赔偿责任。《机动车交通事故责任强制保险条款》（2020 年）第 10 条免责条款。

（2）保险公司的商业三者险免责事由。《中国保险行业协会机动车商业保险示范条款》（2020 年）第 22 条至第 24 条免责条款。

（3）保险公司交强险赔偿限额。《机动车交通事故责任强制保险条款》（2020 年）第 8 条规定，死亡伤残赔偿限额为 180 000 元、医疗费用赔偿限额为18 000 元、财产损失赔偿限额为 2000 元。

五、裁判实训第五步：本案抗辩要件事实分析

（一）实训要点

根据本案具体事实，判断被告主张的抗辩是否成立。若抗辩成立，则即使诉讼请求成立要件全部满足，也应当全部或部分驳回原告的诉讼请求。

（二）参考思路

（1）驾驶人无证驾驶，免除了保险公司对受害人的财产损失部分的交强险赔偿责任。

（2）驾驶人无证驾驶，免除了保险公司商业三者险赔偿责任。

六、裁判实训第六步：完成本案判决书

民事判决书

原告：刘某。

被告：赵某甲、赵某乙、赵某丙、富安保险公司辽宁分公司。

原告刘某与被告赵某甲、赵某乙、赵某丙、富安保险公司辽宁分公司机动车交通事故责任纠纷一案，向本院起诉。本院受理后依法由审判员独任审判公开开庭进行了审理。本案现已审理终结。原告诉至本院，请求判令：

1. 请求赵某甲、赵某乙、赵某丙、富安保险公司辽宁分公司对交通事故

损害损失 1 481 700 元，承担连带赔偿责任。

2. 本案诉讼费由被告承担。

被告辩称：

1. 赵某甲尽管知晓赵某乙存在吸毒史，但在出借给赵某乙车辆时已经确认赵某乙并未吸毒。赵某乙的吸毒历史并不意味着赵某甲将车辆借给赵某乙存在过错，同时，赵某甲并不知情赵某乙将车辆又交给无驾驶证的赵某丙驾驶，因此赵某甲对赵某丙引起的本次交通事故不存在过错。

2. 赵某乙因自己饮酒不便开车，将车辆交由其他人驾驶并无过错。赵某乙将辽 A×××××号丰田牌小轿车交给赵某丙开车时并不知道赵某丙没有驾照，反而赵某丙答应开车接人让赵某乙相信赵某丙有驾照资格，赵某乙属于受到欺骗，自身不存在过错，不应承担赔偿责任。

3. 赵某丙受赵某乙指派接田某来歌舞厅消费娱乐，并非借用机动车用于自己的生活或经营，属于受赵某乙委托从事雇用活动，产生的损害后果应当由雇主承担责任，自己不承担责任。

4. 富安保险公司辽宁分公司认为驾驶人赵某丙属于无证驾驶，属于不承担保险责任的法定情形，不应承担本次交通事故的赔偿责任。

经审理查明，本院对本案事实依法认定如下：

肇事车辆辽 A×××××号丰田牌小轿车的登记车主为赵某甲。赵某乙是赵某甲的儿子，已领取驾驶证，经公安机关出具证明，有长期吸毒史。2021 年 5 月 23 日晚，赵某乙驾驶辽 A×××××号丰田牌小轿车到沈阳青年街某歌舞厅唱歌，赵某丙是赵某乙的同学，当晚在歌舞厅唱歌后赵某乙因饮酒不便开车，将车钥匙借给赵某丙，要求赵某丙去某小区开车接同班另一同学田某来歌舞厅娱乐。赵某丙接受赵某乙的请求，驾驶辽 A×××××号丰田牌小轿车于 22 时 17 分许行至沈阳某红绿灯路段时，不按信号灯指示而擅自左转弯驾车驶入解放路，与从人民东路行驶的邓某甲驾驶的台铃牌二轮电动车（车驾号码 5852×××××）发生碰撞。碰撞发生后，赵某丙驾车往新城路方向逃跑。事故发生时，赵某丙未取得机动车驾驶证。事故发生后，邓某甲被送至沈阳人民医院救治，后转至中国人民解放军某医院抢救治疗，但于 2021 年 5 月 26 日上午 10 时 5 分经抢救无效死亡。2021 年 6 月 2 日，经沈阳市公安局交通警察大队作出的沈公交认字［2021］第 027 号《道路交通事故认定书》认定，赵某丙负全责，邓某甲无责任。刘某为邓某甲的妻子。事故发生于富安保险公司辽

宁分公司承保辽 Ａ×××××号丰田牌小轿车交强险及 100 万元商业三者险（不计免赔）期间。

本院认为：

1. 涉案机动车在富安保险公司辽宁分公司投保交强险和商业三者险，其应当依法承担法定限额的交强险赔偿责任，对财产损失部分不承担赔偿责任。

2. 赵某甲知晓赵某乙存在吸毒史，在出借给赵某乙车辆时应负有较高的注意义务。赵某乙长期吸毒属于不宜驾驶机动车人员，赵某甲将车辆借给赵某乙，对交通事故的产生存在过错，应对交强险赔偿限额之外的部分承担 20%责任。

3. 机动车使用人在道路交通事故中存在过错。2021 年 6 月 2 日，经沈阳市公安局公安交通警察大队作出的沈公交认字［2021］第 027 号《道路交通事故认定书》认定，赵某丙负全责，邓某甲无责任。但赵某丙受赵某乙委托开车接人，属于完成受雇用行为，产生的交通事故损害后果应由雇主赵某乙承担责任。赵某乙委托赵某丙开车接人，没有尽到应尽的注意审核义务，导致无驾驶证的赵某丙上路开车，对交通事故的产生具有严重过错，应对交强险赔偿限额之外的部分承担 80%责任。

经核算，死亡赔偿金、医疗费用等损失 980 000 元，财产损失 501 700 元。

判决如下：

一、富安保险公司辽宁分公司赔偿原告死亡赔偿金等损失 200 000 元，于本判决生效后十日内付清。

二、赵某甲赔偿原告损失 256 340 元，于本判决生效后十日内付清。

三、赵某乙赔偿原告损失 1 025 360 元，于本判决生效后十日内付清。

四、驳回原告的其他诉讼请求。

案件受理费由赵某甲、赵某乙负担。

审判员：×××

年　　月　　日

第五章

民间借贷纠纷类案实训

民间借贷纠纷，是指公民之间、公民与非金融机构企业之间的借款行为产生的纠纷，其本质属于借款合同纠纷。本章通过对民间借贷纠纷不同的诉讼请求，以基础法律规范为依据，将诉讼请求成立要件事实和抗辩要件事实分别进行梳理，为原告起诉、被告应诉和民事裁判提供法律适用的基本方法，并通过一定数量的平台实训实验，为处理民间借贷常见案件进行思维训练。

学生实训实验任务：登录民事诉讼实训平台，选定不同的实验角色后，选择"第五章"实验，按实验编号进行民间借贷纠纷类案实训训练。

第一节　诉讼法要件事实

一、适格的原告

民间借贷纠纷往往以出借人为原告提起诉讼。关于民间借贷纠纷出借人的认定问题，主要依据双方当事人之间的借款合同或借据判断。如果当事人出具的借款合同中有明确的签字盖章，且有证据能够证明所涉出借人已经履行了支付借款的合同义务，则人民法院一般对其出借人身份予以认可。

如果双方当事人之间的借款合同、借条、付款凭证或借据上没有记载出借人的，推定持有上述债权凭证的人为出借人。《最高人民法院关于审理民间借贷案件适用法律若干问题的规定》（以下简称《民间借贷规定》）第2条规定，出借人向人民法院提起民间借贷诉讼时，应当提供借据、收据、欠条等债权凭证以及其他能够证明借贷法律关系存在的证据。当事人持有的借据、收据、欠条等债权凭证没有载明债权人，持有债权凭证的当事人提起民间借贷诉讼的，人民法院应予受理。

被告如果有充分的证据证明，提起诉讼的原告并非真正的出借人，就相当于对原告资格提出了诉讼要件异议。此时如果人民法院根据被告的异议和证据，经审查认为原告不具有债权人资格的，裁定驳回起诉。具体而言，被告对原告债权人资格的异议可能分为以下具体情形：

（1）依据《民法典》第545条提出异议，即如果双方当事人约定案涉债权不得转让，或者案涉债权根据法律的规定不得转让，或者根据合同的性质不得转让，但原告是继受债权人并对被告提起诉讼的，被告可以主张原告不具备出借人资格。

（2）依据《民法典》第546条提出异议，即案涉债权虽然可以转让，但是债权凭证所载的债权人并未履行通知义务，被告主张原告不具有出借人资格。

（3）证明债权人实际另有他人而非持有债权凭证的原告。如果被告提交的事实证据足以证明债权人实际另有他人，则意味着提起诉讼的原告并不具备适格当事人身份，法院应当裁定驳回起诉。

（4）被告主张债权凭证载明的出借人仅为名义出借人，而非实际出借人。如果被告能够提供证据证明出借资金的筹集、款项支付、本息收取等与名义出借人无实际关联，名义出借人并不直接承担借款合同权利义务的，人民法院对于出借人的认定也并不局限于合同记载情况，而是结合借款合同的具体履行情况，将实际提供借款并与借款人存在真实借贷关系的当事人认定为出借人，对于名义出借人作为原告的起诉应当裁定驳回。例如，甲让其儿子乙转账10万元给丙的银行账户，丙出具借条一份，记载"今借到乙人民币拾万圆整，用于个人生产经营活动"。借条出具后，丙仅偿还给甲3万元，剩余7万元未能按期还款，乙持丙的借条向法院提起诉讼。尽管形式上乙是借条上的出借人，借款也是从乙的银行账户转账到丙的账户，但资金实际来源于甲，借贷过程是甲和丙协商的结果，且丙的还款对象也是甲，乙并未实际参与。综上，被告可证明实际借款人为甲，乙并不具有原告主体资格。

二、明确的被告

通常来说，民间借贷纠纷以债权人向债务人主张返还借款及利息的诉讼请求为表现形式，借款人往往是确定的被告。但是在以下特殊情况下，被告的选择仍然根据不同性质的案件而有所不同。

（一）网络贷款平台被告

根据《民间借贷规定》第 21 条，网络贷款平台的提供者通过网页、广告或者其他媒介明示或者有其他证据证明其为借贷提供担保，出借人请求网络贷款平台的提供者承担担保责任的，人民法院应予支持。

（二）法定代表人被告

根据《民间借贷规定》第 22 条，法人的法定代表人或者非法人组织的负责人以单位名义与出借人签订民间借贷合同，有证据证明所借款项系法定代表人或者负责人个人使用，出借人请求将法定代表人或者负责人列为共同被告或者第三人的，人民法院应予准许。法人的法定代表人或者非法人组织的负责人以个人名义与出借人订立民间借贷合同，所借款项用于单位生产经营，出借人请求单位与个人共同承担责任的，人民法院应予支持。

（三）保证人被告

根据《民间借贷规定》第 4 条，保证人为借款人提供连带责任保证，出借人仅起诉借款人的，人民法院可以不追加保证人为共同被告；出借人仅起诉保证人的，人民法院可以追加借款人为共同被告。保证人为借款人提供一般保证，出借人仅起诉保证人的，人民法院应当追加借款人为共同被告；出借人仅起诉借款人的，人民法院可以不追加保证人为共同被告。

三、法院管辖要件

民间借贷纠纷属于合同纠纷，级别管辖应为该纠纷必须具备的诉讼要件。例如，根据级别管辖标准，某民间借贷案件应由中级人民法院管辖，如原告向高级人民法院提起诉讼的，则不具备级别管辖的诉讼要件。从地域管辖角度看，民间借贷合同纠纷涉及协议管辖、特殊地域管辖中的合同纠纷管辖方式。

《民事诉讼法》第 35 条规范了当事人进行协议管辖的形式条件：合同或者其他财产权益纠纷的当事人可以书面协议选择被告住所地、合同履行地、合同签订地、原告住所地、标的物所在地等与争议有实际联系的地点的人民法院管辖，但不得违反该法对级别管辖和专属管辖的规定。

《民事诉讼法》第 24 条确立了合同纠纷的特殊地域管辖标准。根据该条，因合同纠纷提起的诉讼，由被告住所地或者合同履行地人民法院管辖。因此，被告住所地或者合同履行地法院对民间借贷合同纠纷都有管辖权，原告可以选择其中一个法院提起诉讼。《民间借贷规定》第 3 条规定，借贷双方就合同履行地未约定或者约定不明确，事后未达成补充协议，按照合同相关条款或者交易习惯仍不能确定的，以接受货币一方所在地为合同履行地。"接受货币一方"有两个含义：一是只能是双方当事人中的一方，不包括当事人之外的第三人；二是起诉要求对方向自己给付货币，一般来讲，原告方是接受货币的一方，而不是实践中已经接受支付的一方。例如，对于诺成性的借款合同，签订合同后，出借人并没有实际出借该款项，借款人诉至法院要求出借人履行合同义务出借款项的，接受货币的一方就是借款人；反过来，如果借款人收到款项后，到期未还，出借人起诉借款人要求还款的，该出借人就是接受货币一方。[1]

原告提起民间借贷诉讼，如不满足相应的地域管辖要求，则法院不予受理。被告在法院受理后，也可以通过提出管辖权异议的方式，对法院管辖权要件予以否认。

四、不属于重复起诉

《民事诉讼法解释》第 247 条第 1 款规定："当事人就已经提起诉讼的事项在诉讼过程中或者裁判生效后再次起诉，同时符合下列条件的，构成重复起诉：（一）后诉与前诉的当事人相同；（二）后诉与前诉的诉讼标的相同；（三）后诉与前诉的诉讼请求相同，或者后诉的诉讼请求实质上否定前诉裁判结果。"

当事人重复起诉的，裁定不予受理；已经受理的，裁定驳回起诉，但法律、司法解释另有规定的除外。被告如果主张本案诉讼为重复起诉的，人民法院应当结合相关证据进行仔细审查。

五、双方当事人应为民间借贷法律关系

除了单纯否认借贷双方不存在借款关系之外，相当一部分案件中的被告通过主张双方实际为另一法律关系，来否定原告所诉称的民间借贷合同关系。例如，被告主张双方实际为赠与关系，而非民间借贷；被告主张双方实际为

---

　　[1] 杜万华主编：《〈第八次全国法院民事商事审判工作会议（民事部分）纪要〉理解与适用》，人民法院出版社 2017 年版，第 72 页。

买卖合同货款结欠出具的借条，而非民间借贷；被告主张原告给付的金钱实际为委托投资理财而非民间借贷；被告主张自己并非真正的借款人、借款实际并未发生等。

从人民法院角度看，如果法院认定当事人之间并非民间借贷关系的，可以通过释明权告知原告变更诉讼请求。如果原告拒绝变更诉讼请求的，人民法院仍然按照原告提出的诉讼请求进行审理。但是在裁判结果上，最高人民法院的倾向性观点认为，法院认定的法律关系与当事人主张的法律关系不一致时，属于诉讼程序问题，在原告坚持其诉讼请求，而不依据法院的告知变更诉讼请求的情况下，法院应当作出程序性处理，即裁定驳回原告起诉，而不是驳回其诉讼请求，否则既侵害当事人的诉讼权利，也有损当事人的实体权利。[1]

六、民间借贷关系未涉嫌犯罪行为

根据《民间借贷规定》第 5 条，人民法院立案后，发现民间借贷行为本身涉嫌非法集资等犯罪的，应当裁定驳回起诉，并将涉嫌非法集资等犯罪的线索、材料移送公安或者检察机关。从该条内容来看，被告若提出民间借贷行为涉嫌非法集资等犯罪并经人民法院确认的，原告的起诉将被法院驳回而不进行实体审理。因此，民间借贷行为本身不涉嫌非法集资等犯罪，是民间借贷纠纷的诉讼要件之一。但需要注意的是，原告并不需要承担民间借贷关系未涉嫌犯罪的举证责任，基于"疑罪从无、不得强迫任何人自证无罪"的基本原则，人民法院对民间借贷关系涉嫌犯罪的事实采取职权探知原则，并不需要原告和被告承担相应的举证责任。

第二节　实体法要件事实

民间借贷纠纷实质为借款合同纠纷，从民间借贷纠纷的常见类型来看，原告提起的诉讼请求大体表现为请求对方返还借款、请求对方承担其他违约责任（包括逾期利息、赔偿损失、支付违约金）、请求保证人承担责任等不同

---

〔1〕 杜万华主编，最高人民法院民事审判第一庭编著：《最高人民法院民间借贷司法解释理解与适用》，人民法院出版社 2015 年版，第 286 页。

形式。由于不同类型的诉讼请求，其实体法基础规范、法律要件、抗辩形式各不相同，因此本教材围绕民间借贷纠纷的法律要件事实，通过具体的诉讼请求类型进行展开。

一、返还借款诉讼请求

（一）诉讼请求基础法律规范

要求返还借款是民间借贷纠纷最常见的诉讼请求类型。根据我国现行成文法律和司法解释，作为出借人的原告请求借款人返还借款，基础规范主要有：

（1）《民法典》第667条规定："借款合同是借款人向贷款人借款，到期返还借款并支付利息的合同。"

（2）《民法典》第577条规定："当事人一方不履行合同义务或者履行合同义务不符合约定的，应当承担继续履行、采取补救措施或者赔偿损失等违约责任。"

（3）《民法典》第675条规定："借款人应当按照约定的期限返还借款。对借款期限没有约定或者约定不明确，依据本法第五百一十条的规定仍不能确定的，借款人可以随时返还；贷款人可以催告借款人在合理期限内返还。"

（二）诉讼请求成立法律要件事实

根据以上实体法基础规范，返还借款诉讼请求成立的法律要件事实，应当包括：

1. 借贷双方民间借贷关系的存在

《民法典》第502条规定，依法成立的合同，自成立时生效，但是法律另有规定或者当事人另有约定的除外。显然，民间借贷合同的成立，意味着双方权利义务的产生，借贷双方的法律地位正式形成。如果双方当事人不存在民间借贷合同法律关系，任何一方当事人都没有权利请求对方返还"借款"。从这个角度来看，借贷双方民间借贷合同是否成立，是请求返还借款的必然前提条件。但是如何判断民间借贷合同的成立显然并非简单的问题，本教材通过以下角度对这一法律要件事实的认定展开分析。

（1）借贷双方借款的合意的认定。

借贷合意的认定是处理民间借贷纠纷案件的逻辑起点，合意是否存在直接关乎民间借贷法律关系是否成立。在民间借贷案件的诉讼过程中，债权人主张债务人应当按照约定返还借款，而债务人可能会提出双方不存在借贷法律关系因此无需承担还款责任。因此，借贷双方是否存在借款合意的问题，是判断双方是否存在借款合同这一法律要件事实争议的焦点问题。毋庸置疑，当事人之间签订的书面民间借贷合同，是证明民间借贷关系最为完整、最为正式的凭证，双方的借款金额、借款形式以及相关权利义务可以因此得以确定。但实践中，民间借贷法律关系经常发生在熟人之间，基于彼此间存在的信赖关系，借贷双方常常并不签订书面借贷合同，而代之以"借条""欠条"等债权凭证来体现双方之间的借贷关系。此外，实践中有的借贷双方仅以口头形式订立民间借贷合同，以至于"借条""欠条"等书面债权凭证也不存在，能够证明双方之间存在民间借贷法律关系的仅有收条、转账凭证、手机短信、即时通信软件聊天记录等证明材料，甚至有时当事人只能出示转账记录来说明双方的借款合意。此时，作为出借方的原告在上述情况下如何证明双方之间存在民间借贷关系这一问题，有必要对以下证据材料予以重点关注。

第一，借款合同。借款合同是证明双方当事人达成借款合意的直接证据，其本身的意义就在于确认债权债务关系，避免将来可能发生的争议，也有防止反悔、避免长时间后举证困难的意义。如果出借人能够提供借款合同且能够证明其已经实际提供给了债务人借款（如转账凭证），人民法院可直接认定民间借贷事实确已发生、双方之间存在民间借贷合同关系。此时产生的争议焦点可能涉及借款合同形式内容的完整性、真实性等，需要审判人员结合其他相关证据进行综合认定。

第二，借条。借条是出借人向借款人提供借款，由借款人出具、出借人收执的证明借贷关系存在的一种债权凭证。借条的基本内容包括：借贷双方的姓名、借款金额、货币种类、利息计算、借款时间、还款期限、还款方式、违约责任等。事实上，民间借贷中借条的基本内容与借款合同存在一致性，均体现了双方当事人对成立民间借贷法律关系的合意，可以视为简化了的民间借贷合同。实践中，存在大量民间借贷并未签订正式的、书面的民间借贷合同的情形，出借人能够提供的证明民间借贷合同成立的证据通常只有借条。对此，人民法院对借条的审查判断方法与上述借款合同的审查基本一致。

第三，欠条。欠条是债务人因各种原因无法给付财物时，向债权人出具的债权凭证。与借条不同，欠条并非必然指向借贷关系，如买卖关系中买受人无法及时支付价款，也可以向出卖人出具欠条。因此，在实践中，出借人欲以欠条证明双方之间存在民间借贷法律关系的，需同时提供能够证明欠条是基于民间借贷法律关系出具的其他证据。《民事诉讼法解释》第 108 条规定，对负有举证明责任的当事人提供的证据，人民法院经审查并结合相关事实，确信待证事实的存在具有高度可能性的，应当认定该事实存在。如果人民法院根据当事人提供的证据能够认定民间借贷事实的存在具有高度盖然性且实际发生，则会支持出借人的实体权利主张；反之，如果人民法院根据既有证据认为待证事实真伪不明，则会认定民间借贷事实不存在，根据《民事诉讼法解释》第 90 条和第 91 条的规定，由出借人承担举证不能的不利法律后果。

第四，转账凭证、收条。转账凭证指双方当事人之间货币往来的凭证，一般体现为银行转账凭证。在手机支付功能快速发展的今天，转账凭证还体现为微信转账记录、支付宝转账记录等电子转账凭证。收条则是当事人收到转账或者现金后出具给付款人的凭据。转账凭证、收条均单纯指向货币往来，并不体现当事人之间的借款合意，诸如买卖关系、赠与关系中支付价款等均可能产生转账凭证、收条。如果出借人欲以转账凭证、收条主张双方之间存在民间借贷法律关系，须同时提供能够证明双方之间存在借贷合意且转账凭证或者收条是基于该合意产生的证据。因此，仅凭借转账凭证、收条，尚不足以证明双方之间存在借款合意，在被告否认的情况下，原告需要进一步证明双方之间存在借款合意，否则将承担举证不能的不利后果。

（2）自然人之间的民间借贷合同的成立。

根据《民法典》第 679 条，自然人之间的民间借贷合同，自贷款人将借款交付给借款人时成立。因此，自然人之间的民间借贷合同被视为实践性合同，除了借贷双方具有借款合意之外，借款是否已经交付是判断自然人之间借贷合同是否成立的另一个重要条件。

围绕借款"实际交付"这一事实的判断问题，《民间借贷规定》第 9 条规定："自然人之间的借款合同具有下列情形之一的，可以视为合同成立：（一）以现金支付的，自借款人收到借款时；（二）以银行转账、网上电子汇款等形式支付的，自资金到达借款人账户时；（三）以票据交付的，自借款人依法取得票据权利时；（四）出借人将特定资金账户支配权授权给借款人的，自借款人取得对该账户实际支配权时；（五）出借人以与借款人约定的其他方式提供借款并实际履行完成时。"

如果债权人无法提供直接证据证明借款实际已经交付的，且被告抗辩借贷行为尚未实际发生并能作出合理说明的，根据《民间借贷规定》第15条，人民法院应当结合借贷金额、款项交付、当事人的经济能力、当地或者当事人之间的交易方式、交易习惯、当事人财产变动情况以及证人证言等事实和因素，综合判断查证借贷事实是否发生。

第一，现金交付。如果原告一方在民间借贷纠纷中主张借款是以现金方式交付给借款人的，金额大小的不同，可能会对人民法院认定借款是否交付具有比较大的影响。当然，对于何为小额借款、什么金额构成大额借款的问题，人民法院并无统一标准，人民法院一般会根据各地经济发展状况的不同和出借人的个体支付能力、交易习惯等方面因素综合认定。

对于小额现金交付借款金额的，出借人仅能提供借条或者借款合同，而无法提供交付凭据的情形，原告需要重视自己提供的证人证言或者当事人陈述是否具有逻辑上的周延性、是否符合交易习惯。如果出借人具有相应支付能力，且相关陈述或者证言无逻辑瑕疵、符合交易习惯，且无充分证据推翻借条或者借贷合同所载内容，则原告一方个人已经完成举证，可以达到认定借款已经交付的要件事实。

对于大额现金交付借款金额的，原告需要采用比上述更为严格的标准来证明借款是否实际交付的要件事实。因为人民法院一般会根据民事诉讼证据高度盖然性标准，从付款凭证、出借人的经济实力、借贷双方之间的亲疏关系、交易习惯、生活经验、当事人的资金来源、资金走向、交付细节等的举证，以及当事人在债权凭证形成前后合理期间内财产变动情况等方面综合判断借款是否实际交付。一般而言，对于大额现金交付，如果出借人除借条、借贷合同以外无法提供其他有力证据，从而无法完成对借贷关系这一法律要件事实的举证的，需要承担举证不能的法律后果，即借款实际交付的要件事实无法得到证明。

第二，出借人向第三人交付借款。实际生活中，出借人可能按照借款人的指示，将借款金额交付给第三人。如果该第三人为借款人授权的具有代理权限的人，则上述交付借款也等同于交付给借款人本人。通常而言，如果存在以下情形，如借款人预留了第三人银行账户；出借人向第三人转账汇款，借款人知晓该第三人接收借款的事实但不表示反对；借款人实际使用了这部分借款等，借款已经实际交付的法律要件事实可以得到证明。在认定借款人是否授权第三人接收借款或者第三人是否构成表见代理时，人民法院一般会根据交易习惯、生活经验、借款人与第三人的亲疏关系、借款交付细节、借款使用情况等因素，根据民事诉讼高度盖然性的证明标准综合考虑认定，因此原告应当提供相应的证据加以证明。

此外，对于借款交付完成的时间点，以现金支付的，自借款人收到借款时，借款交付完成；以银行转账、网上电子汇款或者通过网络贷款平台等形式支付的，自资金到达借款人账户时，借款交付完成；以票据交付的，自借款人依法取得票据权利时，借款交付完成；出借人将特定资金账户支配权授权给借款人的，自借款人取得对该账户实际支配权时，借款交付完成。上述时间点同时也是自然人之间借贷合同生效的时间，这些因素应当成为原告证明相关法律要件事实时重点关注的方面。

2. 借贷双方的民间借贷合同合法有效

民间借贷合同的成立，并不意味着该合同具有合法性。根据我国《民法典》第 143 条，订立合同这一民事法律行为，有效的主要要件包含：①行为人具有相应的民事行为能力；②意思表示真实；③不违反法律、行政法规的强制性规定，不违背公序良俗。如果双方之间签订的借款合同被认定为无效合同，人民法院不能支持原告要求借款人基于借款合同返还借款的诉讼请求。

3. 借款人逾期未返还借款

借款人未能如期返还借款，构成民间借贷合同的违约行为，出借人有权要求违约的借款人承担继续履行责任。根据《民法典》第 675 条，借款人应当按照约定的期限返还借款。对借款期限没有约定或者约定不明确，依据该法第 510 条的规定仍不能确定的，借款人可以随时返还；贷款人可以催告借款人在合理期限内返还。

由于返还借款这一行为属于尚未发生的事实，对于原告而言难以举证证明，因此作为出借人的原告并不需要提供确凿的证据证明被告未还款的事实。但是在提出的诉讼请求事实和理由部分，应当作出借款人逾期未还款的陈述。

（三）被告否认

被告针对原告主张的返还借款诉讼请求，可以通过对原告诉讼请求成立要件事实提出异议的方式予以否认，来达到胜诉的目的。因为一旦诉讼请求成立要件事实被认定为不存在或不成立，人民法院将会判决驳回原告的诉讼请求，因此被告在民间借贷纠纷中首先应当尝试对原告诉讼请求的某个或某些成立要件事实予以否认并提供证据加以证明。除了单纯否认原告诉讼请求的成立要件之外，被告可以通过以下积极的否认来对诉讼请求成立要件提出异议。

1. 被告主张民间借贷合同无效

被告通过举证证明原被告之间的民间借贷合同无效，原告将无法通过民间借贷合同关系要求被告承担还款义务。民间借贷合同无效的法定要件事实主要包括：

（1）《民法典》第 146 条规定，行为人与相对人以虚假的意思表示实施的民事法律行为无效。

（2）《民法典》第 153 条规定，违反法律、行政法规的强制性规定的民事法律行为无效。但是，该强制性规定不导致该民事法律行为无效的除外。违背公序良俗的民事法律行为无效。

（3）《民法典》第 154 条规定，行为人与相对人恶意串通，损害他人合法权益的民事法律行为无效。

（4）《民间借贷规定》第 13 条规定："具有下列情形之一的，人民法院应当认定民间借贷合同无效：（一）套取金融机构贷款转贷的；（二）以向其他营利法人借贷、向本单位职工集资，或者以向公众非法吸收存款等方式取得的资金转贷的；（三）未依法取得放贷资格的出借人，以营利为目的向社会不特定对象提供借款的；（四）出借人事先知道或者应当知道借款人借款用于违法犯罪活动仍然提供借款的；（五）违反法律、行政法规强制性规定的；（六）违背公序良俗的。"

（5）根据《全国法院民商事审判工作会议纪要》第 53 条，未依法取得放贷资格的以民间借贷为业的法人，以及以民间借贷为业的非法人组织或者自然人从事的民间借贷行为，应当依法认定无效。同一出借人在一定期间内多次反复从事有偿民间借贷行为的，一般可以认定为是职业放贷人。

值得注意的是，根据《民间借贷规定》第 12 条，借款人或者出借人的借贷行为涉嫌犯罪，或者已经生效的裁判认定构成犯罪，当事人提起民事诉讼的，民间借贷合同并不当然无效。人民法院应当依据《民法典》第 144 条、第 146 条、第 153 条、第 154 条以及该规定第 13 条之规定，认定民间借贷合同的效力。换言之，被告如果以借款人或者出借人的借贷行为涉嫌犯罪，或者已经生效的裁判认定构成犯罪为理由，对民间借贷合同效力提出异议的，并非一律具有否定民间借贷合同效力的法律效果。只有在民间借贷行为本身可能被认定为非法吸收公众存款或集资诈骗犯罪的，才能适用上述《民间借贷规定》第 5 条的规定。但是如果是非法吸收公众存款或集资诈骗后转借出的，这类转借后产生的纠纷虽然与犯罪行为有一定关联，法院也应当根据《民间借贷规定》第 6 条的规定，继续审理民间借贷纠纷案件，并将涉嫌非法集资等犯罪的线索、材料移送公安或者检察机关，而无需裁定驳回起诉。

2. 被告请求撤销民间借贷合同

根据我国《民法典》，因重大误解、受胁迫或者受欺诈等原因事实发生的民间借贷行为，当事人有权向人民法院请求撤销，具体的实体法基础规范主要有：

（1）《民法典》第 147 条规定，基于重大误解实施的民事法律行为，行为人有权请求人民法院或者仲裁机构予以撤销。

（2）《民法典》第 148 条规定，一方以欺诈手段，使对方在违背真实意思的情况下实施的民事法律行为，受欺诈方有权请求人民法院或者仲裁机构予以撤销。

（3）《民法典》第 149 条规定，第三人实施欺诈行为，使一方在违背真实意思的情况下实施的民事法律行为，对方知道或者应当知道该欺诈行为的，受欺诈方有权请求人民法院或者仲裁机构予以撤销。

（4）《民法典》第 150 条规定，一方或者第三人以胁迫手段，使对方在违背真实意思的情况下实施的民事法律行为，受胁迫方有权请求人民法院或者仲裁机构予以撤销。

（5）《民法典》第 151 条规定，一方利用对方处于危困状态、缺乏判断能力等情形，致使民事法律行为成立时显失公平的，受损害方有权请求人民法院或者仲裁机构予以撤销。

3. 被告主张双方实际为虚假民间借贷诉讼

虚假民间借贷诉讼，是指在民间借贷诉讼案件中，当事人恶意串通，采取虚构法律关系、捏造案件事实等方式提起诉讼，侵害他人合法权益、获取非法利益的行为。《民间借贷规定》第 18 条规定："人民法院审理民间借贷纠纷案件时发现有下列情形之一的，应当严格审查借贷发生的原因、时间、地点、款项来源、交付方式、款项流向以及借贷双方的关系、经济状况等事实，综合判断是否属于虚假民事诉讼：（一）出借人明显不具备出借能力；（二）出借人起诉所依据的事实和理由明显不符合常理；（三）出借人不能提交债权凭证或者提交的债权凭证存在伪造的可能；（四）当事人双方在一定期限内多次参加民间借贷诉讼；（五）当事人无正当理由拒不到庭参加诉讼，委托代理人对借贷事实陈述不清或者陈述前后矛盾；（六）当事人双方对借贷事实的发生没有任何争议或者诉辩明显不符合常理；（七）借款人的配偶或者合伙人、案外人的其他债权人提出有事实依据的异议；（八）当事人在其他纠纷中存在低价转让财产的情形；（九）当事人不正当放弃权利；（十）其他可能存在虚假民间借贷诉讼的情形。"

借贷双方构成虚假民间借贷诉讼，意味着借贷双方民间借贷并不存在真实的意思表示，而应归于无效。因此，《民间借贷规定》第19条规定，经查明属于虚假民间借贷诉讼，原告申请撤诉的，人民法院不予准许，并应当依据《民事诉讼法》第112条〔1〕之规定，判决驳回其请求。

4. 被告主张自己并非真正借款人

这种情况下，民间借贷合同往往是实际收款人冒名、借名订立的，"借款人"此时由于并非法律关系的真正参与人，自然不应承担相应的还款责任。只是订立合同的借款人应对此承担举证责任，例如，应当提供自己并未收到相应款项、借条等债权凭证非本人书写的证据等。被告提交了此类有效证据的，作为债权人的原告应当就被告与实际收款人之间存在明示或默示的委托、代理等授权行为或被告与实际收款人存在合作、借名的合意进行证明。若债权人不能证明前述事实的，应当另案向实际收款人也即真正的借款人主张权利，本案被告当然无需承担返还借款责任。

另外一种情形是，在民间借贷纠纷中，被起诉的借款人往往会主张自己只是名义借款人，或被他人冒名、越权代理或代表等。这种主张的目的是否认原被告之间存在真实的民间借贷合同关系。此时人民法院需要对真正的借款人也即由谁真正承担还款责任进行认定。概言之，对借款人的认定即为人民法院根据债权凭证上的记载、转账记录、借款人与实际收款人之间的关系、出借人的知情情况等一系列证据对法律关系的真正债权债务人进行事实认定

---

〔1〕 因《民事诉讼法》于2021年修正，该条现为第115条，具体内容为：当事人之间恶意串通，企图通过诉讼、调解等方式侵害他人合法权益的，人民法院应当驳回其请求，并根据情节轻重予以罚款、拘留；构成犯罪的，依法追究刑事责任。

的过程。

（1）债权凭证上无借款人署名情形。在现实生活中，债务人出具的借条很多情况下并不规范，往往并未载明借款人姓名，同时也未经本人签字盖章。在这种情况下，从事实认定的角度来看，人民法院一般推定借条的出具人即为借款人。而借条的出具人若要主张自己与此借贷关系无关，则应承担相应的举证责任。从程序法的角度而言，债权人起诉的对象是未在债权凭证上署名的债务人时，便无义务提供相应的证据证明其为债权凭证上所指的借款人。如前文所述，明确的被告是起诉的条件之一，至于原告所选择的被告是否真正为承担责任的主体显然属于实体裁判的内容。原告只要持相应债权凭据起诉，即可以认定其起诉对象为明确的。当然在诉讼过程中，出借人应对原被告之间存在债权债务关系承担相应的举证责任。

（2）借款人与实际收款人不一致情形。在民间借贷关系中，经常存在订立合同的借款人与实际收款人并不一致的情形。民间借贷合同具有相对性，如果出借人未按照约定的方式将借款交付给借款人，且实际收款人并非借款人授权的代理人又不构成表见代理的，则人民法院一般不认为借款已经实际交付，即借贷事实并未发生。

第一，订立合同的借款人可以证明其与实际收款人存在委托关系，即其是受实际收款人委托订立借款合同，实际收款人才是真正意义上的借款人时，人民法院会判决实际收款人承担还款责任。但是，当出借人系基于对名义借款人的信赖才订立合同时，出借人可以获得选择权，即可以选择向名义借款人还是实际收款人行使还款请求权，但一经选择则不得变更选定的相对人。

第二，实际收款人收款系为借款人履行职务或受委托行为，此时应由订立合同的借款人承担还款责任。

（3）法定代表人以法人名义对外借款。法定代表人以法人名义对外借款的，应当坚持合同相对性原则，以谁的名义签订的合同，即应由谁承担还款责任。但出借人、企业或者其股东能够证明所借款项用于企业法定代表人或负责人个人使用，出借人请求将企业法定代表人或负责人列为共同被告或者第三人的，人民法院应予准许。企业法定代表人或负责人以个人名义与出借人签订民间借贷合同，所借款项用于企业生产经营，出借人请求企业与个人共同承担责任的，人民法院应予支持。具体而言，在司法实践中较为常见的有如下四种情况：

第一，有充分证据表明法定代表人以个人名义签订合同，但享有借款利益的为法人，自己并不全部享有借款利益时，应当由法人和法定代表人共同承担相应还款责任。此处并不要求所借款项全部用于企业生产经营，只要企业在一定程度上享有了借款利益即可。

第二，法定代表人以个人名义对外签订借款合同，无法证明借款用于企业生产经营时，应由其个人承担还款责任。出借人的催告行为在司法实践中是重要的证据，若出借人此前的催告对象均为法定代表人个人，证明其对涉案债务为个人债务是知情的，而法人也可以证明自己并未收到相应款项时，此时法定代表人即为还款责任人，出借人不能要求企业承担责任。

第三，法人对法定代表人以法人名义对外签订合同并不知情，由于法定代表人的特殊性，故法定代表人的行为仍应认定为系合法有效的代表行为，法人应当与法定代表人一并承担连带的还款责任。除非出借人对法定代表人存在越权行为明知或应当知晓，不过对法人而言证明这一事实十分困难，在实践中比较少见。

第四，法定代表人以法人名义签订借款合同并没有超越其职权范围，应当由该法人承担责任。但根据我国《公司法》有关规定，如果法定代表人存在无法证明个人财产与公司财产的相对独立而发生混同的情况下，应当与法人就该债务承担连带责任。[1]

5. 被告主张借款合同条款不真实

例如，被告主张，实际借款金额并非约定的借款金额。借款人如果能够举证证明实际借款金额与约定金额不一致的，人民法院将按照实际借款金额处理当事人之间的权利义务关系。例如，民间借贷案件中可能出现的"砍头息"问题。"砍头息"是指出借人在出借资金时，预先扣除的利息，可以是预先扣除一部分利息或借期内的全部利息，这相当于借款人尚未开始利用资金，就要先为借款付出代价。根据《民法典》第670条，借款的利息不得预先在本金中扣除。利息预先在本金中扣除的，应当按照实际借款数额返还借款并计算利息。因此，被告如果主张并证明借款金额与原告诉称的金额不一致，则人民法院可能会驳回原告的一部分诉讼请求。

---

〔1〕《公司法》第63条规定，一人有限责任公司的股东不能证明公司财产独立于股东自己的财产的，应当对公司债务承担连带责任。

6. 被告主张民间借贷合同尚未成立

自然人之间的民间借贷合同，除了双方意思表示真实的条件，借款是否已经交付是判断自然人之间借贷合同是否成立的另一个重要条件。因此，被告可以通过否认借款交付的要件事实来进行否认，根据《民间借贷规定》第9条的规定，具体表现为：

（1）以现金支付的，被告主张尚未收到借款。

（2）以银行转账、网上电子汇款等形式支付的，被告主张资金没有到达借款人账户。

（3）以票据交付的，被告主张借款人未取得票据权利。

（4）出借人将特定资金账户支配权授权给借款人的，被告主张借款人未取得对该账户的实际支配权。

（5）出借人以与借款人约定的其他方式提供借款，但没有实际履行完成。

被告的上述主张，实际上都旨在否定原告诉讼请求的成立要件，即被告对诉讼请求进行了"否认"。被告对原告诉讼请求的否认，不需要承担举证责任。这是因为诉讼请求成立法律要件事实，属于"法律关系存在要件事实"的范畴。根据《民事诉讼法解释》第91条，主张法律关系存在的当事人，应当对产生该法律关系的基本事实承担举证证明责任。例如，原告应当对"借贷双方之间存在民间借贷合同关系"承担举证责任，如果举证不能将面临不利后果（诉讼请求被驳回）；而相应地，被告对"借贷双方不存在民间借贷合同关系"的主张不承担举证责任，如果举证不能不会承担不利后果（诉讼请求被支持）。因此从这个角度来看，被告对诉讼请求成立法律要件事实的否认，仅具有举证的权利，而无举证责任。

（四）被告抗辩

被告是否对诉讼请求主张抗辩，是被告的一项诉讼权利。但不同于前文所叙述的"被告否认"，抗辩行为并非针对原告诉讼请求成立要件事实，而是在其之外被告主张新的抗辩事实。被告的抗辩事实不具有否定原告诉讼请求成立要件事实的效果，但是具有阻止诉讼请求得到法院支持的作用。例如，被告主张诉讼时效抗辩，人民法院认定原告的诉讼请求已经超过诉讼时效，应当判决驳回诉讼请求。诉讼时效并非原告诉讼请求成立要件事实，诉讼时效经过，并不否定原告诉讼请求的成立，但是却会因为原告丧失胜诉权，而导致诉讼请求失去司法保护的后果。从原告角度看，诉讼请求成立要件事实不具备，与被告主张的抗辩事实成立，均面临诉讼请求被驳回的诉讼后果。从被告的视角来看，尽管"否认"与"抗辩"都可以免除自己败诉的风险，但是前者是对诉讼请求成立要件事实的异议行为，不承担举证责任；后者是诉讼请求成立要件事实之外的事实，需要承担举证责任。根据《民事诉讼法解释》第91条，主张法律关系变更、消灭或者权利受到妨害的当事人，应当对该法律关系变更、消灭或者权利受到妨害的基本事实承担举证证明责任。被告的抗辩事项，即属于上述"权利受到妨害"的实施范畴。

《民法典》第557条规定："有下列情形之一的，债权债务终止：（一）债务已经履行；（二）债务相互抵销；（三）债务人依法将标的物提存；（四）债权人免除债务；（五）债权债务同归于一人；（六）法律规定或者当事人约定终止的其他情形。合同解除的，该合同的权利义务关系终止。"结合民间借贷合同纠纷的特点，被告对返还借款诉讼请求可以提出如下抗辩主张：

1. 债务已经履行抗辩

借款人主张其已经偿还借款，并非属于对返还借款诉讼请求成立要件的否认行为，而是通过主张新的事实，欲使原告诉讼请求归于消灭。显然，债务人应对还款事实的存在承担举证责任，如借款人能够提供证实还款事实的录音、收据、转账凭证等证据，则应认定借款人已经完成了证明其已还款的举证责任。

不过，司法实践中的情况要复杂得多。从实际情况看，有两种情况需要区别对待：一是出借人提供证实借贷行为成立的借条证据等传统书证的，借款人负有法律意义上的还款举证责任，此种情况应无异议；二是出借人提供借款人承认借款事实的录音或借款人当庭自认借款事实，借款人只是口头陈述并无其他证据证实已经还款，此种情况应慎重处理，不可一概要求借款人承担还款的举证责任。此种情况往往发生在亲朋好友等关系较为特殊的人员之间，出借人与借款人之间借款时无借条等书证出现，根据常理，借款人还款时一般也不会有收条等书证出现，出借人在出借款项时不要求借款人出具借条承担了较大的风险，也是对借款人的信任，还款时借款人不可能做出要求出借人出具收条这种极端不信任出借人的行为，而出借人提供的借款人承认借款的录音很有可能是在借款人不知情的情况下录制的。录音证据具有特殊性，虽能证实借款成立，但不可能要求借款人在不知情的情况下仍对出借人录音。同时，在出借人提供录音证据或借款人自认的情况下，却要求借款人提供确切证据证实已经还款，在举证责任分配上显然是不公平的。

因此，考虑到民间借贷中往往不能做到证据的翔实充分，对于还款事实的证明，人民法院采取优势证明标准，即借款人提供的多份间接证据均无法单独证明还款事实，但是多份间接证据形成的证据链能够显示出高度优势时，即应当认为其已经尽到了举证责任。这也是高度盖然性的证明标准的一种具体体现。例如，一般而言，借款人归还借款后出借人会撕毁借据，因此借款人对此事实加以陈述，而出借人又无法提供相应债权凭证的，借款人就会被认为已经尽到了相应的证明责任。借据撕毁后又黏合的，出借人持此借据起诉，而借款人主张已经偿还借款但除借据已经撕毁的事实外无法举出其他证据时，二人都需要对借据撕毁后又黏合的原因作出解释。譬如，出借人会主张借据系被自己子女玩耍时撕毁后自己又加以黏合，而借款人会说系自己归还借款后出借人当面撕毁借据，事后又黏合。此时，人民法院就会根据当事人此前的陈述情况，看当事人陈述是否存在矛盾和不合常理之处，并结合出借人和借款人事后的相应表现对二人所陈述事实的真实性加以判断。例如，借款人此后在出借人要求还款时与其产生争执甚至主动报警，人民法院就认为结合借据曾被撕毁的事实，借款人的证据已经能够形成证据链，从而支持借款人已经还款的主张。在综合考虑各方面因素都难以辨别真伪时，人民法院则往往更倾向于保护债权人也即出借人的利益。

借款人证明自己已经还款的，双方债权债务关系自然归于消灭，出借人不能再请求借款人履行还款义务。但实践中往往存在这样一种情况：双方之间的债权债务关系复杂，如借款人和出借人之间存在多笔借贷关系，甚至借贷关系与买卖等其他法律关系并存，借款人归还其中一笔或数笔借款后对剩余部分拒绝归还，并主张自己已经尽到了还款义务。此时人民法院会要求出借人对尚未归还部分的借款的存在承担证明责任，而出借人尽到证明责任的，再由借款人按照前述方式对自己已经就该笔借款还款的事实承担证明责任，即以此方式对每笔借款进行确认。借款人确未充分还款的，应对剩余部分继续承担还款责任。对于已偿还部分偿还的为哪一笔借款，当事人之间未有明确约定的，按照法定的清偿抵充方式予以确定，即债务人的给付不足以清偿其对同一债权人所负的数笔相同种类的全部债务的，应当优先抵充已到期的债务；几项债务均到期的，优先抵充对债权人缺乏担保或者担保数额最少的债务；担保数额相同的，优先抵充债务负担较重的债务；负担相同的，按照债务到期的先后顺序抵充；到期时间相同的，按比例抵充。其中，每笔债务按照实现债权的费用、利息、主债务的顺序抵充。

2. 债务抵销抗辩

当事人互负债务，该债务的标的物种类、品质相同的，任何一方都可以将自己的债务与对方的到期债务抵销；但是，根据债务性质、按照当事人约定或者依照法律规定不得抵销的除外。原告向法院提起民间借贷诉讼，被告以其享有对原告的债权主张双方债务抵销的，应当对其享有债权的事实进行举证。在双方债务均已到期，并且债务标的物种类、品质相同且不违反法律规定的情况下，双方债务可以抵销。

3. 债权人减免债务抗辩

根据《民法典》第575条，债权人免除债务人部分或者全部债务的，债权债务部分或者全部终止，但是债务人在合理期限内拒绝的除外。出借人和借款人如果就债务达成过减免的合意，则具有合同法律效力。出借方对债务的减免属于其处分权范畴，对自己有法律约束力，作为借款人可以主张出借人对债务全部或部分放弃的事实。

4. 债权债务同归于一人抗辩

根据《民法典》第576条，债权和债务同归于一人的，债权债务终止，但是损害第三人利益的除外。

5. 合同已解除抗辩

合同解除后，尚未履行的，终止履行；已经履行的，根据履行情况和合同性质，当事人可以请求恢复原状或者采取其他补救措施，并有权请求赔偿损失。合同因违约解除的，解除权人可以请求违约方承担违约责任，但是当事人另有约定的除外。

6. 诉讼时效抗辩

基于公共利益，维护正常的交易秩序，稳定现有的法律关系，不论大陆法系还是英美法系，各国均制定了诉讼时效制度，以督促债权人及时行使债权。诉讼时效制度也称"消灭时效"，是指民事权利受到侵害的权利人在法定的时效期间内不行使权利，当时效期间届满，债务人提出诉讼时效抗辩时，即丧失了请求人民法院依诉讼程序强制义务人履行义务权利的制度。《民法典》第188条规定："向人民法院请求保护民事权利的诉讼时效期间为三年。法律另有规定的，依照其规定。诉讼时效期间自权利人知道或者应当知道权利受到损害以及义务人之日起计算。法律另有规定的，依照其规定。但是，自权利受到损害之日起超过二十年的，人民法院不予保护，有特殊情况的，人民法院可以根据权利人的申请决定延长。"

二、支付利息诉讼请求

（一）诉讼请求基础法律规范

债权人请求借款人支付利息，主要的实体法基础规范有：

（1）《民法典》第 674 条规定，借款人应当按照约定的期限支付利息。对支付利息的期限没有约定或者约定不明确，依据该法第 510 条的规定仍不能确定，借款期间不满 1 年的，应当在返还借款时一并支付；借款期间 1 年以上的，应当在每届满 1 年时支付，剩余期间不满 1 年的，应当在返还借款时一并支付。

（2）《民法典》第 676 条规定，借款人未按照约定的期限返还借款的，应当按照约定或者国家有关规定支付逾期利息。

（3）《民法典》第 680 条规定，禁止高利放贷，借款的利率不得违反国家有关规定。借款合同对支付利息没有约定的，视为没有利息。借款合同对支付利息约定不明确，当事人不能达成补充协议的，按照当地或者当事人的交易方式、交易习惯、市场利率等因素确定利息；自然人之间借款的，视为没有利息。

（4）《民间借贷规定》第 24 条规定，借贷双方没有约定利息，出借人主张支付利息的，人民法院不予支持。自然人之间借贷对利息约定不明，出借人主张支付利息的，人民法院不予支持。除自然人之间借贷的外，借贷双方对借贷利息约定不明，出借人主张利息的，人民法院应当结合民间借贷合同的内容，并根据当地或者当事人的交易方式、交易习惯、市场报价利率等因素确定利息。

（5）《民间借贷规定》第 25 条规定，出借人请求借款人按照合同约定利率支付利息的，人民法院应予支持，但是双方约定的利率超过合同成立时一年期贷款市场报价利率四倍的除外。前款所称"一年期贷款市场报价利率"，是指中国人民银行授权全国银行间同业拆借中心自 2019 年 8 月 20 日起每月发布的一年期贷款市场报价利率。

(二) 诉讼请求成立法律要件事实

(1) 双方之间存在真实有效的借款合同。利息的存在显然应当以双方之间存在借款关系为基础，否则利息诉讼请求并没有法律上的意义和必要。民间借贷纠纷很少存在单独就利息提出诉讼请求的案件，但是如果借贷双方对本金没有争议，而仅仅就利息问题发生争议的，仍然可以单独提起相应的民事诉讼。但无论什么情况，利息的请求应当建立在借款合同成立且有效的基础之上。

(2) 借贷双方明确约定了利息。在现实生活中，民间借贷的当事人经常采取简易的方式，如通过口头、出具借条等形式订立借款合同。在这种情形下，当事人经常未就借款利息作出约定，此时出借人主张利息的，人民法院不予支持。因此，作为借款方的原告如果无法证明双方存在利息约定的证据的，则不宜提出要求借款人支付的利息诉讼请求。

值得注意的是，实际案例中，民间借贷的当事人对利息约定不明的情形时常发生。当民间借贷的主体皆为自然人，自然人之间的民间借贷对借款利息约定不明时，视为不支付利息，对当事人请求返还借款利息的主张不予支持。除自然人之间借贷外，借贷双方对借贷利息约定不明，出借人主张利息的，人民法院应当结合民间借贷合同的内容，并根据当地或者当事人的交易方式、交易习惯、市场报价利率等因素确定利息。

(3) 约定的利息未超过国家法律允许的最高标准。出借人请求借款人按照合同约定利率支付利息的，人民法院应予支持，但是双方约定的利率超过合同成立时一年期贷款市场报价利率四倍的除外。一年期贷款市场报价利率，是指中国人民银行授权全国银行间同业拆借中心自 2019 年 8 月 20 日起每月发布的一年期贷款市场报价利率。

(三) 被告否认

(1) 主张双方未约定利息，详见《民间借贷规定》第 24 条。

(2) 自然人之间的民间借贷，主张借款利息约定不明，详见《民间借贷规定》第 24 条。

(3) 主张利率超过法定标准。

超过国家法律规定最高标准利率的利息，作为借款人的被告有权拒绝支付。详见《民间借贷规定》第 25 条。

（四）被告抗辩

（1）已支付利息抗辩。

（2）提前还款利息减免抗辩。借款人提前偿还借款并主张按照实际借款期限计算利息的，人民法院应予支持。但需要注意的是，根据《民法典》第530条，债权人可以拒绝债务人提前履行债务，但是提前履行不损害债权人利益的除外。因此，如果出借人不同意借款人提前还款，人民法院则应考虑由借款人补偿因提前还款给出借人带来的损失。

（3）诉讼时效抗辩。

三、请求承担逾期利息

（一）诉讼请求基础法律规范

债权人请求借款人承担逾期还款的逾期利息责任，主要的实体法基础规范有：

（1）《民法典》第583条规定，当事人一方不履行合同义务或者履行合同义务不符合约定的，在履行义务或者采取补救措施后，对方还有其他损失的，应当赔偿损失。

（2）《民间借贷规定》第28条规定，借贷双方对逾期利率有约定的，从其约定，但是以不超过合同成立时一年期贷款市场报价利率四倍为限。未约定逾期利率或者约定不明的，人民法院可以区分不同情况处理：①既未约定借期内利率，也未约定逾期利率，出借人主张借款人自逾期还款之日起参照当时一年期贷款市场报价利率标准计算的利息承担逾期还款违约责任的，人民法院应予支持；②约定了借期内利率但是未约定逾期利率，出借人主张借款人自逾期还款之日起按照借期内利率支付资金占用期间利息的，人民法院应予支持。

（3）《民间借贷规定》第29条规定，出借人与借款人既约定了逾期利率，又约定了违约金或者其他费用，出借人可以选择主张逾期利息、违约金或者其他费用，也可以一并主张，但是总计超过合同成立时一年期贷款市场报价利率四倍的部分，人民法院不予支持。

（二）诉讼请求成立法律要件事实

（1）双方存在真实有效的借款合同关系。

（2）被告逾期还款。

（3）逾期利率符合法律标准。未约定逾期利率或者约定不明的，人民法院可以区分不同情况进行处理：①既未约定借期内利率，也未约定逾期利率，出借人主张借款人自逾期还款之日起参照当时一年期贷款市场报价利率标准计算的利息承担逾期还款违约责任的，人民法院应予支持；②约定了借期内利率但是未约定逾期利率，出借人主张借款人自逾期还款之日起按照借期内利率支付资金占用期间利息的，人民法院应予支持。

逾期利息一般从还款期限截止日期的次日开始计算，截止时间为借款款项偿付完毕之日。

（三）被告否认

（1）不构成逾期还款。如果被告证明还款时间并未超过约定期限，则可拒绝支付逾期利息。

（2）逾期利息请求超过法定最高标准。《民间借贷规定》第 29 条规定，出借人与借款人既约定了逾期利率，又约定了违约金或者其他费用，出借人可以选择主张逾期利息、违约金或者其他费用，也可以一并主张，但是总计超过合同成立时一年期贷款市场报价利率四倍的部分，人民法院不予支持。

（四）被告抗辩

（1）已支付逾期利息抗辩。

（2）诉讼时效抗辩。

四、请求赔偿损失

（一）诉讼请求基础法律规范

依据我国相关法律的规定，合同的一方因不履行合同导致违约，并由此造成损失的，另一方可以要求对方赔偿损失。而且民间借贷属于合同，因此能要求赔偿损失。实体法基础规范有：

（1）《民法典》第 577 条规定，当事人一方不履行合同义务或者履行合同义务不符合约定的，应当承担继续履行、采取补救措施或者赔偿损失等违约责任。

（2）《民法典》第 578 条规定，当事人一方明确表示或者以自己的行为表明不履行合同义务的，对方可以在履行期限届满前请求其承担违约责任。

（二）诉讼请求成立法律要件事实

（1）双方存在合法有效的借款合同关系。

（2）借款人存在违约行为。

（3）借款人违约行为给出借人带来实际损失。

（三）被告否认

（1）双方不存在合法有效的借款合同关系。

（2）被告并不存在违约行为。

（3）实际损失与诉讼请求金额不符。

例如，被告主张并未给出借人带来实际损失，或者主张实际损失与原告诉讼请求金额不一致。

（四）被告抗辩

（1）已赔偿损失抗辩。

（2）诉讼时效抗辩。

机动车交通事故责任纠纷类案实训

第一节　机动车交通事故责任纠纷概述

机动车交通事故纠纷是指机动车的所有人或者使用人在机动车发生交通事故造成他人人身伤害或者财产损失时产生的民事纠纷。

学生实训实验任务：登录民事诉讼实训平台，选定不同的实验角色后，选择"第六章"实验，按实验编号进行机动车交通事故责任纠纷类案实训训练。

第二节　诉讼法要件事实

一、适格的原告

（一）被侵权人

一般来说，赔偿权利人是被侵权人（即受害人），根据《民事诉讼法》第122条，利害关系人为适格原告，可以以自己名义提起诉讼。

（二）被侵权人的近亲属

根据《民法典》第1181条，被侵权人死亡的，其近亲属有权请求侵权人承担侵权责任。被侵权人为组织，该组织分立、合并的，承继权利的组织有权请求侵权人承担侵权责任。

（三）被侵权人死亡无法查清近亲属时的适格原告

对于被侵权人因侵权而死亡，无法查清其近亲属的案件，谁有资格作为赔偿权利人的问题，《民事诉讼法》对此无明文规定。但根据《民法典》第1181条，被侵权人死亡的，支付被侵权人医疗费、丧葬费等合理费用的人有权请求侵权人赔偿费用，因此，支付被侵权人医疗费、丧葬费等合理费用的人可以在被侵权人死亡无法查清近亲属时具有适格原告身份，向侵权人提起诉讼。

（四）具有追偿权的赔偿义务人

赔偿义务人在履行了先赔偿责任之后，依法具有向实际侵权人追偿的权利。因此，为了实现追偿权，赔偿义务人在相关诉讼中具有适格原告的主体资格。例如，《民法典》第 1216 条规定，机动车驾驶人发生交通事故后逃逸，该机动车参加强制保险的，由保险人在机动车强制保险责任限额范围内予以赔偿；机动车不明、该机动车未参加强制保险或者抢救费用超过机动车强制保险责任限额，需要支付被侵权人人身伤亡的抢救、丧葬等费用的，由道路交通事故社会救助基金垫付。道路交通事故社会救助基金垫付后，其管理机构有权向交通事故责任人追偿。《最高人民法院关于审理道路交通事故损害赔偿案件适用法律若干问题的解释》（以下简称《道路交通解释》）第 23 条规定，被侵权人因道路交通事故死亡，无近亲属或者近亲属不明，支付被侵权人医疗费、丧葬费等合理费用的单位或者个人，请求保险公司在交强险责任限额范围内予以赔偿的，人民法院应予支持。根据上述规定，因维护受害人权益垫付各种合理费用的主体，均享有依法向侵权行为的赔偿义务人提起诉讼请求支付费用的权利，这一点在我国最高人民法院的判例中也得到了体现。

此外，保险公司履行了基于保险合同产生的赔偿责任之后，可以向特定的机动车交通事故责任人主张追偿权。例如，根据《道路交通解释》第 15 条，有下列情形之一导致第三人人身损害，当事人请求保险公司在交强险责任限额范围内予以赔偿，人民法院应予支持：①驾驶人未取得驾驶资格或者未取得相应驾驶资格的；②醉酒、服用国家管制的精神药品或者麻醉药品后驾驶机动车发生交通事故的；③驾驶人故意制造交通事故的。保险公司在赔偿范围内向侵权人主张追偿权的，人民法院应予支持。追偿权的诉讼时效期间自保险公司实际赔偿之日起计算。

二、明确的被告

（一）机动车使用（驾驶）人

机动车驾驶人因交通事故造成他人损害的，机动车使用人（驾驶）人应为机动车交通事故责任纠纷案件的被告。这是基于机动车使用、驾驶实施的道路交通事故行为，所产生的直接责任后果。

（二）保险公司

《民法典》第1213条规定，机动车发生交通事故造成损害，属于该机动车一方责任的，先由承保机动车强制保险的保险人在强制保险责任限额范围内予以赔偿；不足部分，由承保机动车商业保险的保险人按照保险合同的约定予以赔偿；仍然不足或者没有投保机动车商业保险的，由侵权人赔偿。根据《道路交通解释》第22条，人民法院审理道路交通事故损害赔偿案件，应当将承保交强险的保险公司列为共同被告，但该保险公司已经在交强险责任限额范围内予以赔偿且当事人无异议的除外。人民法院审理道路交通事故损害赔偿案件，当事人请求将承保商业三者险的保险公司列为共同被告的，人民法院应予准许。

另根据《道路交通解释》第17条，具有从事交强险业务资格的保险公司违法拒绝承保、拖延承保或者违法解除交强险合同，投保义务人在向第三人承担赔偿责任后，请求该保险公司在交强险责任限额范围内承担相应赔偿责任的，人民法院应予支持。

（三）机动车所有人、管理人

《民法典》第1209条规定，因租赁、借用等情形机动车所有人、管理人与使用人不是同一人时，发生交通事故造成损害，属于该机动车一方责任的，由机动车使用人承担赔偿责任；机动车所有人、管理人对损害的发生有过错的，承担相应的赔偿责任。因此，如果因租赁、借用情形机动车所有人、管理人与使用人不是同一人时，机动车所有人、管理人可被列为被告。《民法典》第1212条规定，未经允许驾驶他人机动车，发生交通事故造成损害，属于该机动车一方责任的，由机动车使用人承担赔偿责任；机动车所有人、管理人对损害的发生有过错的，承担相应的赔偿责任。

（四）机动车受让人

《道路交通安全法》规定，机动车所有权发生转移的，应当到机动车登记部门办理相应的机动车所有权变更登记，即通常所说的车辆过户。虽然法律明确规定机动车所有权在变更后应当进行过户登记，然而现实中机动车在已转让（如通过买卖、赠与等方式）后未依法实际办理车辆所有权转移登记的现象仍然大量存在。其中为数不少的机动车甚至存在车辆已实际被转让多次，但所有权转移登记却从未办理的现象。未办理车辆所有权转移登记的情形，直接造成了车辆名义所有人和实际所有人不一致的情况。根据《民法典》第1210条，当事人之间已经以买卖或者其他方式转让并交付机动车但是未办理登记，发生交通事故造成损害，属于该机动车一方责任的，由受让人承担赔偿责任。《道路交通解释》第2条规定，被多次转让但是未办理登记的机动车发生交通事故造成损害，属于该机动车一方责任，当事人请求由最后一次转让并交付的受让人承担赔偿责任的，人民法院应予支持。另一个问题是，依法禁止上道路行驶的车辆被转让后的责任承担。根据《民法典》第1214条、《道路交通解释》第4条，拼装车、已达到报废标准的机动车或者依法禁止行驶的其他机动车被多次转让，并发生交通事故造成损害的，转让人和受让人承担连带责任。根据上述规定，尽管转让人已经将车辆出售转让，其对于车辆已经不再具有运行支配和运行利益，但其仍然应当对车辆事故承担责任，不过其承担的并非基于过错导致的相应责任，而是因为该车辆为"拼装车、已达到报废标准的机动车或者依法禁止行驶的其他机动车"产生的连带责任。从根源上来看，国家依法禁止以买卖等方式转让拼装车、已达到报废标准的机动车或者依法禁止行驶的其他机动车，因为该转让行为具有违法性，转让人应当就此违法转让行为承担较为严格的无过错法律责任。在实践中，需要准确认定转让的机动车是否达到了"拼装车、已达到报废标准的机动车或者依法禁止行驶的其他机动车"的构成要件。

（五）驾驶培训单位

根据《道路交通解释》第5条，接受机动车驾驶培训的人员，在培训活动中驾驶机动车发生交通事故造成损害，属于该机动车一方责任，当事人请求驾驶培训单位承担赔偿责任的，人民法院应予支持。

（六）试乘服务者

试乘服务作为汽车经销商的一种营销手段，当然属于道路交通活动，因此试乘服务过程中发生交通事故的，适用道路交通法律法规进行处理。根据《道路交通解释》第6条，机动车试乘过程中发生交通事故造成试乘人损害，当事人请求提供试乘服务者承担赔偿责任的，人民法院应予支持。

（七）道路管理者

根据《道路交通解释》第7条，因道路管理维护缺陷导致机动车发生交通事故造成损害，当事人请求道路管理者承担相应赔偿责任的，人民法院应予支持。但道路管理者能够证明已经依照法律、法规、规章的规定，或者按照国家标准、行业标准、地方标准的要求尽到安全防护、警示等管理维护义务的除外。

（八）建设单位、施工单位

根据《道路交通解释》第8条，未按照法律、法规、规章或者国家标准、行业标准、地方标准的强制性规定设计、施工，致使道路存在缺陷并造成交通事故，当事人请求建设单位与施工单位承担相应赔偿责任的，人民法院应予支持。

（九）机动车生产者、销售者

根据《道路交通解释》第9条，机动车存在产品缺陷导致交通事故造成损害，当事人请求生产者或者销售者依照《民法典》第七编第四章的规定承担赔偿责任的，人民法院应予支持。

（十）机动车盗抢人

根据《民法典》第1215条，盗窃、抢劫或者抢夺的机动车发生交通事故造成损害的，由盗窃人、抢劫人或者抢夺人承担赔偿责任。盗窃人、抢劫人或者抢夺人与机动车使用人不是同一人，发生交通事故造成损害，属于该机动车一方责任的，由盗窃人、抢劫人或者抢夺人与机动车使用人承担连带责任。

（十一）连带责任被告

《民法典》第1211条规定，以挂靠形式从事道路运输经营活动的机动车，发生交通事故造成损害，属于该机动车一方责任的，由挂靠人和被挂靠人承担连带责任。《民法典》第1214条规定，以买卖或者其他方式转让拼装或者已经达到报废标准的机动车，发生交通事故造成损害的，由转让人和受让人承担连带责任。《道路交通解释》第4条规定，拼装车、已达到报废标准的机动车或者依法禁止行驶的其他机动车被多次转让，并发生交通事故造成损害，当事人请求由所有的转让人和受让人承担连带责任的，人民法院应予支持。

（十二）侵权人死亡时的被告

《民法典》第1159条规定，分割遗产，应当清偿被继承人依法应当缴纳的税款和债务；但是，应当为缺乏劳动能力又没有生活来源的继承人保留必要的遗产。《民法典》第1161条规定，继承人以所得遗产实际价值为限清偿被继承人依法应当缴纳的税款和债务。超过遗产实际价值部分，继承人自愿偿还的不在此限。继承人放弃继承的，对被继承人依法应当缴纳的税款和债务可以不负清偿责任。因此，侵权人死亡时，应由侵权人的遗产继承人在所继承遗产的范围内向被侵权人承担赔偿责任。需要注意的是，由于被侵权人可以直接要求交强险保险公司或者商业三者险保险公司承担赔偿责任，所以，侵权人死亡并不影响保险公司承担赔偿责任。交强险或者商业三者险保险公司先在保险赔偿限额内承担赔偿责任，不足部分由侵权人的遗产继承人在遗产继承范围内承担赔偿责任。

同时，还需要注意可能存在侵权人死亡，被侵权人要求侵权人的配偶承担连带赔偿责任的情形。该情形是指侵权人死亡，而涉案机动车为夫妻共同财产，所得运营利益也为夫妻共有，因此，被侵权人以此为由，主张由侵权人的配偶承担连带赔偿责任。对此，主要有如下要件事实：其一，判断侵权人的配偶是否为共同侵权人。由于实施侵权行为的是驾驶人，且考虑到交通事故具有突发性，驾驶人与其配偶间不具有共同故意或者共同过失的可能性，因此也不具有构成共同侵权的可能性，所以驾驶人的配偶并非侵权主体，要求其承担侵权责任不具有正当性。

对于夫妻一方实施侵权行为造成他人人身、财产损害形成的债务，夫妻双方并无共同举债的意愿，该债务产生的最终目的也不是为夫妻共同生活谋取利益，且不具备合法性和正当性，故不宜认定为夫妻共同债务。因此，肇事的驾驶人死亡后，被侵权人不能要求其配偶承担连带赔偿责任。

（十三）受害人所在用人单位

根据《最高人民法院关于审理人身损害赔偿案件适用法律若干问题的解释》第3条，依法应当参加工伤保险统筹的用人单位的劳动者，因工伤事故遭受人身损害，劳动者或者其近亲属向人民法院起诉请求用人单位承担民事赔偿责任的，告知其按《工伤保险条例》的规定处理。因用人单位以外的第三人侵权造成劳动者人身损害，赔偿权利人请求第三人承担民事赔偿责任的，人民法院应予支持。因此，我国《劳动法》《社会保险法》等法律赋予了机动车交通事故受害人工伤保险赔偿请求权，该请求权与机动车交通事故中的民事赔偿请求权形成了双重赔偿现象。

鉴于目前我国现行法律法规及相关司法解释未明确禁止工伤保险赔偿和机动车交通事故人身损害赔偿"双赔"，用人单位的劳动者应在交通事故侵权案件中同时享有侵权损害赔偿请求权和工伤保险赔偿请求权。在责任承担方面，劳动者的用人单位或工伤保险机构与机动车交通事故侵权人应各自承担相应的赔偿责任，且用人单位应承担的责任不因劳动者已从其中一方获得赔偿而减免。同时，用人单位与工伤保险机构不能要求工伤职工必须先向机动车交通事故侵权人索赔后才能申请工伤保险赔偿，也不能从工伤职工应获得的保险赔偿中扣减其从侵权人处获得的赔偿款项。

需要注意的是，造成工伤的机动车交通事故侵权人需为与被侵权人没有劳动关系的第三人，如果侵权人（用人单位）与被侵权人之间具有劳动关系，则应认定为工伤的劳动者只能向用人单位主张工伤待遇赔偿，不能同时向用人单位主张侵权损害赔偿责任。在特殊情况下，侵权人仅为用人单位且工伤赔偿数额明显低于侵权损害赔偿数额时，用人单位应适当承担工伤赔偿与侵权损害赔偿的差额部分。

在机动车交通事故侵权人为用人单位以外的第三人的情况下，有关工伤赔偿与侵权损害赔偿竞合的问题，人民法院的认定也存在不一致的情况。部分人民法院认为由于侵权损害赔偿与工伤赔偿是基于不同的请求权产生的，二者不存在竞合问题，因此用人单位与侵权人均需全额赔偿，更不存在双重赔偿或差额赔偿的问题，交通事故侵权人与保险公司不能要求扣除二者重合的部分。同时，也存在部分人民法院认为保险赔偿应遵循填平原则，即被侵权人从保险中获得的赔偿应当与其所受损失相当，不能因此获利。

三、法院管辖要件

机动车交通事故纠纷案件如果涉及级别管辖、专门管辖或者集中管辖的，属于人民法院必须查明的诉讼要件，人民法院若不具备上述管辖权则不能受理。机动车交通事故责任纠纷案件的地域管辖，包括协议管辖和特殊地域管辖。如果当事人之间没有签订有效的管辖协议，则适用《民事诉讼法》第29条和第30条的规定确定管辖法院。《民事诉讼法》第29条规定，因侵权行为提起的诉讼，由侵权行为地或者被告住所地人民法院管辖。根据《民事诉讼法解释》第24条，侵权行为地，包括侵权行为实施地、侵权结果发生地。《民事诉讼法》第30条规定，因铁路、公路、水上和航空事故请求损害赔偿提起的诉讼，由事故发生地或者车辆、船舶最先到达地、航空器最先降落地或者被告住所地人民法院管辖。此外，当事人之间签订合法有效的管辖协议，对双方具有约束力，因此如果存在协议管辖情形，人民法院则应当优先考虑当事人通过协议确定的法院管辖权。

四、不属于重复起诉

需要注意的是，在诉讼过程中，治疗尚未结束的，除对已经治疗的费用赔偿外，对尚需继续治疗的费用，经有关医疗机构证明或者经调解双方达成协议的，可以一次性给付；也可以依照《民事诉讼法》的有关规定，告知受害人在治疗结束后另行起诉。

五、诉讼案由属于"机动车交通事故责任纠纷"

《民法典》对于机动车交通事故责任设有专章，除明确规定有关机动车交通事故损害赔偿责任适用《民法典》和道路交通安全法律的规定外，对于租赁、借用机动车发生交通事故的责任承担；已交付但未办理所有权转移登记的机动车发生交通事故致人损害时的责任承担；未经允许驾驶他人机动车发生交通事故造成损害的责任承担；机动车发生交通事故后交强险、商业三者险、侵权人的责任承担；以挂靠形式从事道路运输经营活动的机动车发生交通事故造成损害的责任承担；转让人和受让人对拼装或已达到报废标准的机动车致人损害的责任承担；盗窃、抢劫或者抢夺的机动车发生交通事故致人损害时的责任承担；发生交通事故的机动车驾驶人逃逸时损害赔偿责任的承担；非营运机动车发生交通事故造成无偿搭乘人损害的责任承担，分别作出了比较详细的规定。

需要进行区分的是，机动车交通事故纠纷案件与非机动车交通事故纠纷案件是两种完全不同的案件，在最高人民法院《民事案件案由规定》之中也属于两类不同的案由。[1]根据《民事案件案由规定》，非机动车交通事故纠纷属于生命权、身体权、健康权纠纷，[2]而不属于机动车交通事故纠纷。

---

　〔1〕　根据《道路交通安全法》第119条，"机动车"，是指以动力装置驱动或者牵引，上道路行驶的供人员乘用或者用于运送物品以及进行工程专项作业的轮式车辆。"非机动车"，是指以人力或者畜力驱动，上道路行驶的交通工具，以及虽有动力装置驱动但设计最高时速、空车质量、外形尺寸符合有关国家标准的残疾人机动轮椅车、电动自行车等交通工具。
　〔2〕　生命权、身体权、健康权纠纷是指他人实施侵害生命权、身体权、健康权行为而引起的纠纷。

六、诉讼抗辩（略）

第三节　实体法要件事实

机动车交通事故侵权纠纷的诉讼请求，主要表现为请求相关被告承担损害赔偿的责任，因此本节对机动车交通事故纠纷的诉讼请求与抗辩的实体法要件事实，就是以"损害赔偿诉讼请求"为对象进行展开讨论的。

一、诉讼请求基础法律规范

（1）《民法典》第1165条规定，行为人因过错侵害他人民事权益造成损害的，应当承担侵权责任。依照法律规定推定行为人有过错，其不能证明自己没有过错的，应当承担侵权责任。

（2）《民法典》第1179条规定，侵害他人造成人身损害的，应当赔偿医疗费、护理费、交通费、营养费、住院伙食补助费等为治疗和康复支出的合理费用，以及因误工减少的收入。造成残疾的，还应当赔偿辅助器具费和残疾赔偿金；造成死亡的，还应当赔偿丧葬费和死亡赔偿金。

（3）《民法典》第1183条规定，侵害自然人人身权益造成严重精神损害的，被侵权人有权请求精神损害赔偿。因故意或者重大过失侵害自然人具有人身意义的特定物造成严重精神损害的，被侵权人有权请求精神损害赔偿。

（4）《民法典》第1184条规定，侵害他人财产的，财产损失按照损失发生时的市场价格或者其他合理方式计算。

（5）《民法典》第1208条规定，机动车发生交通事故造成损害的，依照道路交通安全法律和该法的有关规定承担赔偿责任。

（6）《民法典》第1209条规定，因租赁、借用等情形机动车所有人、管理人与使用人不是同一人时，发生交通事故造成损害，属于该机动车一方责任的，由机动车使用人承担赔偿责任；机动车所有人、管理人对损害的发生有过错的，承担相应的赔偿责任。

（7）《民法典》第1210条规定，当事人之间已经以买卖或者其他方式转让并交付机动车但是未办理登记，发生交通事故造成损害，属于该机动车一方责任的，由受让人承担赔偿责任。

（8）《民法典》第 1211 条规定，以挂靠形式从事道路运输经营活动的机动车，发生交通事故造成损害，属于该机动车一方责任的，由挂靠人和被挂靠人承担连带责任。

（9）《民法典》第 1212 条规定，未经允许驾驶他人机动车，发生交通事故造成损害，属于该机动车一方责任的，由机动车使用人承担赔偿责任；机动车所有人、管理人对损害的发生有过错的，承担相应的赔偿责任，但是本章另有规定的除外。

（10）《民法典》第 1213 条规定，机动车发生交通事故造成损害，属于该机动车一方责任的，先由承保机动车强制保险的保险人在强制保险责任限额范围内予以赔偿；不足部分，由承保机动车商业保险的保险人按照保险合同的约定予以赔偿；仍然不足或者没有投保机动车商业保险的，由侵权人赔偿。

（11）《民法典》第 1214 条规定，以买卖或者其他方式转让拼装或者已经达到报废标准的机动车，发生交通事故造成损害的，由转让人和受让人承担连带责任。

（12）《民法典》第 1215 条规定，盗窃、抢劫或者抢夺的机动车发生交通事故造成损害的，由盗窃人、抢劫人或者抢夺人承担赔偿责任。盗窃人、抢劫人或者抢夺人与机动车使用人不是同一人，发生交通事故造成损害，属于该机动车一方责任的，由盗窃人、抢劫人或者抢夺人与机动车使用人承担连带责任。保险人在机动车强制保险责任限额范围内垫付抢救费用的，有权向交通事故责任人追偿。

（13）《民法典》第 1216 条规定，机动车驾驶人发生交通事故后逃逸，该机动车参加强制保险的，由保险人在机动车强制保险责任限额范围内予以赔偿；机动车不明、该机动车未参加强制保险或者抢救费用超过机动车强制保险责任限额，需要支付被侵权人人身伤亡的抢救、丧葬等费用的，由道路交通事故社会救助基金垫付。道路交通事故社会救助基金垫付后，其管理机构有权向交通事故责任人追偿。

（14）《民法典》第 1217 条规定，非营运机动车发生交通事故造成无偿搭乘人损害，属于该机动车一方责任的，应当减轻其赔偿责任，但是机动车使用人有故意或者重大过失的除外。

（15）《道路交通安全法》第 76 条规定，机动车发生交通事故造成人身伤亡、财产损失的，由保险公司在机动车第三者责任强制保险责任限额范围内予以赔偿；不足的部分，按照下列规定承担赔偿责任：①机动车之间发生交通事故的，由有过错的一方承担赔偿责任；双方都有过错的，按照各自过错的比例分担责任。②机动车与非机动车驾驶人、行人之间发生交通事故，非机动车驾驶人、行人没有过错的，由机动车一方承担赔偿责任；有证据证明非机动车驾驶人、行人有过错的，根据过错程度适当减轻机动车一方的赔偿责任；机动车一方没有过错的，承担不超过10%的赔偿责任。交通事故的损失是由非机动车驾驶人、行人故意碰撞机动车造成的，机动车一方不承担赔偿责任。

二、诉讼请求成立法律要件事实

（一）过错要件事实

1. 机动车之间发生交通事故的过错

机动车之间的交通事故适用过错责任原则，双方按照过错的比例分担责任。在认定各方过错法律要件事实过程中，主要分公安机关交通管理部门是否出具交通事故认定书两种情形予以考虑。

如果公安机关交通管理部门出具了交通事故认定书，则该认定书对于事故双方各自的过错程度具有一定的证明力，将作为此类案件确定当事人赔偿责任范围的主要依据。当事人对于事故认定书中的事故认定存有异议的，需要对认定书提出异议或申请对事故认定书进行复核，否则事故认定书将成为认定双方责任的法律依据。但由于交通事故责任认定方法与民事侵权责任认定方法不同，二者的最终结论可能存在一定区别，因此在司法裁判中人民法院还会结合当事人提交的其他证据进行综合认定，包括事故发生经过、双方具体行为、双方主观过错、影响事故结果的其他因素与因果关系等适当调整双方承担责任的比例，从而确定最终的损害赔偿责任。

如果公安机关交通管理部门对交通事故未认定责任的，当事人应当收集其他证据，就对方存在过错承担相应的举证责任。例如，对方当事人未能尽到保证车辆的适驾状态、遵守机动车道路通行规则等义务、存在其他违章行为导致事故发生等情况。在此情况下，对于事故赔偿责任比例，机动车之间发生交通事故的，超出第三者责任强制保险限额的部分，《中国保险行业协会机动车商业保险示范条款》（2020年）第21条规定，未确定事故责任比例的，按照下列规定确定事故责任比例：被保险机动车一方负主要事故责任的，事故责任比例为 70%；被保险机动车一方负同等事故责任的，事故责任比例为 50%；被保险机动车一方负次要事故责任的，事故责任比例为 30%。

2. 机动车与非机动车驾驶人、行人之间发生交通事故的过错

根据《道路交通安全法》第 76 条，机动车与非机动车驾驶人、行人之间发生的交通事故，适用比较特殊的无过错责任原则。即使机动车一方证明自己没有过错的，也要承担不超过 10% 的赔偿责任。非机动车驾驶人、行人对交通事故的发生存在过错的，可以减轻或免除机动车一方的责任。

（二）损害后果要件事实

根据《最高人民法院关于审理人身损害赔偿案件适用法律若干问题的解释》《道路交通解释》以及《最高人民法院关于确定民事侵权精神损害赔偿责任若干问题的解释》相关规定，交通事故责任纠纷中权利人可以主张的损害后果，包括人身伤亡损失、财产损失和精神损害，这些具体规定条款进一步细化了《民法典》第 1179 条、第 1183 条和第 1184 条规定的侵权损害赔偿内容。

人身伤亡，是指机动车发生交通事故侵害被侵权人的生命权、身体权、健康权等人身权益所造成的损失。财产损失，是指因机动车发生交通事故侵害被侵权人的财产权益所造成的损失。精神损害，是指在交通事故因人身权益或者具有人身意义的特定物受到侵害，自然人或者其近亲属请求的精神损害赔偿。上述具体损害后果的表现形式，不仅适用于机动车交通事故责任侵权纠纷，也同样适用于其他造成人身财产和精神损害的民事侵权案件。具体赔偿项目和计算方法列举如下：

1. 医疗费

医疗费是指为了使直接遭受人身伤害的自然人恢复健康、进行医疗诊治的过程中所花费的必要费用。医疗费根据医疗机构出具的医药费、住院费等收款凭证，结合病历和诊断证明等相关证据确定。医疗费的赔偿数额，按照一审法庭辩论终结前实际发生的数额确定。器官功能恢复训练所必要的康复费、适当的整容费以及其他后续治疗费，赔偿权利人可以待实际发生后另行起诉，但根据医疗证明或者鉴定结论确定必然发生的费用，可以与已经发生的医疗费一并予以赔偿。

计算方法：

医疗费=诊疗费+医药费+住院费

2. 误工费

误工费是指受害人因遭受人身伤害，致使其无法进行正常工作或进行正常经营活动而丧失的工资收入或者经营收入。它是一种积极的财产减损，表现为财产的应增加而未增加。误工费根据受害人的误工时间和收入状况确定。误工时间根据受害人接受治疗的医疗机构出具的证明确定。受害人因伤致残持续误工的，误工时间可以计算至定残日前一天。受害人有固定收入的，误工费按照实际减少的收入计算。受害人无固定收入的，按照其最近三年的平均收入计算；受害人不能举证证明其最近三年的平均收入状况的，可以参照受诉法院所在地相同或者相近行业上一年度职工的平均工资计算。

计算方法：

（1）受害人有固定收入的，误工费按照实际减少的收入计算。

误工费=受害人日工资×误工时间（天）

（2）受害人无固定收入的，按照其最近三年的平均收入计算。

误工费=受害人最近三年日平均收入×误工时间（天）

3. 护理费

护理费是指受害人因遭受相当程度的人身损害，导致其行动能力和自理能力一定程度的降低，为了帮助其进行正常的生活，在医疗诊治和修养康复期间，根据医院的意见或司法鉴定，委派专人对其进行护理，并因此所需支出的费用。护理费根据护理人员的收入状况和护理人数、护理期限确定。护理人员有收入的，参照误工费的规定计算；护理人员没有收入或者雇佣护工的，参照当地护工从事同等级别护理的劳务报酬标准计算。护理人员原则上为一人，但医疗机构或者鉴定机构有明确意见的，可以参照确定护理人员人数。护理期限应计算至受害人恢复生活自理能力时止。受害人因残疾不能恢复生活自理能力的，可以根据其年龄、健康状况等因素确定合理的护理期限，但最长不超过20年。受害人定残后的护理，应当根据其护理依赖程度并结合配制残疾辅助器具的情况确定护理级别。

计算方法：

（1）护理人员有收入的，参照误工费的规定计算。

护理费=护理人日工资×护理期限（天）

（2）护理人员没有收入或者雇佣护工的，参照当地护工从事同等级别护理的劳务报酬标准计算。

护理费=护理费日标准×护理期限（天）

4. 交通费

交通费是指受害人及其必要的陪护人员在就医或者转院治疗过程中，因需乘坐交通工具而实际发生的费用。交通费根据受害人及其必要的陪护人员因就医或者转院治疗实际发生的费用计算。交通费应当以正式票据为凭；有关凭据应当与就医地点、时间、人数、次数相符合。若无法提供有关交通票据，人民法院将结合被侵权人及必要的护理人员往返就医的距离、次数等因素酌情认定。

计算方法：

交通费=就医、转院实际发生的交通费用

交通费=无法提供有关交通票据时法院酌情认定

5. 住宿费

住宿费根据被侵权人及其必要的陪护人员提供的住宿票据，以及被侵权人异地治疗或陪护人员异地陪护的必要性等因素酌情确定。

计算方法：

住宿费=实际发生的住宿费用或酌情确定

6. 营养费

营养费是指受害人在诊疗期间，为了及时恢复健康，在医生的指导和要求下，为购买营养物品所支出的费用。营养费的赔偿期限，可以委托司法鉴定机构进行计算，也可以在征求医疗机构的意见后酌定。

计算方法：

营养费=实际发生的必要营养费用

7. 鉴定费

鉴定费的数额，主要根据受害人进行的伤残等级及后续治疗费鉴定意见书、司法鉴定意见书、司法精神病鉴定意见书中载明的鉴定费用进行核算。鉴定机构直接开具了鉴定费票据的，直接根据有关票据载明的费用数额进行核算。

计算方法：

鉴定费=实际发生的鉴定费用

8. 住院伙食补助费

住院伙食补助费是指受害人在住院治疗期间因为必要的饮食消费而支出

的费用。受害人确有必要到外地治疗，因客观原因不能住院的，受害人本人及其护理人员实际发生的住宿费和伙食费，也属于住院伙食补助费的范畴。住院伙食补助费可以参照当地国家机关一般工作人员的出差伙食补助标准予以确定。

计算方法：

住院伙食补助费=当地国家机关一般工作人员出差日伙食补助标准×住院天数

9. 残疾赔偿金

残疾赔偿金是指由于相当严重程度的人身损害，致使受害人身体残疾或者丧失劳动能力而导致其收入减少或者生活来源丧失，在此种情况下给予受害人一定数额的财产损害性质的赔偿。残疾赔偿金根据受害人丧失劳动能力程度或者伤残等级，按照受诉法院所在地上一年度城镇居民人均可支配收入或者农村居民人均纯收入标准，自定残之日起按 20 年计算。但 60 周岁以上的，年龄每增加一岁减少一年；75 周岁以上的，按 5 年计算。受害人因伤致残但实际收入没有减少，或者伤残等级较轻但造成职业妨害严重影响其劳动就业的，可以对残疾赔偿金做相应调整。

计算方法：

残疾赔偿金=受诉法院所在地上一年度城镇居民人均可支配收入（农村居民人均纯收入）×赔偿年限×伤残系数

10. 残疾辅助器具费

残疾辅助器具费是指在受害人因人身伤害致残的情况下，为补偿其丧失的器官功能，辅助其实现生活自理或者从事生产劳动而购买、配备的生活自助器具，如购买假肢、轮椅等支出的费用。因残疾需要配制补偿功能的器具的，应当根据医疗机构的证明或司法鉴定意见，结合使用者的年龄、我国人口平均寿命、器具使用年限等因素，按照普及型器具的费用计算赔偿数额，伤情有特殊需要的，可以参照辅助器具配制机构的意见确定相应的合理费用标准。辅助器具的更换周期和赔偿期限参照配制机构的意见确定。

计算方法：

残疾辅助器具费=实际发生的生活自助器具的合理费用

11. 丧葬费

丧葬费是指受害人因人身伤害失去生命，受害人的亲属为了处理其丧葬事宜而支出的必要费用。丧葬费按照受诉法院所在地上一年度职工月平均工资标准，以 6 个月总额计算。如果存在相关票据，例如停尸费、火化费等，则可以直接对有关票据上载明的数额进行核算。

计算方法：

丧葬费＝受诉法院所在地上一年度职工月平均工资×6 个月

12. 死亡赔偿金

死亡赔偿金是指在受害人因遭受人身伤害失去生命的情形下，由赔偿义务人给予其家属的一定数额的赔偿费用。死亡赔偿金按照受诉法院所在地上一年度城镇居民人均可支配收入或者农村居民人均纯收入标准，按 20 年计算，但 60 周岁以上的，年龄每增加一岁减少一年；75 周岁以上的，按 5 年计算。

计算方法：

死亡赔偿金＝受诉法院所在地上一年度城镇居民人均可支配收入（农村居民人均纯收入）×赔偿年限

13. 被扶养人生活费

被扶养人是指受害人依法应当承担扶养义务的未成年人或者丧失劳动能力又无其他生活来源的成年近亲属。被扶养人还有其他扶养人的，赔偿义务人只赔偿受害人依法应当负担的部分。被扶养人有数人的，年赔偿总额累计不超过上一年度城镇居民人均消费性支出额或者农村居民人均年生活消费支出额。被扶养人生活费根据扶养人丧失劳动能力程度，按照受诉法院所在地上一年度城镇居民人均消费性支出和农村居民人均年生活消费支出标准计算。被扶养人为未成年人的，计算至 18 周岁；被扶养人无劳动能力又无其他生活来源的，计算 20 年。但 60 周岁以上的，年龄每增加一岁减少一年；75 周岁以上的，按 5 年计算。被扶养人生活费计入残疾赔偿金或者死亡赔偿金。

计算方法：

（1）被扶养人为未成年人的

生活费＝城镇居民人均消费性支出（农村居民人均年生活消费支出）×（18-实际年龄）

（2）被扶养人为 18 周岁至 60 周岁，无劳动能力又无其他生活来源的

生活费＝城镇居民人均消费性支出（农村居民人均年生活消费支出）×20 年

（3）被扶养人为60周岁至75周岁，无劳动能力又无其他生活来源的

生活费＝城镇居民人均消费性支出（农村居民人均年生活消费支出）×［20－（实际年龄－60）］年

（4）被扶养人为75周岁以上，无劳动能力又无其他生活来源的

生活费＝城镇居民人均消费性支出（农村居民人均年生活消费支出）×5年

（5）有其他扶养人时

生活费＝被扶养人生活费÷扶养人数

（6）被扶养人有数人时

年赔偿总额≤城镇居民人均年生活消费性支出额或农村居民人均年生活消费支出额

14. 因道路交通事故造成的财产损失

主要包含：①维修被损坏车辆所支出的费用、车辆所载物品的损失、车辆施救费用；②因车辆灭失或者无法修复，为购买交通事故发生时与被损坏车辆价值相当的车辆重置费用；③依法从事货物运输、旅客运输等经营性活动的车辆，因无法从事相应经营活动所产生的合理停运损失；④非经营性车辆因无法继续使用，所产生的通常替代性交通工具的合理费用。

15. 精神损害赔偿

精神损害赔偿，即精神损害抚慰金，是指在受害人遭受严重的人身伤害甚至导致残疾或者死亡的情形下，受害人及其近亲属在精神上遭受巨大创伤，并基于此而要求赔偿义务人给予受害人及其近亲属一定数额的赔偿。《民法典》第1183条规定，侵害自然人人身权益造成严重精神损害的，被侵权人有权请求精神损害赔偿。因故意或者重大过失侵害自然人具有人身意义的特定物造成严重精神损害的，被侵权人有权请求精神损害赔偿。根据《最高人民法院关于确定民事侵权精神损害赔偿责任若干问题的解释》第5条，精神损害的赔偿数额根据以下因素确定：

（1）侵权人的过错程度，但是法律另有规定的除外；

（2）侵权行为的目的、方式、场合等具体情节；

（3）侵权行为所造成的后果；

（4）侵权人的获利情况；

（5）侵权人承担责任的经济能力；

　　（6）受理诉讼法院所在地的平均生活水平。

　　《道路交通解释》第13条规定，同时投保交强险（机动车交通事故责任强制保险）和商业三者险（机动车第三者责任商业保险）的机动车发生交通事故造成损害，当事人同时起诉侵权人和保险公司的，人民法院应当依照《民法典》第1213条的规定，确定赔偿责任。被侵权人或者其近亲属请求承保交强险的保险公司优先赔偿精神损害的，人民法院应予支持。

　　（三）因果关系要件事实

　　民事侵权案件的因果关系，体现着加害人侵权行为与侵权损害后果之间的联系，是侵权责任的基本构成要件事实。侵权法上的因果关系，一般是指侵权行为和损害结果之间是否具有引起和被引起的关系。在机动车交通事故侵权案件中，因果关系要件事实首先体现在公安机关对事故责任的认定结果之中。公安机关在查明交通事故原因后，根据当事人的违章行为与交通事故之间的因果关系，以及违章行为在交通事故中的作用，认定当事人的交通事故责任。当事人有违章行为，其违章行为与交通事故有因果关系的，应当负交通事故责任。当事人没有违章行为或者虽然有违章行为但违章行为与交通事故无因果关系的，不负交通事故责任。因此，交警部门应根据查明的交通事故事实、当事人的违章行为与交通事故的因果关系和作用大小等，认定各方的交通事故责任。显然，如果交警部门对交通事故责任进行了明确的认定，则交通事故的因果关系要件事实也因此得以确认。

　　但是针对被侵权人的具体损害后果，是否因交通事故导致，则是一个较为复杂的问题。例如，某交通事故案件中的被侵权人生前患有高血压和糖尿病，司法鉴定所对受害人伤情进行鉴定，结论为：受害人右额颞脑内血肿，右颞硬膜外血肿，脑挫裂伤。受害人于交通事故发生4日后死亡。针对本起交通事故与受害人死亡的因果关系认定，成为案件争议焦点。尤其是受害人生前患有高血压、糖尿病，被告会主张受害人死亡并非因交通事故引起，而原告赔偿诉讼请求则主张受害人死亡与交通事故存在直接因果关系。

　　在机动车交通事故纠纷中，行为人致害行为与损害结果之间的因果关系表现为不同的形态，主要有以下几种：

　　（1）一个原因产生一个结果。在这种因果关系中，一个侵权行为产生一个侵权结果，关系相对简单，也容易确定因果关系的形成。例如，有鉴定意见证据证明，受害人的受伤是交通事故直接导致的后果。

（2）一个原因产生多个结果。在这种因果关系中，一个侵权行为产生多个侵权结果，多个侵权结果都与同一个原因具有因果关系。例如，一人驾驶一辆小轿车，因为醉酒驾驶，撞向路边的护栏，同时造成五个人受伤。从受害人起诉的角度，这类因果关系要件事实的确认也不会引起大的争议。

（3）多个原因产生一个结果。在这种因果关系中，两个或者多个原因产生一个侵权结果，每个原因与侵权结果之间都具有因果关系。例如，上述案情所述，受害人死亡的结果，是交通事故以及受害人生前患有严重的高血压和糖尿病结合导致的后果。当然，在侵权责任成立的同时，需要区分各种原因力的大小来确定每个侵权行为承担责任的大小。结合鉴定意见可知，交通事故的发生应当是受害人死亡的最主要的原因，受害人自身存在的高血压和糖尿病因交通事故的发生进一步加速了病情恶化而导致死亡的后果。因此显而易见，交通事故对受害人死亡的原因力显然大于受害人自身的高血压和糖尿病，这是法官在认定因果关系过程中需要认真考虑的因素。

（四）保险责任要件事实

1. 机动车交通事故责任强制保险

机动车交通事故责任强制保险（交强险），是指由保险公司对被保险机动车发生道路交通事故造成本车人员、被保险人以外的受害人的人身伤亡、财产损失，在责任限额内予以赔偿的强制性责任保险。根据《机动车交通事故责任强制保险条例》规定，交强险是中国境内道路上行驶的机动车的所有人或管理人必须投保的机动车交通事故责任强制保险，其功能在于在发生保险事故后，保险公司代替责任人进行赔付。根据《民法典》第 1213 条，机动车发生交通事故造成损害，属于该机动车一方责任的，先由承保机动车强制保险的保险人在强制保险责任限额范围内予以赔偿。受害人直接请求交强险保险公司进行赔付的，其请求成立的要件事实主要有：

（1）被保险机动车发生交通事故导致第三人遭受人身伤亡或财产损失。交强险合同中的受害人，是指因被保险机动车发生交通事故遭受人身伤亡或者财产损失的人，但不包括被保险机动车本车车上人员、被保险人。值得注意的是，交强险责任的发生，并不以保险人、驾驶人对第三者承担责任为要件事实，而是以交通事故的损害后果的发生为要件事实，这一点与商业三者险的责任发生要件事实显然不同。商业三者险的责任以机动车一方因交通事故致使第三者遭受人身伤亡或财产直接损毁，依法应当对第三者承担的损害赔偿责任为要件事实。

（2）交通事故发生于交强险保险期间。如果机动车未参加交强险或交通事故发生于保险期届满之后，显然保险公司不承担交强险的赔偿责任。

（3）特殊情形下交通事故导致第三人遭受的人身损害赔偿。《道路交通解释》第15条第1款规定："有下列情形之一导致第三人人身损害，[1]当事人请求保险公司在交强险责任限额范围内予以赔偿，人民法院应予支持：（一）驾驶人未取得驾驶资格或者未取得相应驾驶资格的；（二）醉酒、服用国家管制的精神药品或者麻醉药品后驾驶机动车发生交通事故的；（三）驾驶人故意制造交通事故的。"

2. 机动车第三者责任商业保险

机动车第三者责任商业保险（商业三者险），是指机动车所有人或管理人向保险人支付一定数额的保险费，在被保险人或其允许的驾驶人使用机动车过程中，致使第三者发生保险合同约定的人身财产损失，在被保险人依法应当承担责任的前提下，保险人承担赔偿责任的商业保险。承保商业三者险的保险公司对交通事故承担赔偿责任，根据的是保险合同的条款，因此商业三者险仅在合同约定范围内予以赔偿，不要求保险公司存在侵权法上的过错。商业三者险的保险合同条款一般分为主险、附加险。主险包括机动车损失保险、机动车第三者责任保险、机动车车上人员责任保险共三个独立的险种，投保人可以选择投保全部险种，也可以选择投保其中部分险种。保险人依照本保险合同的约定，按照承保险种分别承担保险责任。如果机动车在保险公司购买了"机动车第三者责任保险"的险种，保险公司则在保险合同条款的基础上承担相应的赔偿责任。目前，保险公司的商业三者险保险条款主要适用的是《中国保险行业协会机动车商业保险示范条款》（2020年），该条款内容作为保险合同的一部分，对保险公司承担保险责任的具体形式、条件以及免责等进行了比较详细的规定。根据《中国保险行业协会机动车商业保险示范条款》（2020年）第20条，保险期间内，被保险人或其允许的驾驶人在使用被保险机动车过程中发生意外事故，致使第三者遭受人身伤亡或财产直接损毁，依法应当对第三者承担的损害赔偿责任，且不属于免除保险人责任的范围，保险人依照本保险合同的约定，对于超过机动车交通事故责任强制保

---

〔1〕　需要区别于《机动车交通事故责任强制保险条例》第22条规定的"财产损失"。

险各分项赔偿限额的部分负责赔偿。结合《民法典》第 1213 条的上述规定，保险公司商业三者险的赔偿责任要件事实主要包括：

（1）机动车一方因交通事故致使第三者遭受人身伤亡或财产直接损毁，依法应当对第三者承担的损害赔偿责任。根据《中国保险行业协会机动车商业保险示范条款》（2020 年）第 3 条，保险合同中的第三者是指因被保险机动车发生意外事故遭受人身伤亡或者财产损失的人，但不包括被保险机动车本车车上人员、被保险人。所谓"车上人员"，是指发生意外事故的瞬间，在被保险机动车车体内或车体上的人员，包括正在上下车的人员。如果机动车交通事故中遭受损失的人属于上述保险条款所列的"车上人员"或者保险人，则保险公司不予承担保险赔偿责任。此外，因《道路交通安全法》第 76 条规定，交通事故的损失是由非机动车驾驶人、行人故意碰撞机动车造成的，机动车一方不承担赔偿责任。显然，机动车一方承担损害赔偿责任，也是机动车商业三者险赔偿的法律要件事实。

（2）承保机动车强制保险的保险人已经在强制保险责任限额范围内予以赔偿之后，上述损害赔偿存在不足部分。交强险保险人赔偿后，第三者因机动车一方在交通事故中应当承担的赔偿责任，存在不足的部分，应当由商业三者险的保险人进行赔偿。

（3）机动车交通事故发生在保险期间。

三、抗辩要件事实

（一）机动车一方责任的法定减轻或免除

《民法典》第 1173 条规定，被侵权人对同一损害的发生或者扩大有过错的，可以减轻侵权人的责任。《民法典》第 1174 条规定，损害是因受害人故意造成的，行为人不承担责任。《道路交通安全法》第 76 条规定，机动车与非机动车驾驶人、行人之间发生交通事故，非机动车驾驶人、行人没有过错的，由机动车一方承担赔偿责任；有证据证明非机动车驾驶人、行人有过错的，根据过错程度适当减轻机动车一方的赔偿责任；机动车一方没有过错的，承担不超过 10% 的赔偿责任。交通事故的损失是由非机动车驾驶人、行人故意碰撞机动车造成的，机动车一方不承担赔偿责任。

根据以上法律基础规范，机动车一方可以通过举证证明被侵权人对损害发生存在的过错责任，以达到减轻或者免除自己承担的民事责任的目的。

（二）机动车一方责任的约定减轻或免除

例如，发生交通事故后，机动车一方与受害人之间达成了和解协议或者调解协议，双方对赔偿问题达成了基于自愿合法原则而形成的合意，则可能会出现受害人减轻或免除机动车一方依法应当承担的赔偿责任的情形。此时，双方当事人均受到上述和解或调解协议的约束。如果受害人额外提起损害赔偿请求，机动车一方可以将协议内容中受害人对赔偿的减免约定作为抗辩事项。

（三）交强险抗辩要件

1. 交强险免责条款抗辩

根据《机动车交通事故责任强制保险条例》第21条，道路交通事故的损失是由受害人故意造成的，保险公司不予赔偿。

根据《机动车交通事故责任强制保险条例》第22条，有下列情形之一，发生道路交通事故的，造成受害人的财产损失，保险公司不承担赔偿责任：①驾驶人未取得驾驶资格或者醉酒的；②被保险机动车被盗抢期间肇事的；③被保险人故意制造道路交通事故的。但是，基于上述原因发生道路交通事故，保险公司应当在交强险限额内垫付抢救费用，[1]并有权向致害人追偿。

根据《机动车交通事故责任强制保险条款》（2020年）第10条，下列损失和费用，交强险不负责赔偿和垫付：①因受害人故意造成的交通事故的损失；②被保险人所有的财产及被保险机动车上的财产遭受的损失；③被保险机动车发生交通事故，致使受害人停业、停驶、停电、停水、停气、停产、通讯或者网络中断、数据丢失、电压变化等造成的损失以及受害人财产因市场价格变动造成的贬值、修理后因价值降低造成的损失等其他各种间接损失；④因交通事故产生的仲裁或者诉讼费用以及其他相关费用。

需要注意的是，保险公司尽到了提示和说明义务，是保险公司适用免责条款的重要前提。提示与说明是两种有所区别的义务。提示义务是说明义务的前置义务。提示即以足以引起投保人注意的方式使其知悉免责条款的存在，而说明义务则是以合理的方式向投保人明确阐释免责条款的概念、内容及其

---

〔1〕　抢救费用，是指机动车发生道路交通事故导致人员受伤时，医疗机构参照国务院卫生主管部门组织制定的有关临床诊疗指南，对生命体征不平稳和虽然生命体征平稳但如果不采取处理措施会产生生命危险，或者导致残疾、器官功能障碍，或者导致病程明显延长的受伤人员，采取必要的处理措施所发生的医疗费用。

法律后果。保险人主张免除保险责任的，应就相应的免责条款及其已尽到明确提示、说明义务的事实承担举证责任。除保险合同中的免责条款，如特别生效时间等对双方权利义务有重大影响的格式条款，保险人也应尽到明确提示与说明义务。保险人的说明必须达到足以使投保人理解的程度，是保险人尽到上述义务的判断标准之一。在司法实践中，人民法院会结合相关的书证来认定保险公司是否尽到提示说明义务。书证的具体形式有两种：一种是保险人提交的保险条款、投保单等证明材料，证明其在保险合同中已经对免责条款的概念、内容及其法律后果以足以引起投保人注意的方式尽到了说明义务；另一种是提交经投保人签字盖章确认的《投保人声明》《机动车综合商业保险免责事项说明》等单独印制的载有免责条款概念、内容及法律后果的文书。在没有相反证据的情况下，人民法院对《投保人声明》等单独印制的文书的证明力原则上予以认可。

2. 交强险限额抗辩

根据《机动车交通事故责任强制保险条例》第 23 条和《机动车交通事故责任强制保险条款》（2020 年）第 6 条，机动车交通事故责任强制保险在全国范围内实行统一的责任限额。责任限额分为死亡伤残赔偿限额、医疗费用赔偿限额、财产损失赔偿限额以及被保险人在道路交通事故中无责任的赔偿限额。无责任的赔偿限额分为无责任死亡伤残赔偿限额、无责任医疗费用赔偿限额以及无责任财产损失赔偿限额。根据《机动车交通事故责任强制保险条款》（2020 年）第 8 条，在中华人民共和国境内（不含港、澳、台地区），被保险人在使用被保险机动车过程中发生交通事故，致使受害人遭受人身伤亡或者财产损失，依法应当由被保险人承担的损害赔偿责任，保险人按照交强险合同的约定对每次事故在下列赔偿限额内负责赔偿：①死亡伤残赔偿限额为 180 000 元；②医疗费用赔偿限额为 18 000 元；③财产损失赔偿限额为 2000 元；④被保险人无责任时，无责任死亡伤残赔偿限额为 18 000 元；无责任医疗费用赔偿限额为 1800 元；无责任财产损失赔偿限额为 100 元。死亡伤残赔偿限额和无责任死亡伤残赔偿限额项下负责赔偿丧葬费、死亡补偿费、受害人亲属办理丧葬事宜支出的交通费用、残疾赔偿金、残疾辅助器具费、护理费、康复费、交通费、被扶养人生活费、住宿费、误工费，被保险人依照法院判决或者调解承担的精神损害抚慰金。医疗费用赔偿限额和无责任医疗费用赔偿限额项下负责赔偿医药费、诊疗费、住院费、住院伙食补助费，必要的、合理的后续治疗费、整容费、营养费。

根据《机动车交通事故责任强制保险条款》（2020 年）第 9 条，对于下列情形下发生交通事故，被保险人在交通事故中无责任的，保险人在无责任医疗费用赔偿限额内垫付：①驾驶人未取得驾驶资格的；②驾驶人醉酒的；③被保险机动车被盗抢期间肇事的；④被保险人故意制造交通事故的。对于其他损失和费用，保险人不负责垫付和赔偿。

（四）商业三者险抗辩要件

1. 商业保险合同免责条款

根据《中国保险行业协会机动车商业保险示范条款》（2020 年）第 22 条，下列情况下，不论任何原因造成的人身伤亡、财产损失和费用，保险人均不负责赔偿：一是，事故发生后，被保险人或驾驶人故意破坏、伪造现场，毁灭证据。二是，驾驶人有下列情形之一者：①交通肇事逃逸；②饮酒、吸食或注射毒品、服用国家管制的精神药品或者麻醉药品；③无驾驶证，驾驶证被依法扣留、暂扣、吊销、注销期间；④驾驶与驾驶证载明的准驾车型不相符合的机动车；⑤非被保险人允许的驾驶人。三是，被保险机动车有下列情形之一者：①发生保险事故时被保险机动车行驶证、号牌被注销的；②被扣留、收缴、没收期间；③竞赛、测试期间，在营业性场所维修、保养、改装期间；④全车被盗窃、被抢劫、被抢夺、下落不明期间。

根据《中国保险行业协会机动车商业保险示范条款》（2020 年）第 23 条，下列原因导致的人身伤亡、财产损失和费用，保险人不负责赔偿：①战争、军事冲突、恐怖活动、暴乱、污染（含放射性污染）、核反应、核辐射；②第三者、被保险人或驾驶人故意制造保险事故、犯罪行为，第三者与被保险人或其他致害人恶意串通的行为；③被保险机动车被转让、改装、加装或改变使用性质等，导致被保险机动车危险程度显著增加，且未及时通知保险人，因危险程度显著增加而发生保险事故的。根据《中国保险行业协会机动车商业保险示范条款》（2020 年）第 24 条，下列人身伤亡、财产损失和费用，保险人不负责赔偿：①被保险机动车发生意外事故，致使任何单位或个人停业、停驶、停电、停水、停气、停产、通讯或网络中断、电压变化、数据丢失造成的损失以及其他各种间接损失；②第三者财产因市场价格变动造成的贬值，修理后因价值降低引起的减值损失；③被保险人及其家庭成员、驾驶人及其家庭成员所有、承租、使用、管理、运输或代管的财产的损失，以及本车上财产的损失；④被保险人、驾驶人、本车车上人员的人身伤亡；⑤停车费、保管费、扣车费、罚款、罚金或惩罚性赔款；⑥超出《道路交通事故受伤人员临床诊疗指南》和国家基本医疗保险同类医疗费用标准的费用部分；⑦律师费，未经保险人事先书面同意的诉讼费、仲裁费；⑧投保人、被保险人或驾驶人知道保险事故发生后，故意或者因重大过失未及时通知，致使保险事故的性质、原因、损失程度等难以确定的，保险人对无法确定的部分，不承担赔偿责任，但保险人通过其他途径已经知道或者应当及时知道保险事故发生的除外；⑨因被保险人违反本条款第 28 条约定，导致无法确定的损失；⑩精神损害抚慰金；⑪应当由机动车交通事故责任强制保险赔偿的损失和费用。

根据《中国保险行业协会机动车商业保险示范条款》（2020 年）第 24 条，保险事故发生时，被保险机动车未投保机动车交通事故责任强制保险或机动车交通事故责任强制保险合同已经失效的，对于机动车交通事故责任强制保险责任限额以内的损失和费用，保险人不负责赔偿。

2. 附加免赔率

如果机动车没有与保险公司约定不计免赔条款，则保险公司商业三者险适用一定比例的绝对免赔率。例如，王某驾驶车辆造成交通事故，受害人损失共计 300 000 元，需要王某在交强险限额外赔偿。因为有绝对免赔率（例如 20%）特约条款的存在，保险公司只赔偿 240 000 元，剩下 60 000 元由王某自己承担。如果王某购买了相应的不计免赔险，就能获得保险公司 300 000 元的全部赔付，自己不需要自行承担。因此，如果机动车并未在保险公司购买商业三者险的不计免赔，保险公司则因此获得了免赔率抗辩权。

（五）共同被告连带责任抗辩

根据《最高人民法院关于审理人身损害赔偿案件适用法律若干问题的解释》第 2 条，赔偿权利人起诉部分共同侵权人的，人民法院应当追加其他共同侵权人作为共同被告。赔偿权利人在诉讼中放弃对部分共同侵权人的诉讼请求的，其他共同侵权人对被放弃诉讼请求的被告应当承担的赔偿份额不承担连带责任。

四、特殊类型机动车交通事故责任纠纷要件事实

（一）租赁、借用机动车的交通事故责任纠纷

因借用等基于所有人意思的情形造成车辆由他人使用而发生交通事故的，需要注意的是车辆所有人、管理人是否承担责任的问题。

在租赁、借用等基于所有人意思的情形下，车辆由他人（如借用人）使用而发生交通事故的，车辆使用人在保险赔偿之外首先作为赔偿主体是毋庸置疑的。车辆使用人作为直接侵权人，无论是从危险开启、危险控制还是运行控制、运行利益的角度来看，均应承担赔偿责任。此外，针对车辆所有人、管理人承担责任的问题，《民法典》第1209条规定，因租赁、借用等情形机动车所有人、管理人与使用人不是同一人时，发生交通事故造成损害，属于该机动车一方责任的，由机动车使用人承担赔偿责任；机动车所有人、管理人对损害的发生有过错的，承担相应的赔偿责任。在这个意义上，本教材主要分析机动车所有人、管理人承担赔偿责任的以下法律要件事实：

1. 租赁、借用等法律关系的成立

租赁、借用等法律关系的特点是，机动车所有人、管理人与实际使用人相分离，机动车实际使用人相对于机动车所有人和管理人，具有较高的独立控制力，而机动车所有人、管理人在驾驶时间、驾驶路线、驾驶行为管理等方面对机动车驾驶人实际上已经失去管理和控制能力。如果机动车驾驶人因为受雇佣或者挂靠于机动车所有人的，机动车所有人或管理人对驾驶人具有较强的控制性，并不具备《民法典》第1209条规定的要件事实。原告提起这类案件的诉讼，除了向机动车实际驾驶人主张权利之外，向机动车所有人、管理人主张权利，应将租赁、借用等关系的存在作为其诉讼请求成立要件事实予以考虑。机动车所有人、管理人可以通过主张自己并不存在过错、自己与机动车使用人之间不存在租赁、借用等关系，对原告诉讼请求成立要件予以否认。

尽管《民法典》第1209条仅仅以"租赁、借用"作为典型情形来说明机动车所有人、管理人与实际使用人相分离，但实际上还存在很多其他情形。例如：

（1）酒店、宾馆等服务场所提供泊车、代驾等服务过程中发生交通事故。在酒店、宾馆提供泊车或者代驾服务过程中，车辆的运行控制权在酒店、宾

馆方，因为驾驶员是其提供的。酒店、宾馆提供的泊车业务通常是不收取费用的，而代驾服务会收取相应的费用。无论是否收费，酒店、宾馆的做法都是为了带动客源，增加其利益，因此也享有运行利益。在此期间发生交通事故造成损害的，应当由酒店、宾馆承担赔偿责任，但是机动车所有人、管理人对损害的发生有过错的，也应承担与过错程度相适应的赔偿责任。

（2）修理关系中发生交通事故。机动车所有人或者管理人将机动车送往修理厂进行维修，在此期间，由于机动车的占有已经转移给修理厂，如果由于修理厂的职工驾驶该车试车或者将车辆送还机动车所有人或管理人的过程中造成他人损害，应当由修理厂承担责任。因为此时机动车所有人或者管理人已经丧失了对机动车的运行支配权。机动车送交修理或保管期间，依车辆所有人的意思，车辆已停止运行，并实际脱离车辆所有人的控制和支配，而修理人和保管人则依合同取得了对该车的控制支配权。因此，在车辆修理和交付保管期间，修理人或保管人因试车或使用车辆发生交通事故造成他人损害的，应当承担赔偿责任。但是，如果机动车所有人或者管理人对于交通事故的发生也存在过错的，仍应承担相应责任。

2. 机动车所有人、管理人存在过错

机动车所有人、管理人存在过错作为其承担责任的要件事实，主要基于三个方面的原因：①机动车所有人、管理人虽然不是机动车运行的实际控制人，但其仍然具有一般的注意义务。在借用、租赁等基于其意思移转机动车占有、使用的情形中，机动车所有人、管理人应当预见到机动车由他人驾驶可能产生的危险性，在此情况下，机动车所有人、管理人理应对车辆故障排查和安全隐患排查承担较高的注意义务。②机动车所有人、管理人应以"过错"的存在作为其承担责任的法律要件。从危险责任的角度看，让机动车所有人、管理人在此种情形下承担无过错责任显然过于严格。租赁、借用机动车等行为属于现代社会中十分常见的机动车使用形式，过高的责任对机动车所有人、管理人的行为自由、现代社会的社会关系和相关行业的发展都会造成过于严格的限制甚至是阻碍。③从受害人获得赔偿的角度看，课以机动车所有人以过错责任，既能够一定程度上加强对受害人的赔偿保障，也能够最大限度地保障行为人的行为自由。

对于机动车所有人、管理人的过错要件事实的具体表现形式，《道路交通解释》第1条进行了规范。根据该条，机动车所有人、管理人的过错，应当结合以下因素进行判断：①知道或者应当知道机动车存在缺陷，且该缺陷是交通事故发生原因之一的；②知道或者应当知道驾驶人无驾驶资格或者未取得相应驾驶资格的；③知道或者应当知道驾驶人因饮酒、服用国家管制的精神药品或者麻醉药品，或者患有妨碍安全驾驶机动车的疾病等依法不能驾驶机动车的；④其他应当认定机动车所有人或者管理人有过错的。

　　值得注意的一个问题是，在机动车所有人、管理人存在过错的情况下，其与机动车使用人之间并非连带责任关系，而应当理解为按份责任。即，应当根据双方在发生交通事故过程中的过错程度和案件具体情况，来确定机动车所有人、管理人与机动车使用人之间的赔偿责任比例。

　　（二）盗抢机动车的交通事故责任纠纷

　　《民法典》第1215条规定，盗窃、抢劫或者抢夺的机动车发生交通事故造成损害的，由盗窃人、抢劫人或者抢夺人承担赔偿责任。盗窃人、抢劫人或者抢夺人与机动车使用人不是同一人，发生交通事故造成损害，属于该机动车一方责任的，由盗窃人、抢劫人或者抢夺人与机动车使用人承担连带责任。根据该条，盗抢机动车的交通事故责任纠纷法律要件事实主要包括：

　　1. 驾驶人是涉案机动车盗抢人的情形

　　在机动车发生交通事故之时，机动车所有人或者管理人因为机动车被盗抢，已经丧失了对机动车的支配力，也不再享有机动车运行所产生的利益，这种丧失是机动车被盗窃、抢劫或者抢夺所导致的，而机动车被盗窃、抢劫或者抢夺本身即违背了机动车所有人或者管理人的主观意志。因此，在被盗窃、抢劫或者抢夺的机动车发生交通事故造成损害的情形下，机动车所有人或者管理人并不具有法律上的可归责性，不应由其承担赔偿责任，而应当由对机动车具有实际支配力和实际享有机动车运行利益的盗窃人、抢劫人或者抢夺人承担赔偿责任，但若机动车所有人或者管理人违反投保交强险的法定义务，则仍有可能承担相应的赔偿责任。

　　2. 驾驶人不是涉案机动车盗抢人的情形

　　如果人民法院根据当事人提交的证据无法认定驾驶人是涉案机动车的盗窃人、抢劫人或者抢夺人，一般不适用《民法典》第1215条关于机动车被盗窃、抢劫或者抢夺时交通事故责任的规定，而适用《民法典》第1212条的规定，即未经允许驾驶他人机动车，发生交通事故造成损害，属于该机动车一方责任的，由机动车使用人承担赔偿责任；机动车所有人或者管理人对损害的发生有过错的，承担相应的赔偿责任。例如，机动车所有人或管理人对机动车未尽到保管和管理义务，对机动车被他人擅自驾驶存在过错，则应当承担相应的赔偿责任。

（三）职务行为引发的交通事故责任纠纷

《民法典》第 1191 条规定，用人单位的工作人员因执行工作任务造成他人损害的，由用人单位承担侵权责任。用人单位承担侵权责任后，可以向有故意或者重大过失的工作人员追偿。《民法典》第 1192 条规定，个人之间形成劳务关系，提供劳务一方因劳务造成他人损害的，由接受劳务一方承担侵权责任。接受劳务一方承担侵权责任后，可以向有故意或者重大过失的提供劳务一方追偿。提供劳务一方因劳务受到损害的，根据双方各自的过错承担相应的责任。《最高人民法院关于审理人身损害赔偿案件适用法律若干问题的解释》第 4 条规定，无偿提供劳务的帮工人，在从事帮工活动中致人损害的，被帮工人应当承担赔偿责任。被帮工人承担赔偿责任后向有故意或者重大过失的帮工人追偿的，人民法院应予支持。被帮工人明确拒绝帮工的，不承担赔偿责任。

根据以上规定，在涉及雇佣关系的机动车交通事故责任纠纷中，核心问题是双方雇佣关系的认定以及雇员是否存在过错的要件事实确认。

1. 机动车驾驶人与其他民事主体间雇佣关系的要件事实

如果能够认定驾驶人发生交通事故是因为其在履行职务或者帮工的行为，则依法应当由其所在单位或雇主承担侵权赔偿责任。如果驾驶人的驾驶行为不构成职务行为或雇佣帮工行为而是个人行为，则应由驾驶人承担侵权责任。双方的雇佣合同等能证明雇佣关系存在的书面证明材料，是证明双方之间存在雇佣关系的直接证据。如果双方没有书面证明材料，可以根据车辆登记证明、缴纳保险情况以及当事人的陈述等对双方之间是否存在雇佣关系进行认定。雇员提供劳务，即从事职务行为，是认定雇主责任成立的关键因素，而认定职务行为，属于一个价值判断问题，人民法院一般会在具体案件中参考各类因素进行综合判断。当雇员的行为在外观表现上与其职务行为相符，且雇员的行为是雇主明令指示的行为，或虽未得到雇主的指示，但雇员所办事项确是为雇主服务或为雇主谋利益的，该行为便属于执行职务行为。在认定职务行为要件事实时，需要重点考虑以下方面的因素：①雇员实施侵权行为的时间和地点。原则上说，雇员的行为如果是在雇主规定的工作时间、工作地点内发生的，这种行为便可被看作职务行为，雇主应承担相应的替代责任。②行为的利益归属。如果雇员基于为雇主牟利的意愿，行为客观上可以给雇主带来利益，并且这种利益是确实的，任何一个理性人处于雇主的地位将会接受这一利益的话，若雇员从事该活动对第三人造成损害，雇主则需要承担相应责任。③驾驶人是否以单位的名义或者根据普通社会经验足以认为驾驶人与单位或雇主存在特定关联。

2. 机动车驾驶人对损害的发生是否具有过错的要件事实

机动车驾驶人对损害的发生是否具有过错，影响着雇主承担责任的法律后果。如果机动车驾驶员在受雇佣情形下驾驶机动车发生交通事故，不具有过错，显然减轻或免除了雇主的法律责任。认定雇员是否存在过错的要件事实，依据主要有道路交通事故责任认定书、雇员驾驶是否符合雇主规章制度的证明材料以及证人证言等。在认定驾驶人是否为执行工作任务时，常见的难点在于公车私用情况。所谓公车私用，是指驾驶人未经所在单位的批准，擅自驾驶单位的公车办理个人事务，此时，单位对驾驶人擅自驾驶造成的交通事故是否需要承担赔偿责任，存有争议。部分人民法院认为，若单位应当采取有效的预防措施控制公车私用而没有采取的，单位应当承担赔偿责任。但是大部分人民法院认为，此种情形下，驾驶人即使是为个人事务，仍应由用人单位承担责任。单位是否采取了有效措施控制公车私用，属于其内部管理措施，不能对抗受害人。[1]

（四）道路管理维护缺陷引发的交通事故责任纠纷

1. 道路管理维护缺陷行为要件事实

我国《道路交通安全法》等法律法规对公路管理机构、公路经营企业的道路维护义务作了明确规定。例如，《道路交通安全法》第 104 条规定，未经批准，擅自挖掘道路、占用道路施工或者从事其他影响道路交通安全活动的，由道路主管部门责令停止违法行为，并恢复原状，可以依法给予罚款；致使通行的人员、车辆及其他财产遭受损失的，依法承担赔偿责任。《道路交通安全法》第 105 条规定，道路施工作业或者道路出现损毁，未及时设置警示标志、未采取防护措施，或者应当设置交通信号灯、交通标志、交通标线而没

---

〔1〕 李晓倩主编：《机动车交通事故责任纠纷：证据运用与裁判指引》，法律出版社 2020 年版，第 70 页。

有设置或者应当及时变更交通信号灯、交通标志、交通标线而没有及时变更，致使通行的人员、车辆及其他财产遭受损失的，负有相关职责的单位应当依法承担赔偿责任。在司法实践中，道路管理维护缺陷还表现为：①因道路管理维护不善而出现路面损坏，未及时修复亦未设置相应警示标识致使出现交通事故并造成损害；②道路管理者未及时对道路清障导致出现交通事故；③未设置相应的交通指示、警告禁令等标志致使出现交通事故；④未设置安全防护设施或相关设施设置、维护不到位，导致出现交通事故或交通事故损害扩大；⑤因隔离带、围栏等设置、维护不当使依法不得进入高速公路的车辆、行人进入高速公路发生道路交通损害。

2. 道路管理维护缺陷的过错要件事实

从我国《民法典》有关建筑物和物件损害责任的相关规定来看，道路管理维护缺陷造成交通事故的，适用过错推定原则。例如，《民法典》第1253条规定，建筑物、构筑物或者其他设施及其搁置物、悬挂物发生脱落、坠落造成他人损害，所有人、管理人或者使用人不能证明自己没有过错的，应当承担侵权责任。

适用过错推定原则，意味着交通事故中的被侵权人只要证明道路存在相应管理维护缺陷及缺陷与损害发生具有因果关系即可。一般道路管理者的责任会载于交通管理部门出具的道路交通事故责任认定书中，但即使道路交通事故责任认定书中对道路管理者的责任并未加以认定，若有证据证明道路存在管理维护缺陷并因此而发生交通事故造成损害，仍可要求道路管理者承担相应责任。因道路设计施工缺陷导致交通事故的，道路建设单位、施工单位则为损害赔偿责任人。

（五）学习驾驶机动车交通事故责任纠纷

根据《道路交通解释》第5条，接受机动车驾驶培训的人员，在培训活动中驾驶机动车发生交通事故造成损害，属于该机动车一方责任，当事人请求驾驶培训单位承担赔偿责任的，人民法院应予支持。

对于尚未取得合法机动车驾驶证，但已通过驾驶培训机构正式学车手续的学员，在学习机动车驾驶技能的过程中，当有合格教练随车指导时发生道路交通安全违法行为或者造成交通事故的，因教练员的培训行为系履行职务行为，故应由驾驶培训机构对被侵权人的合理损失承担相应的赔偿责任。但是如果学习驾驶是私人行为，驾驶人没有学员身份，学习活动并未在驾驶培训机构的教练员指导下进行，驾驶的车辆也并非驾驶培训机构提供的教练车而是普通车辆，则应当认定为无证驾驶，依照当事人（驾驶人与指导人）的过错确定赔偿责任。

由于学习机动车驾驶期间，学员未取得驾驶证，与此同时其驾驶的车辆为教练车，此时应当认定拥有驾驶证和教练员证的教练员为教练车实际支配人，学员驾驶机动车的行为不属于法律法规明文禁止的无证驾驶。如果由于教练员自身原因没有随车指导的，视为教师培训环节不规范，而应当认定驾驶培训机构承担赔偿责任。此外，还有一种特殊情况，即教练员不具备教练资格。这种情况意味着驾驶培训机构对教练员资质缺乏严格的管理和审核，而存在过错，但随车人员只要是在履行驾驶培训机构的教练行为，即使不具备教练资格，教师培训机构也应当承担赔偿责任。综上，学习驾驶机动车交通事故责任纠纷请求驾驶培训机构承担责任的要件事实主要有：

（1）驾驶人在教练员指导下驾驶机动车。

（2）驾驶人驾驶机动车造成交通事故发生在驾驶培训活动中。

（3）驾驶人在交通事故中应承担赔偿责任。

（4）教练员与驾驶培训机构具有雇佣关系。

值得注意的是，在机动车驾驶过程中，完全是由于学员自身原因即明知教练员不在副驾驶的情况下不能独自驾驶车辆却擅自驾驶车辆而导致交通事故的，学员对于事故发生具有一定过错，因此需要承担部分赔偿责任。

（六）多辆机动车导致第三人损害的交通事故责任纠纷

1. 责任类型及其要件事实

在机动车交通事故责任纠纷中，对于存在多辆机动车发生交通事故致害第三人的情况，《道路交通解释》第10条规定，多辆机动车发生交通事故造成第三人损害，当事人请求多个侵权人承担赔偿责任的，人民法院应当区分不同情况，依照《民法典》第1170条、第1171条、第1172条的规定，确定侵权人承担连带责任或者按份责任。

因此，根据《民法典》上述规定，对于无意思联络的数人导致交通事故的侵权行为，可为三种具体情形处理：共同危险行为或造成损害结果的原因力难以判断情形；数个侵权行为与损害结果之间存在累积因果关系情形；数个侵权行为为损害结果发生的共同原因情形。

（1）《民法典》第1170条规定，二人以上实施危及他人人身、财产安全的行为，其中一人或者数人的行为造成他人损害，能够确定具体侵权人的，由侵权人承担责任；不能确定具体侵权人的，行为人承担连带责任。多辆机动车发生交通事故，其中的一辆机动车或者数辆机动车造成他人损害，不能确定具体侵权人的，由各机动车方承担连带责任。

（2）《民法典》第1171条规定，二人以上分别实施侵权行为造成同一损害，每个人的侵权行为都足以造成全部损害的，行为人承担连带责任。据此，多辆机动车发生交通事故，各机动车分别造成同一损害，每一机动车都足以造成全部损害的，机动车方承担连带责任。其中"分别"是指多辆机动车方之间对交通事故的发生没有主观上的意思联络。"同一损害"是指多辆机动车侵权行为所造成的损害的性质是相同的，都是身体伤害或者财产损失，并且损害内容具有关联性。"足以"是指即便没有其他机动车侵权行为的共同作用，独立的单个机动车的侵权行为也有可能造成全部损害。例如，大客车 A 超员超速驾驶，与超载的大货车 B 发生碰撞交通事故，两车先后分别撞上行人张某并导致张某死亡。无论是超员超速的 A 车还是超载的 B 车单独撞上行人张某，都足以导致张某死亡，那么可以认为两车对张某死亡的损害后果具有等价因果关系，按照《民法典》第1171条的规定，各机动车方应承担连带责任。

（3）《民法典》第1172条规定，二人以上分别实施侵权行为造成同一损害，能够确定责任大小的，各自承担相应的责任；难以确定责任大小的，平均承担责任。由于各个机动车之间没有共同的故意或者过失，属于无意思联络的行为。而数个行为与结果之间则是多因果的关系，即每个独立行为并不构成损害的直接原因，但是多个原因结合起来共同造成了一个损害。例如，大客车 A 超员超速驾驶，与超载的大货车 B 发生碰撞交通事故，造成大客车 A 上的乘客张某受伤。由于两车都对张某受伤的结果存在过错，并对张某的受伤后果存在一定因果关系，仅有 A 车的超员超速或者 B 车的超载行为，都不足以导致张某受伤的损害后果发生，因此两车应承担各自相应的按份责任。可见，多辆机动车如果分别实施侵权行为造成了在法律上能够确定责任大小的损害后果，则应按照自己责任原则，由各机动车方对自己所造成的损失承担赔偿责任；多辆机动车如果分别实施侵权行为造成了在法律上难以确定责任大小的后果，则由各机动车方平均承担责任。

在多辆机动车发生交通事故致害第三人的案件中，我们可以根据道路交通事故责任认定书、机动车驾驶人是否注意观察路面状态、是否避让行人、第三人对损害的发生是否有过错、事故发生时的现场勘查、调查笔录和监控录像资料、证人证言、当事人对事故发生情况的陈述以及与该事故相关的刑事判决书等，判断机动车各方的行为与损害结果之间的因果关系，适用《民法典》规定的以上三种情形之一。

2. 发生交通事故机动车的投保情况

《道路交通解释》第 18 条分情形对保险责任的承担进行了认定。该条规定，多辆机动车发生交通事故造成第三人损害，损失超出各机动车交强险责任限额之和的，由各保险公司在各自责任限额范围内承担赔偿责任；损失未超出各机动车交强险责任限额之和，当事人请求由各保险公司按照其责任限额与责任限额之和的比例承担赔偿责任的，人民法院应予支持。

各机动车都投保交强险时，存在如下两种情况：第一，各机动车驾驶人共同侵权造成被侵权人的损失超出所有机动车投保交强险责任限额的总和时，首先由各保险公司在各自责任限额内进行赔偿。超出保险公司份额的部分则由被侵权人请求各侵权人进行赔偿。第二，各机动车驾驶人共同侵权造成被侵权人的损失未超出各机动车投保交强险的责任限额总和时，按照各保险公司责任限额的比例划分赔偿责任。在多辆机动车发生交通事故造成第三人损害，其中部分机动车未投保交强险的特殊情形下，当事人请求先由已承保交强险的保险公司在责任限额范围内予以赔偿的，人民法院一般会支持该请求，保险公司可就超出其应承担的部分向未投保交强险的投保义务人或者侵权人行使追偿权。

离婚纠纷类案实训

离婚纠纷诉讼，狭义上是指夫妻双方当事人一方向法院请求与另一方解除婚姻关系的民事纠纷案件。离婚纠纷往往还涉及夫妻共同财产分割、损害赔偿以及子女抚养问题，审判实践中均将上述纠纷归入"离婚纠纷"的案由之下。因此，本章所涉及的离婚纠纷诉讼类案实训，包括起诉解除婚姻关系、分割夫妻共同财产、请求过错方损害赔偿以及处理子女抚养权等民事纠纷案件。

学生实训实验任务：登录民事诉讼实训平台，选定不同的实验角色后，选择"第七章"实验，按实验编号进行离婚纠纷类案实训训练。

第一节　诉讼法要件事实

一、诉讼要件

（一）适格原告

（1）离婚纠纷所处理的是配偶之间的人身权利和财产权利，具有强烈的人身属性，因此离婚诉讼的适格原告，首先应当为婚姻关系的双方当事人。婚姻关系之外的民事主体，不具备离婚诉讼的原告主体资格。基于民法上的监护制度，如果婚姻关系中一方当事人为无诉讼行为能力人，另一方应该为其法定代理人。但如果该法定代理人向无诉讼行为能力人提起离婚诉讼，则出现了其身份上的冲突现象。对此，程序上的解决方案，是首先变更法定代理人，即将无诉讼行为能力的婚姻当事人一方的法定代理人变更为其他近亲属，这时就可以解决原告主体资格的身份冲突问题。

（2）特殊情况下的监护人原告资格。《最高人民法院关于适用〈中华人民共和国民法典〉婚姻家庭编的解释（一）》（以下简称《婚姻家庭解释》）

第 62 条规定："无民事行为能力人的配偶有民法典第三十六条第一款〔1〕规定行为，其他有监护资格的人可以要求撤销其监护资格，并依法指定新的监护人；变更后的监护人代理无民事行为能力一方提起离婚诉讼的，人民法院应予受理。"因此，无民事行为能力人提起离婚诉讼，应当首先通过特别程序变更无民事行为能力人的配偶的监护权，由新的监护人作为无民事行为能力人的法定代理人代理其提起离婚诉讼。但是，如果结婚前就存在无民事行为能力的情形且起诉时该情形尚未消失的，应当提起婚姻无效之诉而非离婚诉讼。

（二）适格诉讼请求

1. 离婚诉讼纠纷的诉讼请求类型

广义的离婚诉讼，原告除了请求解除与被告之间的婚姻关系之外，可以请求分割夫妻共同财产、请求过错方被告赔偿损失、请求自己获得子女抚养权。因此，离婚纠纷广义上包含着离婚纠纷、离婚财产纠纷、离婚损害赔偿纠纷以及离婚子女抚养纠纷的诉讼请求范围。

2. 当事人不得单独对过错方提起损害赔偿诉讼

根据《婚姻家庭解释》第 87 条、第 88 条，符合《民法典》第 1091 条规定的无过错方作为原告基于该条规定向人民法院提起损害赔偿请求的，必须在离婚诉讼的同时提出。在婚姻关系存续期间，当事人不起诉离婚而单独依据《民法典》第 1091 条提起损害赔偿请求的，人民法院不予受理。因此，如果原告请求有过错方的被告承担基于《民法典》第 1091 条的损害赔偿责任的，应当在提起离婚诉讼的同时提出，否则单独提起的损害赔偿诉讼请求不符合法院立案的条件。当然，如果原告不提起离婚诉讼，而是基于《民法典》其他条款请求侵害自己合法权利的被告承担损害赔偿责任的，仍然符合法院受理民事案件的范围。例如，原告因被告实施家庭暴力受到人身损害，请求被告承担基于人身伤害的民事责任而未提出离婚诉讼的，人民法院应当受理。

另外需要注意的是，如果当事人已经协议离婚的，仍然可以单独提起损害赔偿诉讼请求。《婚姻家庭解释》第 89 条规定："当事人在婚姻登记机关办

---

〔1〕《民法典》第 36 条第 1 款规定："监护人有下列情形之一的，人民法院根据有关个人或者组织的申请，撤销其监护人资格，安排必要的临时监护措施，并按照最有利于被监护人的原则依法指定监护人：（一）实施严重损害被监护人身心健康的行为；（二）怠于履行监护职责，或者无法履行监护职责且拒绝将监护职责部分或者全部委托给他人，导致被监护人处于危困状态；（三）实施严重侵害被监护人合法权益的其他行为。"

理离婚登记手续后，以民法典第一千零九十一条规定为由向人民法院提出损害赔偿请求的，人民法院应当受理。但当事人在协议离婚时已经明确表示放弃该项请求的，人民法院不予支持。"

3. 当事人单独提起分割夫妻共同财产诉讼的限制

《民法典》第 1066 条规定："婚姻关系存续期间，有下列情形之一的，夫妻一方可以向人民法院请求分割共同财产：（一）一方有隐藏、转移、变卖、毁损、挥霍夫妻共同财产或者伪造夫妻共同债务等严重损害夫妻共同财产利益的行为；（二）一方负有法定扶养义务的人患重大疾病需要医治，另一方不同意支付相关医疗费用。"因此，如果当事人不提起离婚诉讼，而是单独请求分割夫妻共同财产，需要满足法定的条件，若不满足上述条件单独起诉请求分割夫妻共同财产的，人民法院不予受理。

4. 当事人不得提起分割夫妻共同债务和债权诉讼

《民法典》第 1089 条规定："离婚时，夫妻共同债务应当共同偿还。共同财产不足清偿或者财产归各自所有的，由双方协议清偿；协议不成的，由人民法院判决。"根据该条，夫妻共同债务在共同财产足以清偿的情况下，人民法院并不需要对该共同债务进行分割或确认判决。如果法院通过判决或调解对夫妻共同债务进行分割，势必会降低债务人对债权人的偿还能力，损害债权人的利益，这与法律规定的夫妻共同债务共同偿还的立法精神相违背。在离婚诉讼中，一方主张负债，另一方认为不负债或一方主张负债，而另一方认为债务系个人债务及双方虚构债务的情况，都会涉及债权人的合法权益，人民法院无法在债权人未参加的情况下对上述争议进行处理。此外，债权人或债务人的情况复杂，可能涉及除债权人、债务人之外的第三人，如其他家庭成员的合法权益等情况，那么该离婚案件的审理会因此拖延较长的时间，不利于妥善及时地解决离婚纠纷。基于以上分析，当事人在起诉离婚的同时请求确认或者分割夫妻共同债务的，人民法院不应当受理。

另一方面，离婚纠纷中，原告如果提起请求分割夫妻共有债权的诉讼请求，因债权关系的认定涉及案外人的利益，在未有案外人确认该债权关系真实性及其他证据佐证的情况下，法院无法确认该债权债务关系的真实性，故对于夫妻一方在离婚诉讼中提出确认夫妻共同债权并分割的诉讼请求，法院应不予受理。

（三）起诉期限条件

《民法典》第 1082 条规定："女方在怀孕期间、分娩后一年内或者终止妊娠后六个月内，男方不得提出离婚；但是，女方提出离婚或者人民法院认为确有必要受理男方离婚请求的除外。"因此，如果男方在女方在怀孕期间、分娩后 1 年内或者终止妊娠后 6 个月内提起离婚诉讼，不满足起诉期限的条件，人民法院不予受理。

此外，《民事诉讼法》第 127 条第 7 项规定："判决不准离婚和调解和好的离婚案件，判决、调解维持收养关系的案件，没有新情况、新理由，原告在六个月内又起诉的，不予受理。"《民事诉讼法解释》第 214 条第 2 款也规定："原告撤诉或者按撤诉处理的离婚案件，没有新情况、新理由，六个月内又起诉的，比照民事诉讼法第一百二十七条第七项的规定不予受理。"

（四）法院管辖要件

值得注意的是，离婚案件并不涉及级别管辖、专属管辖、协议管辖和特殊地域管辖方法。首先，离婚案件即使涉及分割财产的标的额超过基层法院受理民事案件的范围，也应当由基层人民法院管辖。其次，离婚案件中分割财产涉及不动产的，也不属于《民事诉讼法》第 33 条所规定的不动产纠纷案件，因此不适用"不动产所在地人民法院管辖"的专属管辖规定。再次，离婚案件并不属于法定的适用特殊地域管辖的民事纠纷类型。最后，《民事诉讼法》规定的协议管辖，只能适用合同纠纷等财产纠纷案件，并不适用离婚案件。因此，离婚诉讼的法院管辖，仅仅涉及一般地域管辖的适用原则。根据《民事诉讼法》相关规定，一般地域管辖分为"原告就被告"和"被告就原告"两种确定方法。

1. 原告就被告

离婚案件适用《民事诉讼法》一般地域管辖方式确定法院，即原则上适用原告就被告原则。被告住所地与经常居住地不一致的，由经常居住地人民法院管辖。被告的住所地是指被告的户籍所在地；被告的经常居住地是指被告离开住所地至起诉时已连续居住 1 年以上的地方，但住院就医除外。

2. 被告就原告

《民事诉讼法》第 23 条规定："下列民事诉讼，由原告住所地人民法院管辖；原告住所地与经常居住地不一致的，由原告经常居住地人民法院管辖：（一）对不在中华人民共和国领域内居住的人提起的有关身份关系的诉讼；

（二）对下落不明或者宣告失踪的人提起的有关身份关系的诉讼；（三）对被采取强制性教育措施的人提起的诉讼；（四）对被监禁的人提起的诉讼。"适用被告就原告原则，原告应当在自己所在地人民法院提起诉讼。

3. 特殊情况

夫妻一方离开住所地超过 1 年，另一方起诉离婚时，可以由原告住所地人民法院管辖。如果夫妻双方均离开住所地超过 1 年，一方起诉离婚的，则由被告经常居住地人民法院管辖；被告没有经常居住地的，由原告起诉时被告居住地人民法院管辖。

在夫妻双方都被监禁或被采取强制性教育措施的情况下，需要分两种情况确定管辖法院。如果被告被监禁或被采取强制性教育措施 1 年以上的，由被告被监禁地或被采取强制性教育措施地人民法院管辖。如果被告被监禁或被采取强制性教育措施不足 1 年的，仍应由被告原住所地人民法院管辖。

非军人对军人提出的离婚诉讼，如果军人一方为非文职军人，由原告住所地人民法院管辖。离婚诉讼双方当事人都是军人的，由被告住所地或者被告所在的团级以上单位驻地的人民法院管辖。

二、被告对诉讼要件的否认

（1）针对不得单独提起的不适格诉讼请求提出异议。

（2）主张经人民法院判决不准离婚或者调解和好的离婚案件，原告再次提起诉讼没有满足法定期限要求。

（3）对原告提起离婚诉讼提出管辖权异议。

（4）对原告的主休资格提出异议。

（5）主张原告提起离婚诉讼不满足法定起诉期限要求。

三、被告主张诉讼抗辩

女方在怀孕期间、分娩后 1 年内或者终止妊娠后 6 个月内，男方起诉离婚存在人民法院确有必要受理男方离婚请求的情形。

第二节　实体法要件事实

一、请求解除婚姻关系

（一）诉讼请求基础法律规范

（1）《民法典》第 1079 条规定："夫妻一方要求离婚的，可以由有关组织进行调解或者直接向人民法院提起离婚诉讼。人民法院审理离婚案件，应当进行调解；如果感情确已破裂，调解无效的，应当准予离婚。有下列情形之一，调解无效的，应当准予离婚：（一）重婚或者与他人同居；（二）实施家庭暴力或者虐待、遗弃家庭成员；（三）有赌博、吸毒等恶习屡教不改；（四）因感情不和分居满二年；（五）其他导致夫妻感情破裂的情形。一方被宣告失踪，另一方提起离婚诉讼的，应当准予离婚。经人民法院判决不准离婚后，双方又分居满一年，一方再次提起离婚诉讼的，应当准予离婚。"

（2）《民法典》第 1081 条规定："现役军人的配偶要求离婚，应当征得军人同意，但是军人一方有重大过错的除外。"

（二）诉讼请求成立法律要件事实

1. 原被告之间存在合法的婚姻关系

离婚诉讼属于变更诉讼类型，因而原被告之间的争议在于是否解除婚姻关系以及解除婚姻关系的同时处理共同财产分割、子女抚养等法律关系的变更。因此，离婚诉讼的基本前提性要件事实，即双方存在合法的夫妻关系，原告应当向法院提供证明双方合法婚姻关系的结婚证或其他夫妻关系证明文件。如果双方不存在夫妻关系，例如仅仅是同居关系，则离婚诉讼请求不可能得到法院支持。《婚姻家庭解释》第 3 条第 1 款规定："当事人提起诉讼仅请求解除同居关系的，人民法院不予受理；已经受理的，裁定驳回起诉。"此外，如果经审理查明双方实际为无效婚姻的，根据《婚姻家庭解释》第 12 条，人民法院应当将婚姻无效的情形告知当事人，并依法作出确认婚姻无效的判决。

2. 夫妻感情确已破裂

夫妻感情是双方婚姻关系继续存在的基本前提条件，如果达到了法定的"感情破裂"标准，人民法院应当准予离婚。但是，人的感情因素是一个非常主观的问题，婚姻当事人已达到"感情破裂"的程度，需要通过客观标准进行判断。《民法典》第 1079 条对"夫妻感情确已破裂"的标准进行了列举式的规范。

（1）重婚或者与他人同居。重婚分为法律上的重婚和事实上的重婚，有配偶者又与他人登记结婚的，为法律上的重婚。虽未登记但确与他人以夫妻名义同居生活的，为事实上的重婚。已登记结婚的一方与他人又登记结婚或与他人以夫妻名义同居生活形成事实婚姻，应认定为重婚行为并予以法律制裁。但在现实生活中，不少人采取了规避法律的方式，在与他人婚外同居时，既不去登记结婚，也不以夫妻名义同居生活。事实上的重婚和有配偶者与他人同居之间最大的区别就在于是否以夫妻名义同居生活，如果双方以夫妻名义同居生活，则构成事实上的重婚；如果双方没有以夫妻名义同居生活，则不属于《刑法》予以处罚的范围，而属于《民法典》禁止的行为。当然，重婚的含义与有配偶者与他人同居有交叉重合之处，事实上的重婚也是有配偶者与他人同居，但这种同居是有名分的，即以夫妻名义相称，而不是以所谓的秘书、亲戚、朋友相称。

《民法典》对于重婚或者与他人同居的主体，并未限于被告，而应当理解为夫妻双方当事人中一方存在该情形，即达到夫妻感情破裂的标准。一般而言，若当事人在与原配偶存在事实婚姻关系的情况下，与第三人办理结婚登记或者已经提交计生部门新生儿信息表，法院则认定构成重婚。若当事人符合"有配偶者与婚外异性不以夫妻名义，持续、稳定地共同居住"的情形，即构成"有配偶者与他人同居"的要件事实，从而人民法院认定双方感情确已破裂无和好的可能，因此可准予离婚。

（2）实施家庭暴力或者虐待、遗弃家庭成员。家庭暴力，是指行为人以殴打、捆绑、残害、强行限制人身自由或者其他手段，给其家庭成员的身体、精神等方面造成一定伤害后果的行为。持续性、经常性的家庭暴力，构成虐待。若当事人提供充足的证据证明家庭暴力、虐待和遗弃的存在，严重伤害了夫妻间感情，当事人坚决要求离婚的，人民法院会判决准予离婚。

（3）有赌博、吸毒等恶习屡教不改的。有赌博、吸毒等恶习的人，常常好逸恶劳、不务正业，既消耗了家庭财产，也严重影响了夫妻互相扶养义务的履行，使夫妻之间在物质生活和感情生活上出现了严重障碍，夫妻共同生活所必须具备的条件已经丧失。因此，原告提供确凿证据，证明被告有赌博、吸毒等恶习屡教不改的行为且程度较重，或者屡教不改，一贯不履行家庭义务，夫妻难以共同生活，确无和好的可能，经调解无效，人民法院会判决准予离婚。

（4）因感情不和分居满 2 年。夫妻因感情不和分居满 2 年，一般来说可以构成夫妻感情破裂的事实证明。分居是指夫妻间不再共同生活，不再互相履行夫妻义务，包括停止性生活，经济上不再合作，生活上不再互相关心、互相扶助等。具有分居满 2 年的情形，说明夫妻关系已徒具形式，名存实亡。

（5）其他导致夫妻感情破裂的情形。现实生活中造成夫妻感情破裂而提起离婚诉讼的原因有很多，随着社会的不断发展，婚姻家庭面临的新问题越来越多，法律很难将准予离婚的法定情形进行完全列举，除了以上因素，原告可以主张其他导致夫妻感情破裂的要件事实。例如，一方患有法定禁止结婚疾病，或一方有生理缺陷，或其他原因无法发生性行为，且难以治愈的；双方登记结婚后，从未同居生活，无和好可能的；包办、买卖婚姻，婚后一方随即提出离婚，或虽共同生活多年，仍未建立夫妻感情的；一方依法被判处刑事处罚、服刑时间较长的，或其违法犯罪行为严重伤害夫妻感情的情形等。

（6）被告经人民法院判决宣告失踪。《民事诉讼法解释》第 217 条规定，夫妻一方下落不明，另一方诉至人民法院，只要求离婚，不申请宣告下落不明人失踪或者死亡的案件，人民法院应当受理，对下落不明人公告送达诉讼文书。法院对于夫妻一方被宣告失踪，另一方请求解除婚姻关系的离婚诉讼采取准予离婚的态度，是为了尽早结束已经名存实亡达 2 年以上的婚姻关系，使当事人能够开始新的生活。若夫妻一方自下落不明、与家庭无通信联系之时起算，至公告查找确无下落为止，期间已满 2 年，无须经过申请宣告失踪的程序，则人民法院即可判决准予离婚。

（7）经人民法院判决不准离婚后，双方又分居满一年，原告再次提起离婚诉讼。

（8）现役军人的配偶要求离婚，已取得该现役军人的同意。现役军人，是指具有中国人民解放军军籍的战士和干部。退役、复员和转业军人以及在军事单位中工作的未取得军籍的职工不包括在内。此外，这一要件事实所指的"配偶"，并不具有军人身份。

综上可知，认定夫妻感情破裂的具体客观因素都不具有绝对性，而是具有一定的综合性。若当事人不能举证证明夫妻感情确已破裂，且双方结婚时间较长，共同育有子女，或者在双方当事人自幼相识，并非没有婚姻基础的情况下，人民法院则认定双方应当加强沟通，建立对彼此的信任，共同维护家庭的团结，抚养好子女，判决不准予离婚。若当事人已经多次诉至法院要求离婚，或者在原审判决不准离婚后，双方分居1年以上且又互不履行夫妻义务，则人民法院会认定夫妻感情已无和好的可能，确已破裂，判决准予离婚。

（三）被告否认

（1）重婚或与他人同居一方起诉离婚的情况。如果原告重婚或与他人同居，双方夫妻感情确已因重婚或与他人同居而破裂，法院调解无效可准予离婚。但是夫妻感情尚未破裂，被告坚持不离婚的，可不准予离婚。

（2）主张夫妻间感情较好，仅仅因个别事项引起家庭暴力、虐待、遗弃的行为，而且情节不严重，应当在赔礼道歉的基础上争取调解和好，如果人民法院认定被告的家庭暴力、虐待、遗弃行为并未导致夫妻感情破裂，则不准予离婚。

（3）不存在赌博、吸毒等恶习屡教不改，或程度较轻。人民法院会综合考量子女年龄等因素，在夫妻感情没有完全破裂的情况下，判决不准予离婚，通过调解促使夫妻双方和好，给予当事人一次悔过自新的机会。

（4）被告否认因感情不和分居2年。例如，被告主张分居时间未达到2年、分居的原因是因工作学习等导致的两地分居，以及因住房问题造成的夫妻不能同室而居，或者主张夫妻分居已满2年，但未造成夫妻感情确已破裂或经调解尚有和好可能的，则人民法院不能认为已具备准予离婚的条件。

（5）经人民法院判决不准离婚后，原告再次提起离婚诉讼，双方未发生分居满1年的情况。

（四）被告抗辩

（1）现役军人的配偶具有军人身份。如果双方均为现役军人，则双方离婚并不需要取得对方同意，应当按照一般离婚的条件进行判断。

（2）作为非军人的原告，主张离婚诉讼的被告军人一方有重大过错。军人存在法定的重大过错事实，可以依据《民法典》第1079条的规定（包括：重婚或者与他人同居；实施家庭暴力或者虐待、遗弃家庭成员；有赌博、吸毒等恶习屡教不改）及军人有其他重大过错导致夫妻感情破裂的情形予以判断。如果被告上述主张成立，即使作为被告的军人不同意离婚，人民法院也可以根据夫妻感情破裂的要件事实准予离婚。

二、请求分割夫妻共同财产

（一）诉讼请求基础法律规范

（1）《民法典》第 1062 条规定："夫妻在婚姻关系存续期间所得的下列财产，为夫妻的共同财产，归夫妻共同所有：（一）工资、奖金、劳务报酬；（二）生产、经营、投资的收益；（三）知识产权的收益；（四）继承或者受赠的财产，但是本法第一千零六十三条第三项规定的除外；（五）其他应当归共同所有的财产。夫妻对共同财产，有平等的处理权。"

（2）《民法典》第 1087 条规定："离婚时，夫妻的共同财产由双方协议处理；协议不成的，由人民法院根据财产的具体情况，按照照顾子女、女方和无过错方权益的原则判决。对夫或者妻在家庭土地承包经营中享有的权益等，应当依法予以保护。"

（二）诉讼请求成立法律要件事实

1. 请求分割的财产属于夫妻共同财产

（1）根据《婚姻家庭解释》第 80 条，婚后以夫妻共同财产缴纳基本养老保险费，离婚时一方主张将养老金账户中婚姻关系存续期间个人实际缴纳部分及利息作为夫妻共同财产分割的，人民法院应予支持。因此，婚姻关系存续期间，养老金账户中的个人实际缴纳部分及利息属于夫妻共同财产。

（2）《婚姻家庭解释》第 25 条规定："婚姻关系存续期间，下列财产属于民法典第一千零六十二条规定的'其他应当归共同所有的财产'：（一）一方以个人财产投资取得的收益；（二）男女双方实际取得或者应当取得的住房补贴、住房公积金；（三）男女双方实际取得或者应当取得的基本养老金、破产安置补偿费。"

（3）《婚姻家庭解释》第 26 条规定："夫妻一方个人财产在婚后产生的收益，除孳息和自然增值外，应认定为夫妻共同财产。"

（4）《婚姻家庭解释》第 27 条规定："由一方婚前承租、婚后用共同财产购买的房屋，登记在一方名下的，应当认定为夫妻共同财产。"

（5）根据《婚姻家庭解释》第 29 条，当事人结婚前，父母为双方购置房屋出资，且明确表示赠与双方的，以及当事人结婚后，父母为双方购置房屋出资的，约定为夫妻共同财产；没有约定或者约定不明确的，按照夫妻共同财产的原则处理。

（6）根据《第八次全国法院民事商事审判工作会议（民事部分）纪要》第 5 条，婚姻关系存续期间，夫妻一方依据以生存到一定年龄为给付条件的具有现金价值的保险合同获得的保险金，宜认定为夫妻共同财产，但双方另有约定的除外。

2. 请求分割共同财产基于夫妻双方协议

离婚时夫妻双方对共同财产的处理达成一致意见的，人民法院将根据《民法典》第 1087 条的规定优先根据协议分割财产。原告可以根据与被告之间达成的分割夫妻共同财产的协议，请求人民法院对夫妻财产进行分割。

3. 请求分割共同财产基于法定照顾情形

如果夫妻双方未对共同财产分割达成协议，人民法院将根据法定标准进行夫妻共同财产的分割。原告可以根据《民法典》第 1087 条的规定，主张自己抚养子女、自己为女方和无过错方等理由，请求法院在分割夫妻共同财产时对自己进行照顾，作出对自己有利的财产分配判决。

4. 请求返还彩礼

《婚姻家庭解释》第 5 条规定："当事人请求返还按照习俗给付的彩礼的，如果查明属于以下情形，人民法院应当予以支持：（一）双方未办理结婚登记手续；（二）双方办理结婚登记手续但确未共同生活；（三）婚前给付并导致给付人生活困难。适用前款第二项、第三项的规定，应当以双方离婚为条件。"因此，如果原告请求被告返还彩礼，应当满足在提起离婚诉讼的同时，举证证明双方办理结婚登记手续但确未共同生活或者婚前给付彩礼导致给付人生活困难的要件事实。

值得注意的是，彩礼的给付方和接收方应作广义理解，即彩礼的给付方和接收方并非仅限于男女双方，可能包括男女双方的父母和亲属，这些人均可成为返还彩礼纠纷的当事人。但是如果男女双方办理结婚手续后，一方提起离婚诉讼，并在离婚诉讼中要求返还彩礼的，由于离婚案件审理过程中除非法律另有特别规定，一般不列第三人，故不应列彩礼的实际给付人、收受人为当事人。因彩礼的实际给付是以男女双方为利益对象或者代表，故应以婚姻当事人为彩礼的返还义务人。[1]

---

〔1〕 肖峰、田源主编：《婚姻家庭纠纷裁判思路与裁判规则》，法律出版社 2017 年版，第 10 页。

5. 请求多分得夫妻共同财产

（1）根据《民法典》第1087条，离婚时，夫妻的共同财产由双方协议处理；协议不成的，由人民法院根据财产的具体情况，按照照顾子女、女方和无过错方权益的原则判决。

（2）根据《民法典》第1088条，夫妻一方因抚育子女、照料老年人、协助另一方工作等负担较多义务的，离婚时有权向另一方请求补偿，另一方应当给予补偿。

（三）被告否认

1. 被告主张原告请求分割的财产属于法定的被告个人财产

（1）《民法典》第1063条规定："下列财产为夫妻一方的个人财产：（一）一方的婚前财产；（二）一方因受到人身损害获得的赔偿或者补偿；（三）遗嘱或者赠与合同中确定只归一方的财产；（四）一方专用的生活用品；（五）其他应当归一方的财产。"上述财产除非有当事人的特别约定，否则夫妻一方的个人财产，不因婚姻关系的延续而转化为夫妻共同财产。

（2）《婚姻家庭解释》第30条规定："军人的伤亡保险金、伤残补助金、医药生活补助费属于个人财产。"

（3）根据《婚姻家庭解释》第29条，当事人结婚前，父母为双方购置房屋出资的，该出资应当认定为对自己子女个人的赠与，不属于夫妻共同财产。从现实社会生活中反映的情况看，父母为子女购买房屋出资的目的往往是为子女结婚，出资的真实意思表示也应是对自己子女的赠与。因此，当事人双方结婚前，各方的父母即使是为当事人双方购置房屋出资的，该出资也应当认定为对自己子女的个人赠与。当然，也不能排除一方或者双方父母明确表示该出资是赠与当事人双方用于购置房屋款项的情况。如果父母作出将出资赠与当事人双方的意思表示，就应认定该出资是对当事人双方的赠与，属于当事人双方共同所有。

（4）根据《婚姻家庭解释》第79条，婚姻关系存续期间，双方用夫妻共同财产出资购买以一方父母名义参加房改的房屋，登记在一方父母名下的，该房屋不属于夫妻共同财产。

（5）根据《第八次全国法院民事商事审判工作会议（民事部分）纪要》第5条，婚姻关系存续期间，夫妻一方作为被保险人依据意外伤害保险合同、健康保险合同获得的具有人身性质的保险金，或者夫妻一方作为受益人依据以死亡为给付条件的人寿保险合同获得的保险金，宜认定为个人财产，但双方另有约定的除外。

2. 被告主张原告请求分割的财产属于约定的被告个人财产

根据《民法典》第 1065 条，男女双方可以约定婚姻关系存续期间所得的财产以及婚前财产归各自所有、共同所有或者部分各自所有、部分共同所有。因此，夫妻对婚姻关系存续期间所得的财产约定为个人财产的，对双方具有法律约束力。

3. 原告根据夫妻双方协议请求分割夫妻共同财产时，被告主张未签订该协议，或者主张该协议无效

4. 被告主张原告不存在多分得夫妻共同财产的法定情形

即主张原告并不存在《民法典》第 1087 条和第 1088 条法定的多分得夫妻共同财产的情形。

5. 被告主张原告请求返还的财产并不属于法律意义上的"彩礼"

彩礼具有严格的针对性，是基于当地的风俗习惯，为了最终缔结婚姻关系，主要由男方家庭支付给女方家庭的，表现出明显的风俗性。如果并非以结婚为直接目的，也并非基于风俗习惯的财产给付，应视为一般赠与，赠与方无权要求对方返还。例如，男方或其近亲属为取悦对方所为的赠与、男女双方恋爱期间男方为表露情感所为的赠与、男方及其近亲属与女方及其近亲属礼节性交往时的赠与等。如果被告举证证明接受的原告财物并不构成"彩礼"，则不承担相应的返还责任。

（四）被告抗辩

1. 主张原告应当少分或者不分夫妻共同财产

《民法典》第 1092 条规定，夫妻一方隐藏、转移、变卖、毁损、挥霍夫妻共同财产，或者伪造夫妻共同债务企图侵占另一方财产的，在离婚分割夫妻共同财产时，对该方可以少分或者不分。因此，被告可以主张原告存在隐藏、转移、变卖、毁损、挥霍夫妻共同财产，或者伪造夫妻共同债务企图侵占被告财产的事实，请求对原告少分或不分共同财产。

2. 主张被告存在可以多分得夫妻共同财产的情形

根据《民法典》第 1087 条和第 1088 条，被告可主张根据双方协议或者法定情形（例如，自己照顾子女、自己为女方、自己为无过错方等事项），对

分配夫妻共同财产享有一定的照顾，请求多分得夫妻共同财产。

（五）法院对特殊夫妻共同财产的分配方法

1. 有价证券

根据《婚姻家庭解释》第 72 条，夫妻双方分割共同财产中的股票、债券、投资基金份额等有价证券以及未上市股份有限公司股份时，协商不成或者按市价分配有困难的，人民法院可以根据数量按比例分配。

2. 公司股权

《婚姻家庭解释》第 73 条规定："人民法院审理离婚案件，涉及分割夫妻共同财产中以一方名义在有限责任公司的出资额，另一方不是该公司股东的，按以下情形分别处理：（一）夫妻双方协商一致将出资额部分或者全部转让给该股东的配偶，其他股东过半数同意，并且其他股东均明确表示放弃优先购买权的，该股东的配偶可以成为该公司股东；（二）夫妻双方就出资额转让份额和转让价格等事项协商一致后，其他股东半数以上不同意转让，但愿意以同等条件购买该出资额的，人民法院可以对转让出资所得财产进行分割。其他股东半数以上不同意转让，也不愿意以同等条件购买该出资额的，视为其同意转让，该股东的配偶可以成为该公司股东。用于证明前款规定的股东同意的证据，可以是股东会议材料，也可以是当事人通过其他合法途径取得的股东的书面声明材料。"

3. 合伙企业出资

《婚姻家庭解释》第 74 条规定："人民法院审理离婚案件，涉及分割夫妻共同财产中以一方名义在合伙企业中的出资，另一方不是该企业合伙人的，当夫妻双方协商一致，将其合伙企业中的财产份额全部或者部分转让给对方时，按以下情形分别处理：（一）其他合伙人一致同意的，该配偶依法取得合伙人地位；（二）其他合伙人不同意转让，在同等条件下行使优先购买权的，可以对转让所得的财产进行分割；（三）其他合伙人不同意转让，也不行使优先购买权，但同意该合伙人退伙或者削减部分财产份额的，可以对结算后的财产进行分割；（四）其他合伙人既不同意转让，也不行使优先购买权，又不同意该合伙人退伙或者削减部分财产份额的，视为全体合伙人同意转让，该配偶依法取得合伙人地位。"

4. 个人独资企业财产

《婚姻家庭解释》第 75 条规定："夫妻以一方名义投资设立个人独资企业的，人民法院分割夫妻在该个人独资企业中的共同财产时，应当按照以下情形分别处理：（一）一方主张经营该企业的，对企业资产进行评估后，由取得企业资产所有权一方给予另一方相应的补偿；（二）双方均主张经营该企业的，在双方竞价基础上，由取得企业资产所有权的一方给予另一方相应的补偿；（三）双方均不愿意经营该企业的，按照《中华人民共和国个人独资企业法》等有关规定办理。"

5. 房屋

根据《婚姻家庭解释》第 76 条，双方对夫妻共同财产中的房屋价值及归属无法达成协议时，人民法院按以下情形分别处理：

（1）双方均主张房屋所有权并且同意竞价取得的，应当准许。如果夫妻双方都想拿房屋所有权给对方经济补偿，而对方获得房屋的条件又差不多的话，当事人选择采用竞价的方式来决定房屋所有权的归属。竞价可以由当事人自行申请，也可以由法官提出并征得当事人的同意后进行。竞价的方式是，先由一方报价，另一方在其报价的基础上增加价码，最后出价高者得房。例如，女方先开价自己得房，愿意给对方 30 万元的补偿，男方报价在自己得房的前提下，愿意给女方 35 万元的补偿。经过几个回合，最后男方在愿意给女方 45 万元补偿的前提下取得房屋的所有权。

（2）如果夫妻名下只有一套共同房产，离婚时法院一般会将房屋判归夫妻一方所有，一方主张房屋所有权的，由评估机构按市场价格对房屋作出评估，取得房屋所有权的一方应当给予另一方相应的补偿。

（3）双方均不主张房屋所有权的，当事人可以选择委托法院对房屋进行拍卖的方式来解决问题。程序上，法院一般会先委托专门的房产评估机构对房产的价值进行评估，在确定房产价格的基础上委托给专业的拍卖机构进行拍卖，最后拍卖成功后再分割卖房款。

另《婚姻家庭解释》第 78 条规定："夫妻一方婚前签订不动产买卖合同，以个人财产支付首付款并在银行贷款，婚后用夫妻共同财产还贷，不动产登记于首付款支付方名下的，离婚时该不动产由双方协议处理。依前款规定不能达成协议的，人民法院可以判决该不动产归登记一方，尚未归还的贷款为不动产登记一方的个人债务。双方婚后共同还贷支付的款项及其相对应财产增值部分，离婚时应根据民法典第一千零八十七条第一款规定的原则，由不动产登记一方对另一方进行补偿。"有关房屋的权属确认和分割，往往是很多离婚案件争议的焦点。结合《民法典》相关规定，以下通过列表形式对房屋权属性质的认定和处理进行说明。

（1）婚前买房的情形。

出资情况	不动产权证署名	认定与处理
一人出资	结婚前取得房屋产权，房屋落在自己名下，并还清个人贷款或是全款买房的	房屋为个人财产
	结婚前已支付了房屋首付款，并向银行贷款，房屋落在自己名下，婚后用夫妻共同财产还贷的	房屋为个人财产，尚未偿还的贷款为产权登记一方的个人债务 夫妻共同还贷支付的款项以及房屋相对应的财产增值部分为共同财产，由不动产登记一方对另一方进行补偿
	房屋落在对方名下	出资方不具备购房条件，以对方名义购房，房屋为夫妻共同财产 出资方结婚为目的赠与对方，房屋为对方婚前个人财产
	房屋落在双方名下	视为将个人财产约定为共同财产，房屋为夫妻共同财产
双方出资	房屋落在双方名下	房屋为夫妻共同财产
	房屋落在一人名下	如果在同居期间，法院基本会按共同生活期间、以结婚后共同使用为目的，作为共同共有处理，通常不作为按份共有处理
		如果不是同居期间购房，按共同财产处理还是按借款或赠与处理，不确定，法官会综合购房背景、出资数额，尤其是公平角度来判定，没有统一定论

（2）婚后买房的情形。

出资情况	不动产权证署名	认定与处理
一人以婚前个人财产出资	房屋落在自己名下	一方已经支付了全部房款，房屋为个人财产
	房屋落在自己名下	一方支付全部首付款，房屋为个人财产 房屋尚未偿还的部分以及房屋增值价值的部分属于夫妻共同财产
	房屋落在双方名下或对方名下	房屋为夫妻共同财产
双方用共同财产出资	房屋落在双方名下	房屋为夫妻共同财产
	房屋落在一方名下	房屋为夫妻共同财产
	房屋落在未成年子女名下	视为未成年子女财产，该房屋不属于夫妻共同财产，抚养方暂时管理

（3）父母出资买房的情形。

时间	出资人	不动产权证署名	认定与处理
结婚前	一方父母全额出资	出资方子女名下、另一方子女名下、双方子女名下	父母出资应当认定为对自己子女个人的赠与，房屋按照出资方子女婚前一人出资标准认定财产权
	一方父母支付房屋首付款		父母出资应当认定为对自己子女个人的赠与，房屋按照出资方子女婚前一人出资支付房屋首付款标准认定财产权
	双方父母均出资		父母出资应当认定为对自己子女个人的赠与，房屋按照夫妻婚前双方各自财产出资标准认定财产权
	一方父母或双方父母出资，明确表示赠与双方		父母出资视为对双方的赠与，房屋按照夫妻婚前共同财产出资标准认定财产权
结婚后	父母为双方购置房屋出资	夫妻双方或一方名下	有协议约定的，按照约定；没有约定或约定不明的，房屋为夫妻共同财产

三、请求获得未成年子女抚养权并由对方给付抚养费

（一）诉讼请求基础法律规范

（1）《民法典》第1084条规定，父母与子女间的关系，不因父母离婚而消除。离婚后，子女无论由父或者母直接抚养，仍是父母双方的子女。离婚后，父母对于子女仍有抚养、教育、保护的权利和义务。离婚后，不满2周岁的子女，以由母亲直接抚养为原则。已满2周岁的子女，父母双方对抚养问题协议不成的，由人民法院根据双方的具体情况，按照最有利于未成年子女的原则判决。子女已满8周岁的，应当尊重其真实意愿。

（2）《民法典》第1085条规定，离婚后，子女由一方直接抚养的，另一方应当负担部分或者全部抚养费。负担费用的多少和期限的长短，由双方协议；协议不成的，由人民法院判决。

（二）诉讼请求成立法律要件事实

（1）对不满2周岁的未成年子女，原告为母亲的情况下，母亲具有抚养优先权。

（2）对不满2周岁的未成年子女，原告为父亲的情况下，基于夫妻双方协议，父亲有抚养权。根据《婚姻家庭解释》第45条，父母双方协议不满两周岁子女由父亲直接抚养，并对子女健康成长无不利影响的，人民法院应予支持。

（3）对不满2周岁的未成年子女，原告为父亲有法定抚养理由。根据《婚姻家庭解释》第44条，母亲有下列情形之一，父亲请求直接抚养的，人民法院应予支持：①患有久治不愈的传染性疾病或者其他严重疾病，子女不宜与其共同生活；②有抚养条件不尽抚养义务，而父亲要求子女随其生活；③因其他原因，子女确不宜随母亲生活。

（4）对已满2周岁的子女，夫妻双方约定由原告直接抚养。父母双方如果对已经满两周岁的子女抚养问题达成了协议，人民法院则将根据协议判决处理子女抚养问题。

（5）对已满2周岁的子女，夫妻双方对抚养问题协议不成，原告对未成年子女成长最为有利。最有利于未成年子女的标准并没有法律明确规定，原告可以通过自己抚养的经济因素、环境因素、学习和成长因素等方面提出证据，以证明该子女由原告直接抚养能够达到最有利于未成年子女的实际效果。

（6）对已满 2 周岁的子女，原告方具有法定的优先抚养情形。《婚姻家庭解释》第 46 条规定："对已满两周岁的未成年子女，父母均要求直接抚养，一方有下列情形之一的，可予优先考虑：（一）已做绝育手术或者因其他原因丧失生育能力；（二）子女随其生活时间较长，改变生活环境对子女健康成长明显不利；（三）无其他子女，而另一方有其他子女；（四）子女随其生活，对子女成长有利，而另一方患有久治不愈的传染性疾病或者其他严重疾病，或者有其他不利于子女身心健康的情形，不宜与子女共同生活。"

另《婚姻家庭解释》第 47 条规定："父母抚养子女的条件基本相同，双方均要求直接抚养子女，但子女单独随祖父母或者外祖父母共同生活多年，且祖父母或者外祖父母要求并且有能力帮助子女照顾孙子女或者外孙子女的，可以作为父或者母直接抚养子女的优先条件予以考虑。"

（7）子女已满 8 周岁的，该子女明确表示愿意同原告一起生活。此时人民法院应当尊重子女的意愿，由原告直接抚养子女。

（8）请求对方给付抚养费的数额和期限符合双方协议约定。根据《民法典》第 1085 条，夫妻双方可以通过协议约定离婚后一方给付由对方直接抚养的子女抚养费的数额和期限，人民法院应当根据协议进行判决。

（9）请求对方给付抚养费的数额和期限符合法律规定。夫妻双方未能就抚养费数额和期限达成协议的，人民法院应当根据法定标准进行确定。根据《婚姻家庭解释》第 49 条，抚养费的数额，可以根据子女的实际需要、父母双方的负担能力和当地的实际生活水平确定。有固定收入的，抚养费一般可以按其月总收入的 20% 至 30% 的比例给付。负担两个以上子女抚养费的，比例可以适当提高，但一般不得超过月总收入的 50%。无固定收入的，抚养费的数额可以依据当年总收入或者同行业平均收入，参照上述比例确定。有特殊情况的，可以适当提高或者降低上述比例。根据《婚姻家庭解释》第 53 条，抚养费的给付期限，一般至子女 18 周岁为止。因此，原告在直接抚养未成年人子女的情况下，请求对方给付抚养费，法定期限截至子女 18 周岁。

（三）被告否认

（1）主张夫妻双方关于子女扶养协议无效，原告并未因双方协议取得子女直接抚养的优先权。

（2）主张夫妻双方关于抚养费数额和期限的约定无效，不得根据协议确定抚养费数额和期限。

（3）双方无约定情况下，抚养费期限超过法律规定。例如，根据《婚姻家庭解释》第 53 条，16 周岁以上不满 18 周岁，以其劳动收入为主要生活来源，并能维持当地一般生活水平的，父母可以停止给付抚养费。因此，对于子女符合上述情形的，被告可拒绝支付抚养费。

（4）双方无约定情况下，抚养费数额超过法律规定标准。

（5）子女已满 8 周岁的，该子女愿意同原告一起生活的意思表示不真实。例如，被告举证证明子女愿意同原告一起生活的意思表示，是基于原告的欺骗、利诱或者威胁恐吓产生的。如果法院查明子女随原告生活的意思表示不真实，则不能基于此支持原告取得子女直接抚养权的诉讼请求。

（6）主张对已满 2 周岁的子女，夫妻双方对抚养问题协议不成，被告对未成年子女成长最为有利。

（7）主张对已满 2 周岁的子女，被告方具有法定的优先抚养情形，即《婚姻家庭解释》第 46 条和第 47 条规定的情形。

（四）被告抗辩

对于不满两周岁的未成年子女，原告为母亲，被告为父亲的，被告主张母亲存在法定不宜直接抚养的情形。根据《婚姻家庭解释》第 44 条，母亲有下列情形之一：①患有久治不愈的传染性疾病或者其他严重疾病，子女不宜与其共同生活；②有抚养条件不尽抚养义务，而父亲要求子女随其生活；③因其他原因，子女确不宜随母亲生活，则人民法院不宜判决子女由母亲直接抚养。因此，被告父亲举证证明原告母亲存在上述法定情形，构成实体法的抗辩事项。

四、请求损害赔偿

离婚损害赔偿制度，是指夫妻一方违法侵害夫妻他方的合法权益，无过错一方于离婚时对其所受的损害有权请求赔偿，过错方负有赔偿损失、给付抚慰金等侵权民事责任。离婚损害赔偿制度，使有过错一方受到经济上的制裁，无过错方得到经济补偿和精神抚慰，有利于有效地维护无过错方的合法权益。离婚诉讼中的损害赔偿制度，本质上是一种侵权损害赔偿法律制度，即夫妻一方的行为是构成离婚原因之一的侵权行为时，无过错方可请求因侵权行为而产生的损害赔偿，如果离婚原因不是被告法定的过错行为的，无过错方不得请求离婚损害赔偿，因此，离婚诉讼中的请求损害赔偿，其核心是判断被告是否存在法定的过错行为导致双方离婚的要件事实。

（一）诉讼请求基础法律规范

（1）《民法典》第 1091 条规定："有下列情形之一，导致离婚的，无过错方有权请求损害赔偿：（一）重婚；（二）与他人同居；（三）实施家庭暴力；（四）虐待、遗弃家庭成员；（五）有其他重大过错。"

（2）《婚姻家庭解释》第 86 条规定："民法典第一千零九十一条规定的'损害赔偿'，包括物质损害赔偿和精神损害赔偿。涉及精神损害赔偿的，适用《最高人民法院关于确定民事侵权精神损害赔偿责任若干问题的解释》的有关规定。"

（二）诉讼请求成立法律要件事实

1. 法院判决准许双方离婚

《婚姻家庭解释》第 87 条第 2 款规定："人民法院判决不准离婚的案件，对于当事人基于民法典第一千零九十一条提出的损害赔偿请求，不予支持。"

2. 被告存在法定过错情形

被告过错导致离婚的具体情形，主要根据《民法典》第 1091 条进行判断。

（1）被告重婚。在离婚诉讼中，被告已被生效判决认定犯重婚罪或者原告有证据证明被告存在事实重婚行为的，人民法院一般认定其行为违反了夫妻之间应当互相忠实的法律义务，对另一方的精神造成了极大的伤害，依法应当予以精神赔偿。

（2）被告与他人同居。如果能够证明被告存在与他人同居的事实，即使其与婚外异性交往时已与原告分居，但由于双方尚未离婚，故被告仍应遵守夫妻间互相忠实、互相尊重的义务，对于原告请求离婚损害赔偿的，人民法院一般予以支持。即使存在当事人与他人发生两性关系而育有子女等情况，由于在逻辑上不能排除偶然性，因此除非有其他证据证明双方存在长期交往等相关事实，并结合常理进行分析判断能够确定双方有同居行为，否则被告与他人育有子女的事实不能作为直接证据证明存在其与他人同居的事实。

（3）被告实施家庭暴力。一般夫妻纠纷中也可能存在轻微暴力甚至因一方失手造成另一方较为严重的身体伤害的情况，但这与家庭暴力存在区别。根据《反家庭暴力法》第 2 条，家庭暴力，是指家庭成员之间以殴打、捆绑、残害、限制人身自由以及经常性谩骂、恐吓等方式实施的身体、精神等侵害行为。家庭暴力的核心是加害人存在通过暴力达到伤害目的的主观故意，暴力行为呈现周期性，并且不同程度地造成受害人的身体或心理伤害后果，导致受害人因为恐惧而屈从于加害人的意志。而一般夫妻日常发生口角或偶发性轻微暴力行为不具有上述特征。认定是否存在家庭暴力，应综合考虑以下因素进行判断：暴力引发的原因、加害人的主观目的是否为控制受害人、暴力行为是否呈现周期性、暴力给受害人造成的损害程度等。

（4）被告虐待、遗弃家庭成员。遗弃，一般是指婚姻关系当事人无正当理由，不履行对家庭中需要赡养、扶养和抚养的成员的相关义务，且持续一定的期限。具体来说，遗弃的对象应为没有独立生活能力的人，即一方负有扶养照顾义务而拒绝扶养对其离弃等情况，而"赡养、扶养、抚养"不仅指物质上的供养，还包括生活上的帮助、照料以及精神上的抚慰。如果确定其未履行抚育照料的义务并持续了一定时长，且遗弃的对象没有独立生活能力，则可以确定当事人存在遗弃行为，其作为过错方应当给予对方相应的离婚损害赔偿。

（5）被告有其他重大过错。被告存在重大过错的具体情形，属于人民法院依职权认定的结果，在实体法中并未穷尽列举。但显然，被告的过错达到"重大过错"的程度，并不仅仅局限于上述四种情形，原告举证证明被告的过错行为对原告以及婚姻造成了严重破坏的，可以认定被告有其他重大过错。例如，婚后被告实施卖淫行为的，可以证明该方在婚姻关系中存在"不忠实"的表现，此种情况必然给原告造成心理上的打击和精神上的创伤，双方离婚是由被告的过错造成的，原告属于无过错方与受害方，完全有理由、有根据提出离婚损害赔偿。再如，婚后生育子女并非原告亲生子女，这一情况不仅违背夫妻忠实义务，破坏了夫妻关系，也伤及了无辜的子女，甚至败坏了社会风气。因此，被告在怀有他人子女的情况下与原告结婚，致使原告在不知情的情况下误认为子女系其亲子抚养，对原告造成了物质损失及精神伤害的，被告应当返还抚养费及赔偿精神损失。

如果被告的过错未对原告造成严重伤害的程度，则不宜认定为重大过错。例如，《婚姻家庭解释》第 23 条规定："夫以妻擅自中止妊娠侵犯其生育权为由请求损害赔偿的，人民法院不予支持；夫妻双方因是否生育发生纠纷，致使感情确已破裂，一方请求离婚的，人民法院经调解无效，应依照民法典第一千零七十九条第三款第五项的规定处理。"因此，被告妻子未经原告丈夫同意，擅自中止妊娠并不构成"重大过错"，不需要承担损害赔偿责任。单方擅自中止妊娠只能作为判断夫妻感情破裂的考量因素，而不得作为认定妻子一方重大过错的行为。

3. 被告过错情形导致离婚

被告上述过错行为的存在，尚不足以构成原告请求被告承担损害赔偿责任的唯一根据。根据《民法典》第1091条，被告的过错应当成为导致离婚的直接原因。从这一点来看，原告损害赔偿请求的法律要件事实，应当包括被告过错对婚姻产生的损害后果——导致双方离婚这一重要因素。

4. 原告不存在法定过错情形

《婚姻家庭解释》第90条规定："夫妻双方均有民法典第一千零九十一条规定的过错情形，一方或者双方向对方提出离婚损害赔偿请求的，人民法院不予支持。"因此原告没有出现法定的过错行为，是其向被告主张损害赔偿请求的成立要件事实。

5. 损害赔偿数额符合法律规定

物质损害赔偿数额，主要根据原告提交证据证明因被告错过行为对自己造成的各类经济损失。精神损害赔偿数额，主要根据《最高人民法院关于确定民事侵权精神损害赔偿责任若干问题的解释》第5条的规定进行确定。该条规定："精神损害的赔偿数额根据以下因素确定：（一）侵权人的过错程度，但是法律另有规定的除外；（二）侵权行为的目的、方式、场合等具体情节；（三）侵权行为所造成的后果；（四）侵权人的获利情况；（五）侵权人承担责任的经济能力；（六）受理诉讼法院所在地的平均生活水平。"同时，如果当事人就损害赔偿数额达成协议，人民法院一般予以尊重认可。

（三）被告否认

1. 被告不同意离婚

由于原告向被告提出的损害赔偿请求，是建立在法院判决双方离婚的基础上的，因此，如果被告举证证明双方未达到感情破裂的标准，法院可以判决不准离婚，这使得原告的损害赔偿诉讼请求失去了存在的基本前提。

2. 被告不存在过错行为

如果被告通过举证证明，自己并不存在或并未达到《民法典》第1091条规定的过错行为，则将直接否定原告基于被告过错请求损害赔偿的法律要件事实。例如，被告主张自己与第三者仅仅在网络游戏中以"夫妻"名义扮演不同游戏角色，既不属于法律上的重婚也不属于事实上的重婚，虚拟网络仅仅是玩家扮演不同角色的游戏世界，并不具有相应的法律意义，因此否认原告主张自己存在重婚的过错法律要件事实。

3. 原告存在过错行为

根据《婚姻家庭解释》第 90 条，如果被告举证证明原告方有过错，则无论自己是否存在过错，原告都不得请求被告承担损害赔偿责任。

4. 损害赔偿数额不真实或者超过法定或约定标准

（四）被告抗辩

被告主张根据双方协议约定，原告放弃向被告请求损害赔偿。如果双方协议是在自愿合法前提下签订的，则该协议对双方当事人都具有约束力。被告基于此事实主张抗辩，法院应当驳回原告损害赔偿的诉讼请求。

第八章

侵权纠纷类案实训

民事侵权案件种类繁多，除了本教材第六章的"机动车交通事故侵权责任纠纷"之外，还包括一般侵权纠纷以及较为特殊的教育机构责任纠纷等类型。限于篇幅，本章侵权纠纷类案实训仅选择教育机构责任纠纷、饲养动物损害责任纠纷、环境污染责任纠纷、产品责任纠纷、高空抛物责任纠纷以及医疗责任纠纷六种案件类型。

学生实训实验任务：登录民事诉讼实训平台，选定不同的实验角色后，选择"第八章"实验，按实验编号进行侵权纠纷类案实训训练。

第一节　教育机构责任纠纷

本节所称的教育机构责任纠纷，是指无民事行为能力人或限制民事行为能力人在幼儿园、学校或者其他教育机构学习生活期间受到人身损害，请求教育机构承担赔偿责任的民事纠纷案件。我国《民法典》将这类纠纷规定在第七编第三章"责任主体的特殊规定"部分。因此，教育机构责任纠纷属于特殊主体责任，该纠纷的受侵权人限于无民事行为能力人或限制民事行为能力人，如果在教育机构学习生活期间受到人身损害的受害人具有完全民事行为能力，则不适用本节的教育机构责任纠纷，只能作为一般人身损害赔偿案件进行处理。

一、诉讼法要件事实

（一）适格的原告

民事侵权案件的受害人应当首先为侵权案件的适格原告。但《民法典》第 1181 条作了一些特别规定：一是被侵权人死亡的，其近亲属有权请求侵权人承担侵权责任；二是被侵权人死亡的，支付被侵权人医疗费、丧葬费等合理费用的人有权请求侵权人赔偿费用，但是侵权人已经支付该费用的除外。对于支付上述合理费用的人是被侵权人以外的第三人时，该第三人为赔偿权利人。

（二）明确的被告

《民法典》第1201条规定："无民事行为能力人或者限制民事行为能力人在幼儿园、学校或者其他教育机构学习、生活期间，受到幼儿园、学校或者其他教育机构以外的第三人人身损害的，由第三人承担侵权责任；幼儿园、学校或者其他教育机构未尽到管理职责的，承担相应的补充责任。幼儿园、学校或者其他教育机构承担补充责任后，可以向第三人追偿。"因此，在教育机构学习生活期间受到损害的侵权案件，原告可以将教育机构列为被告，也可以以直接侵权的第三人为被告提起诉讼，还可以将教育机构与第三人列为共同被告提起诉讼。

但需要注意的是，教育机构与第三人之间并不存在共同侵权的法定情形，在侵权法理论上应视为不真正连带责任关系，教育机构仅仅因未尽到管理职责承担补充责任，因此，虽可将教育机构与第三人列为共同被告，但二者实际上为两个完全不同的诉讼标的。同时，教育机构承担赔偿责任后，认为第三人对损害的发生应承担责任的，有权向该第三人请求追偿。

（三）法院管辖要件

《民事诉讼法》第29条规定，因侵权行为提起的诉讼，由侵权行为地或者被告住所地人民法院管辖。此外，纠纷双方当事人在纠纷产生前后，可以进行协议管辖的约定。《民事诉讼法解释》第24条规定，侵权行为地包括侵权行为实施地和侵权结果发生地。另根据《民事诉讼法》第35条，合同或者其他财产权益纠纷的当事人可以书面协议选择被告住所地、合同履行地、合同签订地、原告住所地、标的物所在地等与争议有实际联系的地点的人民法院管辖，但不得违反该法对级别管辖和专属管辖的规定。

（四）不属于重复起诉（略）

二、实体法要件事实

（一）诉讼请求基础法律规范

（1）《民法典》第1165条规定："行为人因过错侵害他人民事权益造成

损害的，应当承担侵权责任。依照法律规定推定行为人有过错，其不能证明自己没有过错的，应当承担侵权责任。"

（2）《民法典》第 1179 条规定："侵害他人造成人身损害的，应当赔偿医疗费、护理费、交通费、营养费、住院伙食补助费等为治疗和康复支出的合理费用，以及因误工减少的收入。造成残疾的，还应当赔偿辅助器具费和残疾赔偿金；造成死亡的，还应当赔偿丧葬费和死亡赔偿金。"

（3）《民法典》第 1183 条规定："侵害自然人人身权益造成严重精神损害的，被侵权人有权请求精神损害赔偿。因故意或者重大过失侵害自然人具有人身意义的特定物造成严重精神损害的，被侵权人有权请求精神损害赔偿。"

（4）《民法典》第 1199 条规定："无民事行为能力人在幼儿园、学校或者其他教育机构学习、生活期间受到人身损害的，幼儿园、学校或者其他教育机构应当承担侵权责任；但是，能够证明尽到教育、管理职责的，不承担侵权责任。"

（5）《民法典》第 1200 条规定："限制民事行为能力人在学校或者其他教育机构学习、生活期间受到人身损害，学校或者其他教育机构未尽到教育、管理职责的，应当承担侵权责任。"

（二）诉讼请求成立法律要件事实

1. 无民事行为能力人受到人身损害情形

（1）无民事行为能力人受到人身损害的后果。

具体人身损害赔偿以及精神损害赔偿的请求范围，参考本教材第六章有关损害后果要件事实部分的归纳类型和计算方法。

（2）无民事行为能力人受到的人身损害发生在教育机构学习生活期间。

针对受害人民事行为能力的不同，《民法典》对教育机构责任设置了不同的归责原则。《民法典》对无民事行为能力人在教育机构学习生活期间受到人身损害的归责原则，采取的是过错推定原则，即教育机构是否对无民事行为能力人受到人身损害具有过错，法律采取的是推定有过错的立法形式。过错推定在侵权法理论中就是受害人在诉讼中能够举证证明损害事实、违法行为和因果关系三个要件时，如果加害人不能证明对于损害的发生自己没有过错，那么就从损害事实本身推定被告在致人损害的行为中有过错，并就此承担赔偿责任。[1]这种过错推定，免除了被侵权人对教育机构是否存在过错的举证责任，使受害人处于较为有利的诉讼地位。

（3）教育机构对限制民事行为能力人受到人身损害后果存在过错，即教育机构未尽到教育、管理职责。

限制行为能力人在教育机构学习生活期间受到人身损害的纠纷，《民法典》适用过错推定原则。尽管"教育机构存在过错"属于受侵权人请求教育机构承担人身损害赔偿诉讼成立的法律要件事实之一，但基于"推定"的法律后果，受侵权人不需要对教育机构是否存在过错承担举证责任。

2. 限制民事行为能力人受到人身损害情形

（1）限制民事行为能力人受到人身损害的后果。

具体人身损害赔偿以及精神损害赔偿的请求范围，参考本教材第六章有关损害后果要件事实部分的归纳类型和计算方法。

（2）限制民事行为能力人受到人身损害发生在教育机构学习生活期间。

（3）教育机构对限制民事行为能力人受到人身损害后果存在过错，即教育机构未尽到教育管理职责。

限制行为能力人在教育机构学习生活期间受到人身损害的纠纷，《民法典》适用过错责任原则，即教育机构对限制行为能力人的人身损害后果具有过错，是原告诉讼请求成立的法律要件事实之一，且原告应当就该要件事实承担举证责任。

3. 请求教育机构承担补充责任的特别要件事实

根据《民法典》第1201条，无民事行为能力人或者限制民事行为能力人在幼儿园、学校或者其他教育机构学习、生活期间，受到幼儿园、学校或者其他教育机构以外的第三人人身损害的，由第三人承担侵权责任；幼儿园、学校或者其他教育机构未尽到管理职责的，承担相应的补充责任。根据以上规定，受侵权人请求教育机构承担补充责任的，应当满足以下法律要件事实：

（1）无民事行为能力人或者限制民事行为能力人受到教育机构以外的第三人的人身损害。

（2）教育机构未尽到管理职责。

---

[1] 杨立新：《侵权责任法原理与案例教程》（第3版），中国人民大学出版社2013年版，第47页。

（3）第三人对无民事行为能力人或者限制民事行为能力人的损害与教育机构未尽到管理职责存在因果关系。

（4）第三人对无民事行为能力人或者限制民事行为能力人无力承担全部赔偿责任。

（三）被告否认

（1）无民事行为能力人、限制民事行为能力人未受到人身损害。

（2）无民事行为能力人、限制民事行为能力人受到人身损害未发生在教育机构学习生活期间。

（3）对无民事行为能力人或限制行为能力人受到的人身损害，教育机构已尽到教育、管理职责。

尽管《民法典》将教育机构向无民事行为能力人承担责任设置为过错推定原则，但法律推定并非绝对，被告完全有权利通过举证方式推翻这一推定结果。例如，教育机构举证证明损害后果完全是受侵权人自身身体原因导致，教育机构已经尽到了应尽的安全保障和管理责任，对损害的发生不存在故意和过失行为，则上述推定的过错即可被推翻。

至于如何判断教育机构是否尽到了教育管理职责，往往是这一类纠纷争议的焦点问题。由于我国相关法律并未就教育机构的教育管理职责进行明确的标准化规范，因此教育机构对无民事行为能力人和限制民事行为能力人的教育管理职责，可以通过相关行政法规参照判断。根据教育部颁布的《学生伤害事故处理办法》第9条，下列情形可以成为评判教育机构未尽到教育管理职责的参考因素：①学校的校舍、场地、其他公共设施，以及学校提供给学生使用的学具、教育教学和生活设施、设备不符合国家规定的标准，或者有明显不安全因素的；②学校的安全保卫、消防、设施设备管理等安全管理制度有明显疏漏，或者管理混乱，存在重大安全隐患，而未及时采取措施的；③学校向学生提供的药品、食品、饮用水等不符合国家或者行业的有关标准、要求的；④学校组织学生参加教育教学活动或者校外活动，未对学生进行相应的安全教育，并未在可预见的范围内采取必要的安全措施的；⑤学校知道教师或者其他工作人员患有不适宜担任教育教学工作的疾病，但未采取必要措施的；⑥学校违反有关规定，组织或者安排未成年学生从事不宜未成年人参加的劳动、体育运动或者其他活动的；⑦学生有特异体质或者特定疾病，不宜参加某种教育教学活动，学校知道或者应当知道，但未予以必要的注意的；⑧学生在校期间突发疾病或者受到伤害，学校发现，但未根据实际情况及时采取相应措施，导致不良后果加重的；⑨学校教师或者其他工作人员体罚或者变相体罚学生，或者在履行职责过程中违反工作要求、操作规程、职业道德或者其他有关规定的；⑩学校教师或者其他工作人员在负有组织、管理未成年学生的职责期间，发现学生行为具有危险性，但未进行必要的管理、告诫或者制止的；⑪对未成年学生擅自离校等与学生人身安全直接相关的信息，学校发现或者知道，但未及时告知未成年学生的监护人，导致未成年学生因脱离监护人的保护而发生伤害的；⑫学校有未依法履行职责的其他情形的。

（4）受侵权人主张的赔偿数额过高。

（5）受侵权人并非无民事行为能力人或限制民事行为能力人。

（四）被告抗辩

1. 法定免责或减责抗辩

《学生伤害事故处理办法》第12条规定："因下列情形之一造成的学生伤害事故，学校已履行了相应职责，行为并无不当的，无法律责任：（一）地震、雷击、台风、洪水等不可抗的自然因素造成的；（二）来自学校外部的突发性、偶发性侵害造成的；（三）学生有特异体质、特定疾病或者异常心理状态，学校不知道或者难于知道的；（四）学生自杀、自伤的；（五）在对抗性或者具有风险性的体育竞赛活动中发生意外伤害的；（六）其他意外因素造成的。"需要注意的是，发生以上情形，是否完全免除教育机构的责任不可一概而论。如果教育机构存在未尽到教育管理职责的情形，也应当承担一部分赔偿责任，而不能完全免除责任。只有教育机构已经尽到了教育管理责任的情况下，发生以上情形的，才可以免除赔偿责任。

2. 已赔偿抗辩

如果侵权人对受侵权人的实际损失，通过法定的或约定的方式进行了赔偿，则针对受侵权人提出的损害赔偿请求，教育机构可以在已经支付赔偿的范围内进行减免责任的抗辩。

3. 约定事由抗辩

教育机构已经与受侵权人及其法定代理人就人身损害达成了和解或者调解协议，受侵权人对请求赔偿的金额已经进行了明确约定，在该约定的数额之外的诉讼请求，教育机构可以主张约定事由的抗辩。

4. 诉讼时效抗辩（略）

第二节　饲养动物损害责任纠纷

本节所称饲养动物损害责任纠纷，是指饲养的动物造成他人损害的，动物的饲养人或者管理人所应当承担的侵权责任。饲养动物致人损害的侵权行为，属于特殊侵权，我国《民法典》采取无过错责任原则为主、过错推定为辅的归责原则。对于一般情形下饲养动物致人损害的，适用无过错责任原则；对于动物园饲养的动物致人损害的，采取过错推定的原则，即动物园能够证明已经尽到管理职责的，不承担责任。

一、诉讼法要件事实

（一）适格的原告

民事侵权案件的受害人应当首先为侵权案件的适格原告。但《民法典》第1181条作了一些特别规定：一是被侵权人死亡的，其近亲属有权请求侵权人承担侵权责任；二是被侵权人死亡的，支付被侵权人医疗费、丧葬费等合理费用的人有权请求侵权人赔偿费用，但是侵权人已经支付该费用的除外。对于支付上述合理费用的人是被侵权人以外的第三人时，该第三人为赔偿权利人。

（二）明确的被告

动物饲养人可以是动物的所有人、占有人、保管人；动物管理人是对动物进行长期或短暂控制的人，动物饲养人或管理人对其饲养动物具有支配和管理地位，值得注意的是，《民法典》并未使用动物所有人一词。动物所有人与饲养人或管理人可能为同一人，也可能基于委托关系，动物所有人和饲养人、管理人并非同一人。因此，在饲养动物损害责任纠纷中，原告如果认为动物所有人对损害发生也有过错的，也可以将动物所有人列为被告。

根据《民法典》第1250条，因第三人的过错致使动物造成他人损害的，被侵权人可以向动物饲养人或者管理人请求赔偿，也可以向第三人请求赔偿。动物饲养人或者管理人赔偿后，有权向第三人追偿。因此，受侵权人既可以将动物饲养人或者管理人作为被告，也可以将第三人列为被告提起诉讼。需要注意的是，该第三人实际为动物饲养人或管理人以及被侵权人之外的第三方主体，如果该"第三人"是履行动物饲养人或管理人的职务行为的，则不属于上述条款规定的第三人范畴。

如果是因为遗弃、逃逸的动物在遗弃、逃逸期间造成他人损害的，受侵权人应当以动物原饲养人或者管理人为被告追究其侵权责任。

针对动物园的动物致人损害案件，原告应当以该动物园为被告提起诉讼，不能因为具体动物管理员或动物园工作人员的原因起诉上述工作人员。这是因为基于职务行为，《民事诉讼法》规定应当以其所在单位为被告提起诉讼。

（三）法院管辖要件

《民事诉讼法》第 29 条规定，因侵权行为提起的诉讼，由侵权行为地或者被告住所地人民法院管辖。此外，纠纷双方当事人在纠纷产生前后，可以进行协议管辖的约定。《民事诉讼法解释》第 24 条规定，侵权行为地包括侵权行为实施地和侵权结果发生地。另根据《民事诉讼法》第 35 条，合同或者其他财产权益纠纷的当事人可以书面协议选择被告住所地、合同履行地、合同签订地、原告住所地、标的物所在地等与争议有实际联系的地点的人民法院管辖，但不得违反该法对级别管辖和专属管辖的规定。

（四）不属于重复起诉（略）

二、实体法要件事实

（一）诉讼请求基础法律规范

（1）《民法典》第 1165 条规定："行为人因过错侵害他人民事权益造成损害的，应当承担侵权责任。依照法律规定推定行为人有过错，其不能证明自己没有过错的，应当承担侵权责任。"

（2）《民法典》第 1166 条规定："行为人造成他人民事权益损害，不论行为人有无过错，法律规定应当承担侵权责任的，依照其规定。"

（3）《民法典》第 1179 条规定："侵害他人造成人身损害的，应当赔偿医疗费、护理费、交通费、营养费、住院伙食补助费等为治疗和康复支出的合理费用，以及因误工减少的收入。造成残疾的，还应当赔偿辅助器具费和残疾赔偿金；造成死亡的，还应当赔偿丧葬费和死亡赔偿金。"

（4）《民法典》第 1183 条规定："侵害自然人人身权益造成严重精神损害的，被侵权人有权请求精神损害赔偿。因故意或者重大过失侵害自然人具有人身意义的特定物造成严重精神损害的，被侵权人有权请求精神损害赔偿。"

（5）《民法典》第 1245 条规定："饲养的动物造成他人损害的，动物饲养人或者管理人应当承担侵权责任；但是，能够证明损害是因被侵权人故意或者重大过失造成的，可以不承担或者减轻责任。"

（6）《民法典》第 1246 条规定："违反管理规定，未对动物采取安全措施造成他人损害的，动物饲养人或者管理人应当承担侵权责任；但是，能够证明损害是因被侵权人故意造成的，可以减轻责任。"

（7）《民法典》第 1247 条规定："禁止饲养的烈性犬等危险动物造成他人损害的，动物饲养人或者管理人应当承担侵权责任。"

（8）《民法典》第 1248 条规定："动物园的动物造成他人损害的，动物园应当承担侵权责任；但是，能够证明尽到管理职责的，不承担侵权责任。"

（二）诉讼请求成立法律要件事实

1. 请求动物饲养人或管理人承担赔偿责任情形

（1）饲养动物对被侵权人存在加害行为。饲养动物的加害行为系指客观发生了饲养动物损害他人的行为，例如撕咬、抓挠、撞击等形式。饲养动物致害责任中的加害行为表现为动物直接的致害行为，但这一行为需要结合饲养人或管理人对动物的所有、占有、饲养或者管理行为。饲养人或者管理人负有监督、管理和控制其饲养动物并避免他人受害的不作为义务。若饲养的动物被饲养人或者管理人作为侵权的工具和手段而产生的侵权责任，则不应认定为饲养动物致害责任，如指挥动物伤人、运送动物跌落致害、高空坠落动物致害等。这类情形中的动物与侵权工具、物件、物品无异，非饲养动物本身危险性的体现，故应考虑其他侵权责任的法律规定。需要注意的是，饲养动物对被侵权人的加害行为并非局限于直接接触性伤害行为，特定条件下的非接触性行为亦应定性为加害行为。例如，被犬类追赶而慌乱中发生交通事故，尽管受侵权人并未直接被他人饲养的犬只伤害，但犬只的追逐行为本身也应当被认定为对被侵权人实施了加害行为。

（2）被侵权人产生损害后果。饲养动物加害行为的损害后果通常指因饲养动物加害而遭受的财产损害和人身损害。受害人财产遭受损害表现为受害人的所有权或者其他有形财产权受损。受害人人身遭受损害则表现为受害人的生命权、身体权、健康权受损，从而引起的财产损失和精神损害。具体人身损害赔偿以及精神损害赔偿的请求范围，参考本教材第六章有关损害后果要件事实部分的归纳类型和计算方法。

（3）饲养动物加害行为与被侵权人损害后果之间有因果关系。饲养动物加害行为与被侵权人损害后果之间具有因果关系，是指饲养动物的加害行为与受害人遭受损害的损害后果之间具有引起和被引起的关系。如果受害人的损害后果与饲养动物的加害行为之间不存在因果关系，那么就不能构成损害责任。一般情况下，饲养动物的直接加害行为，自然构成侵权责任。但在特殊情况下，饲养动物的未接触性加害行为与受害人遭受损害的损害后果之间的因果关系，则需要根据社会生活经验等进行综合判断，如符合适当条件，仍可构成侵权责任。例如，动物饲养人或管理人缺乏必要安全措施或管控行为，导致饲养动物发生间接性加害行为，比如嘶叫、跳跃、挑衅等非接触性行为和危险动作，导致被侵权人产生心理恐惧而发生的损害后果。这种情形下，饲养动物虽与受害人没有直接接触，但仍然可以认定动物的行为与损害后果存在因果关系。

2. 起诉第三人承担赔偿责任情形

（1）饲养动物对被侵权人存在加害行为。

（2）被侵权人产生损害后果。

（3）饲养动物加害行为与被侵权人损害后果之间有因果关系。

（4）第三人对动物造成被侵权人的损害具有过错。

根据《民法典》第1250条，第三人对饲养动物承担侵权责任的要件事实之一，是其对动物致人损害后果的发生具有过错，例如第三人将动物激怒或者解开绳索后，发生了动物伤害被侵权人的情形。

3. 起诉动物园承担赔偿责任情形

（1）动物园动物对被侵权人存在加害行为。

（2）被侵权人产生损害后果。

（3）动物园动物加害行为与被侵权人损害后果之间有因果关系。

（4）动物园未尽到管理职责。

需要注意的是，根据《民法典》第1248条，动物园的动物致人损害侵权案件，适用过错推定原则，即动物园未尽到管理职责这一过错因素属于法律推定的事实。过错推定原则的适用，必须有法律的明确规定，且法律规定的过错推定，免除了受侵权人对过错事实的举证责任，而被告若主张自己尽到了管理职责，则需要承担相应的举证责任。

（三）被告否认

根据《民法典》第 1245 条，饲养动物致人损害侵权责任适用无过错责任原则，因此动物饲养人或管理人的过错并不属于受侵权人诉讼请求成立的法律要件事实之一。在无过错责任原则下，被告证明自己无过错并不具有任何实际的法律意义，也不能成为对原告诉讼请求成立要件事实的否认。作为被告，可以对原告诉讼请求成立法律要件事实的否认主要有：

（1）未发生饲养动物对被侵权人的加害行为。

（2）被侵权人未发生实际损害后果。

（3）对被侵权人主张的赔偿金额提出异议。

（4）主张动物加害行为与被侵权人损害后果之间没有因果关系。

（5）动物园主张已经尽到管理职责。

（6）第三人主张自己并不存在过错。

（四）被告抗辩

1. 被侵权人过错抗辩（过错相抵原则）

（1）被侵权人故意或重大过失抗辩。《民法典》第 1245 条规定："饲养的动物造成他人损害的，动物饲养人或者管理人应当承担侵权责任；但是，能够证明损害是因被侵权人故意或者重大过失造成的，可以不承担或者减轻责任。"

（2）被侵权人故意抗辩。《民法典》第 1246 条规定："违反管理规定，未对动物采取安全措施造成他人损害的，动物饲养人或者管理人应当承担侵权责任；但是，能够证明损害是因被侵权人故意造成的，可以减轻责任。"

需要注意的是，根据《民法典》第 1247 条，禁止饲养的烈性犬等危险动物造成他人损害的，动物饲养人或者管理人并不适用上述过错相抵原则。这说明，《民法典》对烈性犬等危险动物造成他人损害的侵权行为采取了更为严格的无过错责任，即使被侵权人存在过错，也不得成为侵权人减轻责任或免除责任的抗辩事由。

2. 已经赔偿抗辩

如果侵权人对受侵权人的实际损失，通过法定的或约定的方式进行了赔偿，则针对受侵权人提出的损害赔偿请求，可以进行减免责任的抗辩。

3. 约定事由抗辩

侵权人或补偿人已经与受侵权人就损害赔偿（补偿）达成了和解或者调

解协议，受侵权人对请求赔偿的金额已经进行了明确约定，在该约定的数额之外的诉讼请求，侵权人或补偿人可以主张抗辩。

4. 诉讼时效抗辩（略）

第三节　环境污染责任纠纷

本节所称环境污染责任纠纷，是指因工业活动或其他人为原因，导致自然资源遭受污染造成他人人身财产权益或公共环境受到损害，侵权人或第三人应当承担的侵权损害赔偿纠纷案件。根据《大气污染防治法》等环境法律，环境污染责任纠纷具体包括大气污染责任纠纷、水污染责任纠纷、噪声污染责任纠纷、放射性污染责任纠纷、土壤污染责任纠纷、电子废物污染责任纠纷以及固体废物污染责任纠纷七种类型。此外，在最高人民法院《民事案件案由规定》中，环境污染责任纠纷还包括生态环境损害赔偿诉讼以及环境污染公益诉讼两种特殊案由。

一、诉讼法要件事实

（一）适格的原告

除了侵权受害人有资格作为利害关系人提起环境污染赔偿诉讼，我国还设立了环境公益诉讼制度。《海洋环境保护法》第89条规定，对破坏海洋生态、海洋水产资源、海洋保护区，给国家造成重大损失的，由依照该法规定行使海洋环境监督管理权的部门代表国家对责任者提出损害赔偿要求。该条款既是赋权条款，也是限定条款，即将海洋生态资源损失索赔主体限定为行使海洋环境监督管理权的部门。《最高人民法院、最高人民检察院关于检察公益诉讼案件适用法律若干问题的解释》第4条规定，人民检察院以公益诉讼起诉人身份提起公益诉讼，依照民事诉讼法、行政诉讼法享有相应的诉讼权利，履行相应的诉讼义务，但法律、司法解释另有规定的除外。

《环境保护法》第58条规定，对污染环境、破坏生态，损害社会公共利益的行为，符合下列条件的社会组织可以向人民法院提起诉讼：①依法在设区的市级以上人民政府民政部门登记；②专门从事环境保护公益活动连续5年以上且无违法记录。《最高人民法院关于审理环境民事公益诉讼案件适用法律若干问题的解释》第2条至第5条进一步明确规定，提起环境公益诉讼的社会组织应当符合下列条件：①属于依照法律、法规的规定在设区的市级以上人民政府民政部门登记的社会团体、基金会以及社会服务机构；②社会组织章程确定的宗旨和主要业务范围是维护社会公共利益，且从事环境保护公益活动的；③社会组织提起的诉讼所涉及的社会公共利益，应与其宗旨和业务范围具有关联性；④社会组织在提起诉讼前五年内未因从事业务活动违反法律、法规的规定受过行政、刑事处罚的。

（二）明确的被告

被侵权人首先可以将实施环境污染行为的"污染者"作为被告提起诉讼。综合《民法典》和各环境保护法律的相关规定，"污染者"是指污染源的控制和排放者，例如《水污染防治法》中的"排污方"、《固体废物污染环境防治法》中产生固体废物的"产品的生产者、销售者、进口者、使用者"或"收集、贮存、运输、利用、处置固体废物的单位和个人"。

除了将实施污染环境的"污染者"作为被告之外，根据《民法典》第1233条，因第三人的过错污染环境、破坏生态的，被侵权人可以向侵权人请求赔偿，也可以向第三人请求赔偿。侵权人赔偿后，有权向第三人追偿。因此，被侵权人可以选择第三人为被告。造成污染损害的第三人可以理解为环境"破坏者"，而不是"污染者"。另根据《最高人民法院关于审理环境侵权责任纠纷案件适用法律若干问题的解释》（以下简称《环境侵权解释》）第5条，被侵权人根据《民法典》第1233条规定分别或者同时起诉侵权人、第三人的，人民法院应予受理。

另根据《环境保护法》第65条，环境影响评价机构、环境监测机构以及从事环境监测设备和防治污染设施维护、运营的机构，在有关环境服务活动中弄虚作假，对造成的环境污染和生态破坏负有责任的，除依照有关法律法规规定予以处罚外，还应当与造成环境污染和生态破坏的其他责任者承担连带责任。因此，环境影响评价机构、环境监测机构以及从事环境监测设备和防治污染设施维护、运营的机构也可成为环境污染侵权案件中的共同被告。

（三）法院管辖要件

环境污染责任纠纷属于侵权案件。根据《民事诉讼法》第29条，因侵权行为提起的诉讼，由侵权行为地或者被告住所地人民法院管辖。此外，纠纷双方当事人在纠纷产生前后，可以进行协议管辖的约定。根据《民事诉讼法》第35条，合同或者其他财产权益纠纷的当事人可以书面协议选择被告住所

地、合同履行地、合同签订地、原告住所地、标的物所在地等与争议有实际
联系的地点的人民法院管辖，但不得违反该法对级别管辖和专属管辖的规定。
需要特别注意的是，我国设立了环境公益诉讼制度，针对环境污染行为，法定
的机关或社会组织可以提起环境公益诉讼。根据《民事诉讼法解释》第 283 条，
公益诉讼案件由侵权行为地或者被告住所地中级人民法院管辖，但法律、司
法解释另有规定的除外。因污染海洋环境提起的公益诉讼，由污染发生地、
损害结果地或者采取预防污染措施地海事法院管辖。对同一侵权行为分别向
两个以上人民法院提起公益诉讼的，由最先立案的人民法院管辖，必要时由
它们的共同上级人民法院指定管辖。根据《最高人民法院关于审理环境民事
公益诉讼案件适用法律若干问题的解释》第 6 条和第 7 条，第一审环境民事
公益诉讼案件由污染环境、破坏生态行为发生地、损害结果地或者被告住所
地的中级以上人民法院管辖。经最高人民法院批准，高级人民法院可以根据
本辖区环境和生态保护的实际情况，在辖区内确定部分中级人民法院受理第
一审环境民事公益诉讼案件。

（四）环境污染公益诉讼的特别要件

《民事诉讼法解释》第 282 条规定："环境保护法、消费者权益保护法等
法律规定的机关和有关组织对污染环境、侵害众多消费者合法权益等损害社
会公共利益的行为，根据民事诉讼法第五十八条规定提起公益诉讼，符合下
列条件的，人民法院应当受理：（一）有明确的被告；（二）有具体的诉讼请
求；（三）有社会公共利益受到损害的初步证据；（四）属于人民法院受理民
事诉讼的范围和受诉人民法院管辖。"

（五）不属于重复起诉（略）

二、实体法要件事实

（一）诉讼请求基础法律规范

（1）《民法典》第 1166 条规定："行为人造成他人民事权益损害，不论
行为人有无过错，法律规定应当承担侵权责任的，依照其规定。"

（2）《民法典》第 1229 条规定："因污染环境、破坏生态造成他人损害
的，侵权人应当承担侵权责任。"

（3）《民法典》第 1230 条规定："因污染环境、破坏生态发生纠纷，行
为人应当就法律规定的不承担责任或者减轻责任的情形及其行为与损害之间

不存在因果关系承担举证责任。"

（4）《民法典》第 1233 条规定："因第三人的过错污染环境、破坏生态的，被侵权人可以向侵权人请求赔偿，也可以向第三人请求赔偿。侵权人赔偿后，有权向第三人追偿。"

（5）《民法典》第 1235 条规定："违反国家规定造成生态环境损害的，国家规定的机关或者法律规定的组织有权请求侵权人赔偿下列损失和费用：（一）生态环境受到损害至修复完成期间服务功能丧失导致的损失；（二）生态环境功能永久性损害造成的损失；（三）生态环境损害调查、鉴定评估等费用；（四）清除污染、修复生态环境费用；（五）防止损害的发生和扩大所支出的合理费用。"

（6）《环境侵权解释》第 6 条规定："被侵权人根据民法典第七编第七章的规定请求赔偿的，应当提供证明以下事实的证据材料：（一）侵权人排放了污染物或者破坏了生态；（二）被侵权人的损害；（三）侵权人排放的污染物或者其次生污染物、破坏生态行为与损害之间具有关联性。"

（7）《环境侵权解释》第 7 条规定："侵权人举证证明下列情形之一的，人民法院应当认定其污染环境、破坏生态行为与损害之间不存在因果关系：（一）排放污染物、破坏生态的行为没有造成该损害可能的；（二）排放的可造成该损害的污染物未到达该损害发生地的；（三）该损害于排放污染物、破坏生态行为实施之前已发生的；（四）其他可以认定污染环境、破坏生态行为与损害之间不存在因果关系的情形。"

（二）诉讼请求成立法律要件事实

1. 向污染者请求损害赔偿

（1）存在环境污染行为。

（2）受侵权人产生了实际损害后果。被侵权人除起诉请求侵权人赔偿因污染环境、破坏生态造成的财产损失、人身损害之外，可以主张为防止损害发生和扩大、清除污染、修复生态环境而采取必要措施所支出的合理费用。具体人身损害赔偿以及精神损害赔偿的请求范围，参考本教材第六章有关损害后果要件事实部分的归纳类型和计算方法。

（3）环境污染行为与损害后果之间存在因果关系。根据《民法典》第1230 条，因污染环境、破坏生态发生纠纷，行为人应当就法律规定的不承担责任或者减轻责任的情形及其行为与损害之间不存在因果关系承担举证责任。

因此，我国《民法典》对环境污染侵权纠纷采取了"因果关系"推定的归责原则。在环境污染侵权责任确定中，原告只要证明污染者已经排放了可能危及人身健康的有害物质，而公众的人身健康在污染行为后受到或正在受到危害，就可以推定这种危害是由该污染行为所致。因此，在环境污染侵权纠纷中，因果关系事实，仍然属于诉讼请求成立的法律要件事实之一，且属于法律推定的事实，并不需要原告承担举证责任。换言之，在当事人无法证明因果关系是否确定存在的情况下，法律推定污染行为与污染后果之间存在因果关系。在环境污染案件中将因果关系事实作为诉讼请求成立的法律要件事实之一，但同时将该事实的举证责任交由加害人承担的规则，减轻了受害人的证明负担，对于保护受害人的合法权益是非常有利的。

尽管根据《环境侵权解释》第6条，环境污染案件中被侵权人仍然需要提供"侵权人排放的污染物或者其次生污染物、破坏生态行为与损害之间具有关联性"的初步证据，但显然，行为与损害之间的"关联性"并不等同于"因果关系"，后者属于被告承担举证责任证明的事实。

2. 向第三人请求损害赔偿

（1）存在环境污染行为。

（2）受侵权人产生了实际损害后果。

（3）环境污染行为与损害后果之间存在因果关系。

根据《民法典》第1230条，上述因果关系法律要件事实由被告承担举证责任，受侵权人只需要提供"侵权人排放的污染物或者其次生污染物、破坏生态行为与损害之间具有关联性"的初步证据即可。

（4）第三人对环境污染损害后果的发生具有过错。不同于污染者环境污染责任的"无过错责任原则"，《民法典》第1233条针对第三人规定了"过错责任"的归责原则。因此，第三人对环境污染承担侵权责任的要件事实之一，包括主观过错因素，并由受侵权人对第三人存在过错承担举证责任。

（三）被告否认

（1）未发生环境污染行为。

（2）受侵权人未发生实际损害后果。

（3）对原告请求的赔偿数额提出异议。

（4）主张环境污染行为与受侵权人的实际损害后果之间不存在因果关系。根据《环境侵权解释》第7条，上述不存在因果关系的具体情形包括：①排放污染物、破坏生态的行为没有造成该损害可能的；②排放的可造成该损害的污染物未到达该损害发生地的；③该损害于排放污染物、破坏生态行为实施之前已发生的；④其他可以认定污染环境、破坏生态行为与损害之间不存在因果关系的情形。

（5）被诉承担连带责任的污染者主张自己承担较小的责任。

（6）第三人主张自己对环境污染并不存在过错。

（四）被告抗辩

1. 受侵权人过错抗辩

根据《民法典》第1173条和第1174条，环境污染的被侵权人对同一损害的发生或者扩大有过错的，可以减轻侵权人的责任。环境污染的损害后果是因受害人故意造成的，行为人不承担责任。

2. 已赔偿抗辩

如果侵权人对受侵权人的实际损失，通过法定的或约定的方式进行了赔偿，则针对受侵权人提出的损害赔偿请求，可以进行减免责任的抗辩。

3. 约定事由抗辩

侵权人已经与受侵权人就损害赔偿达成了和解或者调解协议，受侵权人对请求赔偿的金额已经进行了明确约定，在该约定的数额之外的诉讼请求，侵权人可以主张减轻或免除抗辩。

4. 不可抗力免责抗辩

根据《水污染防治法》第96条，由于不可抗力造成水污染损害的，排污方不承担赔偿责任；法律另有规定的除外。

5. 诉讼时效抗辩（略）

第四节　产品责任纠纷

本节所称产品责任纠纷，是指产品的生产者、销售者因生产、销售缺陷产品致使他人遭受人身损害和财产损失，应当承担侵权责任的纠纷案件。根据我国《民法典》和《产品质量法》，产品责任纠纷属于特殊侵权责任，对产品生产者适用无过错责任，对产品销售者、运输者和仓储者适用过错责任原则。

一、诉讼法要件事实

（一）适格的原告

产品缺陷责任纠纷的受害人，并不局限于产品购买者，也并不局限于为生活消费进行购买的"消费者"。首先，如果产品购买者在使用产品过程中因产品缺陷导致人身财产受到损害，当然属于适格的原告。但产品的实际使用人往往并非产品购买者，例如，某消费者将产品购买后赠与他人，他人在使用过程中出现缺陷产品的损害后果，该受赠人为适格的原告。其次，除了为生活消费而购买产品之外，为生产经营的需要进行购买的产品，购买者或实际使用人都有可能成为请求损害赔偿的适格原告。与此同时，产品缺陷责任属于民事侵权案件范畴，根据《民法典》第1181条，被侵权人死亡的，其近亲属有权请求侵权人承担侵权责任；被侵权人死亡的，支付被侵权人医疗费、丧葬费等合理费用的人有权请求侵权人赔偿费用，但是侵权人已经支付该费用的除外。对于支付上述合理费用的人是被侵权人以外的第三人时，该第三人为赔偿权利人。

（二）明确的被告

《民法典》第1203条规定："因产品存在缺陷造成他人损害的，被侵权人可以向产品的生产者请求赔偿，也可以向产品的销售者请求赔偿。产品缺陷由生产者造成的，销售者赔偿后，有权向生产者追偿。因销售者的过错使产品存在缺陷的，生产者赔偿后，有权向销售者追偿。"根据上述规定，受侵权人提起产品侵权责任诉讼的，可以将产品生产者或销售者列为被告。

至于能否将生产者和销售者列为共同被告提起诉讼的问题，实体法和诉讼法均未作出明确规定。但《民法典》第1204条规定："因运输者、仓储者等第三人的过错使产品存在缺陷，造成他人损害的，产品的生产者、销售者赔偿后，有权向第三人追偿。"根据该条，受侵权人在运输者、仓储者等第三人存在过错的情况下，仍可先将产品生产者、销售者列为被告请求赔偿，并将第三人责任通过产品生产者、销售者的追偿权予以实现。因此，受侵权人在产品责任纠纷中不宜将上述第三人列为单独被告或者与产品生产者或销售者列为共同被告。

（三）法院管辖要件

产品责任纠纷案件的地域管辖，包括协议管辖和特殊地域管辖规定。如果当事人之间没有签订有效的管辖协议，则适用《民事诉讼法》第 29 条的规定确定管辖法院。《民事诉讼法》第 29 条规定，因侵权行为提起的诉讼，由侵权行为地或者被告住所地人民法院管辖。另根据《民事诉讼法解释》第 26 条，因产品、服务质量不合格造成他人财产、人身损害提起的诉讼，产品制造地、产品销售地、服务提供地、侵权行为地和被告住所地人民法院都有管辖权。对于北京、广州和杭州而言，通过电子商务平台购买的产品，根据《最高人民法院关于互联网法院审理案件若干问题的规定》第 2 条的规定，由北京、广州和杭州互联网法院集中管辖。

（四）不属于重复起诉（略）

二、实体法要件事实

（一）诉讼请求基础法律规范

（1）《民法典》第 1165 条规定："行为人因过错侵害他人民事权益造成损害的，应当承担侵权责任。依照法律规定推定行为人有过错，其不能证明自己没有过错的，应当承担侵权责任。"

（2）《民法典》第 1166 条规定："行为人造成他人民事权益损害，不论行为人有无过错，法律规定应当承担侵权责任的，依照其规定。"

（3）《民法典》第 1179 条规定："侵害他人造成人身损害的，应当赔偿医疗费、护理费、交通费、营养费、住院伙食补助费等为治疗和康复支出的合理费用，以及因误工减少的收入。造成残疾的，还应当赔偿辅助器具费和残疾赔偿金；造成死亡的，还应当赔偿丧葬费和死亡赔偿金。"

（4）《民法典》第 1183 条规定："侵害自然人人身权益造成严重精神损害的，被侵权人有权请求精神损害赔偿。因故意或者重大过失侵害自然人具有人身意义的特定物造成严重精神损害的，被侵权人有权请求精神损害赔偿。"

（5）《民法典》第 1184 条规定："侵害他人财产的，财产损失按照损失发生时的市场价格或者其他合理方式计算。"

（6）《民法典》第 1202 条规定："因产品存在缺陷造成他人损害的，生产者应当承担侵权责任。"

（7）《民法典》第 1205 条规定："因产品缺陷危及他人人身、财产安全的，被侵权人有权请求生产者、销售者承担停止侵害、排除妨碍、消除危险等侵权责任。"

（8）《民法典》第 1206 条规定："产品投入流通后发现存在缺陷的，生产者、销售者应当及时采取停止销售、警示、召回等补救措施；未及时采取补救措施或者补救措施不力造成损害扩大的，对扩大的损害也应当承担侵权责任。依据前款规定采取召回措施的，生产者、销售者应当负担被侵权人因此支出的必要费用。"

（9）《民法典》第 1207 条规定："明知产品存在缺陷仍然生产、销售，或者没有依据前条规定采取有效补救措施，造成他人死亡或者健康严重损害的，被侵权人有权请求相应的惩罚性赔偿。"

（10）《产品质量法》第 42 条规定："由于销售者的过错使产品存在缺陷，造成人身、他人财产损害的，销售者应当承担赔偿责任。销售者不能指明缺陷产品的生产者也不能指明缺陷产品的供货者的，销售者应当承担赔偿责任。"

（11）《产品质量法》第 44 条规定："因产品存在缺陷造成受害人人身伤害的，侵害人应当赔偿医疗费、治疗期间的护理费、因误工减少的收入等费用；造成残疾的，还应当支付残疾者生活自助具费、生活补助费、残疾赔偿金以及由其扶养的人所必需的生活费等费用；造成受害人死亡的，并应当支付丧葬费、死亡赔偿金以及由死者生前扶养的人所必需的生活费等费用。因产品存在缺陷造成受害人财产损失的，侵害人应当恢复原状或者折价赔偿。受害人因此遭受其他重大损失的，侵害人应当赔偿损失。"

（12）《电子商务法》第 38 条规定："电子商务平台经营者知道或者应当知道平台内经营者销售的商品或者提供的服务不符合保障人身、财产安全的要求，或者有其他侵害消费者合法权益行为，未采取必要措施的，依法与该平台内经营者承担连带责任。对关系消费者生命健康的商品或者服务，电子商务平台经营者对平台内经营者的资质资格未尽到审核义务，或者对消费者未尽到安全保障义务，造成消费者损害的，依法承担相应的责任。"

（二）诉讼请求成立法律要件事实

1. 请求产品生产者承担赔偿责任

（1）产品存在缺陷。《产品质量法》第 46 条规定："本法所称缺陷，是指产品存在危及人身、他人财产安全的不合理的危险；产品有保障人体健康和人身、财产安全的国家标准、行业标准的，是指不符合该标准。"针对产品生产者提出的损害赔偿请求，生产者实际承担的是无过错严格责任，因此生产者对产品缺陷是否存在过错，并非受侵权人诉讼请求成立的法律要件事实。

（2）受侵权人受到了实际的损害后果。受侵权人可以主张的损害赔偿，包括《民法典》第1179条、第1183条、第1184条以及《产品质量法》第44条所列举的赔偿种类范畴。具体人身损害赔偿以及精神损害赔偿的请求范围，参考本教材第六章有关损害后果要件事实部分的归纳类型和计算方法。

（3）产品缺陷与受侵权人实际损失之间存在因果关系。

2. 请求产品销售者承担赔偿责任

（1）产品存在缺陷。

（2）受侵权人受到了实际的损害后果。具体人身损害赔偿以及精神损害赔偿的请求范围，参考本教材第六章有关损害后果要件事实部分的归纳类型和计算方法。

（3）产品缺陷与受侵权人实际损失之间存在因果关系。

（4）销售者对产品存在缺陷存在过错，或销售者不能指明缺陷产品的生产者也不能指明缺陷产品的供货者。根据《产品质量法》第42条，销售者承担的产品缺陷赔偿责任属于过错责任，因此，如果受侵权人向销售者主张产品缺陷侵权责任，应当证明销售者存在过错，或者证明销售者不能指明缺陷产品的生产者也不能指明缺陷产品的供货者的法律要件事实。

（5）电子商务平台经营者的过错要件。根据《电子商务法》第38条，电子商务平台经营者知道或者应当知道平台内经营者销售的商品或者提供的服务不符合保障人身、财产安全的要求，或者有其他侵害消费者合法权益行为，未采取必要措施的，以及对关系消费者生命健康的商品或者服务，电子商务平台经营者对平台内经营者的资质资格未尽到审核义务，或者对消费者未尽到安全保障义务的，都属于电子商务平台经营者具有过错的法律要件事实。

3. 惩罚性赔偿特别要件事实

《民法典》第1207条赋予受侵权人惩罚性赔偿的请求权。根据该条，生产者或销售者承担惩罚性赔偿责任，应当具有以下法律要件事实：

（1）生产者或销售者对缺陷产品具有"明知"的主观过错。

（2）生产者或销售者明知产品有缺陷仍然生产、销售，或者没有采取有效补救措施。

（3）客观上造成了受侵权人死亡或者健康严重损害的后果。

（三）被告否认

（1）主张标的物不属于法律意义上的产品。根据《产品质量法》第2条，产品是指经过加工、制作，用于销售的产品。建设工程不适用该法规定；但是，建设工程使用的建筑材料、建筑构配件和设备，属于前款规定的产品范围的，适用该法规定。

（2）产品生产者或销售者主张产品并不存在法定的缺陷情形。例如，被告主张产品造成的损害，是由于第三人的原因而引起的，并非产品本身固有的缺陷，应当由该第三人承担责任，不能由产品的制造者或者销售者承担责任。因此，被告主张由于第三人的过错导致产品产生了缺陷，造成人身、财产损害的，实际上就是在否认产品本身存在缺陷的法律要件事实。

（3）产品生产者或销售者主张受侵权人未发生实际损失后果。

（4）产品生产者或销售者对原告请求赔偿金额提出异议。

（5）产品生产者或销售者主张产品缺陷与受侵权人实际损失之间不存在因果关系。

（6）产品销售者主张产品缺陷并非销售者过错导致，或者销售者已经指明缺陷产品的生产者或缺陷产品的供货者。

（7）电子商务平台经营者主张不知道或不应当知道平台内经营者销售的商品或者提供的服务不符合保障人身、财产安全的要求，或者已采取必要的措施，或者对关系消费者生命健康的商品或者服务，电子商务平台经营者对平台内经营者的资质资格已尽到审核义务或者对消费者已尽到安全保障义务。

（四）被告抗辩

1. 生产者的产品流通抗辩

《产品质量法》第41条第2款规定："生产者能够证明有下列情形之一的，不承担赔偿责任：（一）未将产品投入流通的；（二）产品投入流通时，引起损害的缺陷尚不存在的；（三）将产品投入流通时的科学技术水平尚不能发现缺陷的存在的。"因此，上述三种情形，对于生产者而言即构成免责抗辩要件事实。

2. 已赔偿抗辩

如果生产者或销售者对受侵权人的实际损失，通过法定的或约定的方式进行了赔偿，则针对受侵权人提出的损害赔偿请求，可以进行减免责任的抗辩。

3. 受侵权人过错抗辩

根据《民法典》第 1173 条和第 1174 条，被侵权人对同一损害的发生或者扩大有过错的，可以减轻侵权人的责任。损害是因受害人故意造成的，行为人不承担责任。例如，被告主张受害人自身原因是发生损害后果的原因，即受害人在使用产品的时候，没有按照产品所示的使用说明加以使用，因而造成自己的人身损害或者财产损害。对于由于受害人的自身原因引起的损害，产品生产者和销售者可以主张不承担损害赔偿责任。

4. 约定事由抗辩

产品生产者或销售者已经与受侵权人就损害赔偿达成了和解或者调解协议，受侵权人对请求赔偿的金额已经进行了明确约定，在该约定的数额之外的诉讼请求，产品生产者或销售者可以主张减轻或免除抗辩。

5. 诉讼时效抗辩

根据《产品质量法》第 45 条，因产品存在缺陷造成损害要求赔偿的诉讼时效期间为 2 年，自当事人知道或者应当知道其权益受到损害时起计算。因产品存在缺陷造成损害要求赔偿的请求权，在造成损害的缺陷产品交付最初消费者满 10 年丧失；但是，尚未超过明示的安全使用期的除外。

第五节　医疗损害责任纠纷

本节所称医疗损害责任纠纷，是指患者在医疗结构就医时，由于医疗机构或者医疗人员的诊疗护理活动受到损害，请求医疗机构承担侵权赔偿责任的纠纷案件。我国《民法典》对医疗损害责仼纠纷采取了过错责仼原则为主、过错推定原则为补充的归责原则，这对该类型诉讼的法律要件事实分析方法具有重大影响。广义的医疗损害责任纠纷还包括侵害患者知情同意权责任纠纷和医疗产品责任纠纷，本节篇幅所限不涉及以上两种纠纷。

一、诉讼法要件事实

（一）适格的原告

医疗损害责任纠纷案件的受害人（患者）应当首先为侵权案件的适格原告。但《民法典》第 1181 条作了一些特别规定：一是被侵权人死亡的，其近亲属有权请求侵权人承担侵权责任；二是被侵权人死亡的，支付被侵权人医疗费、丧葬费等合理费用的人有权请求侵权人赔偿费用，但是侵权人已经支付该费用的除外。对于支付上述合理费用的人是被侵权人以外的第三人的，该第三人为赔偿权利人。

（二）明确的被告

根据《最高人民法院关于审理医疗损害责任纠纷案件适用法律若干问题的解释》第1条，患者以在诊疗活动中受到人身或者财产损害为由请求医疗机构、医疗产品的生产者、销售者、药品上市许可持有人或者血液提供机构承担侵权责任的案件，适用本解释。患者以在美容医疗机构或者开设医疗美容科室的医疗机构实施的医疗美容活动中受到人身或者财产损害为由提起的侵权纠纷案件，适用本解释。因此，医疗损害责任纠纷的受害人可以将医疗机构、医疗产品的生产者、销售者、药品上市许可持有人或者血液提供机构、美容医疗机构或者开设医疗美容科室的医疗机构作为被告提起诉讼。

（三）法院管辖要件

《民事诉讼法》第29条规定，因侵权行为提起的诉讼，由侵权行为地或者被告住所地人民法院管辖。此外，纠纷双方当事人在纠纷产生前后，可以进行协议管辖的约定。《民事诉讼法解释》第24条规定，侵权行为地包括侵权行为实施地和侵权结果发生地。另根据《民事诉讼法》第35条，合同或者其他财产权益纠纷的当事人可以书面协议选择被告住所地、合同履行地、合同签订地、原告住所地、标的物所在地等与争议有实际联系的地点的人民法院管辖，但不得违反该法对级别管辖和专属管辖的规定。

（四）不属于重复起诉（略）

二、实体法要件事实

（一）诉讼请求基础法律规范

（1）《民法典》第1165条规定："行为人因过错侵害他人民事权益造成损害的，应当承担侵权责任。依照法律规定推定行为人有过错，其不能证明自己没有过错的，应当承担侵权责任。"

（2）《民法典》第1179条规定："侵害他人造成人身损害的，应当赔偿医疗费、护理费、交通费、营养费、住院伙食补助费等为治疗和康复支出的合理费用，以及因误工减少的收入。造成残疾的，还应当赔偿辅助器具费和残疾赔偿金；造成死亡的，还应当赔偿丧葬费和死亡赔偿金。"

（3）《民法典》第 1183 条规定："侵害自然人人身权益造成严重精神损害的，被侵权人有权请求精神损害赔偿。因故意或者重大过失侵害自然人具有人身意义的特定物造成严重精神损害的，被侵权人有权请求精神损害赔偿。"

（4）《民法典》第 1184 条规定："侵害他人财产的，财产损失按照损失发生时的市场价格或者其他合理方式计算。"

（5）《民法典》第 1218 条规定："患者在诊疗活动中受到损害，医疗机构或者其医务人员有过错的，由医疗机构承担赔偿责任。"

（6）《民法典》第 1219 条规定："医务人员在诊疗活动中应当向患者说明病情和医疗措施。需要实施手术、特殊检查、特殊治疗的，医务人员应当及时向患者具体说明医疗风险、替代医疗方案等情况，并取得其明确同意；不能或者不宜向患者说明的，应当向患者的近亲属说明，并取得其明确同意。医务人员未尽到前款义务，造成患者损害的，医疗机构应当承担赔偿责任。"

（7）《民法典》第 1221 条规定："医务人员在诊疗活动中未尽到与当时的医疗水平相应的诊疗义务，造成患者损害的，医疗机构应当承担赔偿责任。"

（8）《民法典》第 1222 条规定："患者在诊疗活动中受到损害，有下列情形之一的，推定医疗机构有过错：（一）违反法律、行政法规、规章以及其他有关诊疗规范的规定；（二）隐匿或者拒绝提供与纠纷有关的病历资料；（三）遗失、伪造、篡改或者违法销毁病历资料。"

（9）《最高人民法院关于审理医疗损害责任纠纷案件适用法律若干问题的解释》第 4 条第 1 款规定："患者依据民法典第 一千二百 一十八条规定主张医疗机构承担赔偿责任的，应当提交到该医疗机构就诊、受到损害的证据。"

（10）《最高人民法院关于审理医疗损害责任纠纷案件适用法律若干问题的解释》第 6 条规定："民法典第一千二百二十二条规定的病历资料包括医疗机构保管的门诊病历、住院志、体温单、医嘱单、检验报告、医学影像检查资料、特殊检查（治疗）同意书、手术同意书、手术及麻醉记录、病理资料、护理记录、出院记录以及国务院卫生行政主管部门规定的其他病历资料。患者依法向人民法院申请医疗机构提交由其保管的与纠纷有关的病历资料等，医疗机构未在人民法院指定期限内提交的，人民法院可以依照民法典第一千二百二十二条第二项规定推定医疗机构有过错，但是因不可抗力等客观原因无法提交的除外。"

（二）诉讼请求成立法律要件事实

1. 患者与医疗机构之间存在医疗关系

对于是否存在医疗关系，决定患者是否存在到医院就诊的法律事实，应综合挂号单、交费单、病历、出院证明以及其他能够证明存在医疗行为的证据加以认定。

2. 患者产生实际损害后果

具体人身损害赔偿以及精神损害赔偿的请求范围，参考本教材第六章有关损害后果要件事实部分的归纳类型和计算方法。

3. 医疗机构或者其医务人员存在过错

《民法典》对医疗机构或者其医务人员存在过错要件事实，适用过错责任原则为主、过错推定原则为补充的归责原则。从原告诉讼请求的法律要件事实角度来看，两者并无本质区别，医疗机构或其医务人员的过错是原告诉讼请求成立的法律要件事实之一。但区别在于适用过错责任原则时，原告应当就医疗机构或者其医务人员存在过错承担举证责任，在适用过错推定原则时，原告不需要对医疗机构或者其医务人员存在过错承担举证责任。

（1）过错责任原则。

根据《民法典》第1218条，患者在诊疗活动中受到损害，医疗机构或者其医务人员有过错的，由医疗机构承担赔偿责任。因此，医疗机构或医疗人员的过错，是患者请求医疗机构承担医疗侵权责任的法律要件事实之一，并承担相应的举证责任。患者无法提交医疗机构或者其医务人员有过错的证据，依法提出医疗损害鉴定申请的，人民法院应予准许。

至于如何判断医疗机构或医务人员存在过错，我国法律和相关司法解释规定了以下具体情形。

第一，根据《民法典》第1219条，需要实施手术、特殊检查、特殊治疗的，医务人员应当及时向患者具体说明医疗风险、替代医疗方案等情况，并取得其明确同意；不能或者不宜向患者说明的，应当向患者的近亲属说明，并取得其明确同意。医务人员未尽到前款义务，应视为医疗机构存在过错。

第二，医疗机构或医务人员在诊疗过程中存在过错。根据《最高人民法院关于审理医疗损害责任纠纷案件适用法律若干问题的解释》第16条，对医疗机构或者其医务人员的过错，应当依据法律、行政法规、规章以及其他有关诊疗规范进行认定，可以综合考虑患者病情的紧急程度、患者个体差异、当地的医疗水平、医疗机构与医务人员资质等因素。

第三，根据《民法典》第 1221 条，医务人员在诊疗活动中未尽到与当时的医疗水平相应的诊疗义务，应视为医疗机构存在过错。

（2）过错推定原则。

《民法典》第 1222 条规定："患者在诊疗活动中受到损害，有下列情形之一的，推定医疗机构有过错：（一）违反法律、行政法规、规章以及其他有关诊疗规范的规定；（二）隐匿或者拒绝提供与纠纷有关的病历资料；（三）遗失、伪造、篡改或者违法销毁病历资料。"

4. 医疗机构或其医务人员的诊疗行为与损害之间具有因果关系

患者无法提交医疗机构或者其医务人员的诊疗行为与损害之间具有因果关系的证据，依法提出医疗损害鉴定申请的，人民法院应予准许。

（三）被告否认

（1）主张患者与医疗机构之间不存在医疗关系。

（2）主张患者未发生实际的损害后果。

（3）对原告请求的赔偿金额提出异议。

（4）主张医疗机构或者其医务人员不存在过错。

例如，实施手术、特殊检查、特殊治疗的，医疗机构应当承担说明义务并取得患者或者患者近亲属明确同意，但属于《民法典》第 1220 条规定情形的除外。医疗机构提交患者或者患者近亲属明确同意证据的，人民法院可以认定医疗机构尽到说明义务。

（5）主张医疗机构或其医务人员的诊疗行为与患者损害后果之间不具有因果关系。

（四）被告抗辩

1. 医疗机构法定免责抗辩

《民法典》第 1224 条第 1 款规定："患者在诊疗活动中受到损害，有下列情形之一的，医疗机构不承担赔偿责任：（一）患者或者其近亲属不配合医疗机构进行符合诊疗规范的诊疗；（二）医务人员在抢救生命垂危的患者等紧急情况下已经尽到合理诊疗义务；（三）限于当时的医疗水平难以诊疗。"

2. 被侵权人过错抗辩

根据《民法典》第 1173 条、第 1174 条，被侵权人对同一损害的发生或者扩大有过错的，可以减轻侵权人的责任。损害是因受害人故意造成的，行为人不承担责任。

3. 已赔偿抗辩

如果医疗机构对受侵权人的实际损失，通过法定的或约定的方式进行了赔偿，则针对受侵权人提出的损害赔偿请求，可以进行减少或免除责任的抗辩。

4. 约定事由抗辩

医疗机构已经与受侵权人就损害赔偿达成了和解或者调解协议，受侵权人对请求赔偿的金额已经进行了明确约定，在该约定的数额之外的诉讼请求，教育机构可以主张抗辩。

5. 不可抗力抗辩

医疗机构因不可抗力等客观原因无法提交由其保管的与纠纷有关的病历资料，则可构成免责抗辩。

6. 紧急情况抗辩

根据《民法典》第 1220 条，因抢救生命垂危的患者等紧急情况，不能取得患者或者其近亲属意见的，经医疗机构负责人或者授权的负责人批准，可以立即实施相应的医疗措施。因此，在这种情况下，即使未取得患者明确同意或患者的近亲属明确同意的，医疗机构也不承担相应的过错责任。

7. 诉讼时效抗辩（略）

第六节　物件脱落、坠落损害责任纠纷

本节所称物件脱落、坠落损害责任纠纷，即高空抛物、坠物案件，是指建筑物、构筑物或其他设施及其搁置物、悬挂物发生脱落、坠落造成他人损害的，所有人、管理人或使用人承担赔偿责任引起的民事纠纷案件，属于《民法典》第七编第十章规定的"建筑物和物件损害责任"之中的类型案件，以及最高人民法院《民事案件案由规定》"物件损害责任纠纷"中的一类具体案由。

一、诉讼法要件事实

（一）适格的原告

物件脱落、坠落损害责任纠纷案件的受害人应当首先为侵权案件的适格原告。但《民法典》第 1181 条作了一些特别规定：一是被侵权人死亡的，其近亲属有权请求侵权人承担侵权责任；二是被侵权人死亡的，支付被侵权人医疗费、丧葬费等合理费用的人有权请求侵权人赔偿费用，但是侵权人已经支付该费用的除外。对于支付上述合理费用的人是被侵权人以外的第三人的，该第三人为赔偿权利人。

（二）明确的被告

根据《民法典》第 1254 条，物件脱落、坠落损害责任纠纷具体侵权人依法承担侵权责任，具体侵权人是该类纠纷的适格被告。但如果经调查难以确定具体侵权人的，除能够证明自己不是侵权人的外，由可能加害的建筑物使用人给予补偿。可能加害的建筑物使用人补偿后，有权向侵权人追偿。因此，在难以确定具体侵权人的情况下，"可能加害的建筑物使用人"可以被列为被告。同时，物业服务企业等建筑物管理人未采取必要的安全保障措施的，应当依法承担未履行安全保障义务的侵权责任，因此物业服务企业等建筑物管理人也可能成为该类纠纷的被告。

（三）法院管辖要件

尽管物件脱落、坠落损害责任纠纷案件大多以不动产房屋为发生地点，但该纠纷并非属于专属管辖中的不动产纠纷，仍然适用侵权案件的特殊地域管辖规定。根据《民事诉讼法》第 29 条，因侵权行为提起的诉讼，由侵权行为地或者被告住所地人民法院管辖。此外，纠纷双方当事人在纠纷产生前后，可以进行协议管辖的约定。《民事诉讼法解释》第 24 条规定，侵权行为地包括侵权行为实施地和侵权结果发生地。另根据《民事诉讼法》第 35 条，合同或者其他财产权益纠纷的当事人可以书面协议选择被告住所地、合同履行地、合同签订地、原告住所地、标的物所在地等与争议有实际联系的地点的人民法院管辖，但不得违反该法对级别管辖和专属管辖的规定。

（四）不属于重复起诉（略）

二、实体法要件事实

（一）诉讼请求基础法律规范

（1）《民法典》第 1179 条规定："侵害他人造成人身损害的，应当赔偿医疗费、护理费、交通费、营养费、住院伙食补助费等为治疗和康复支出的合理费用，以及因误工减少的收入。造成残疾的，还应当赔偿辅助器具费和残疾赔偿金；造成死亡的，还应当赔偿丧葬费和死亡赔偿金。"

（2）《民法典》第 1183 条规定："侵害自然人人身权益造成严重精神损害的，被侵权人有权请求精神损害赔偿。因故意或者重大过失侵害自然人具有人身意义的特定物造成严重精神损害的，被侵权人有权请求精神损害赔偿。"

（3）《民法典》第 1184 条规定："侵害他人财产的，财产损失按照损失发生时的市场价格或者其他合理方式计算。"

（4）《民法典》第 1253 条规定："建筑物、构筑物或者其他设施及其搁置物、悬挂物发生脱落、坠落造成他人损害，所有人、管理人或者使用人不能证明自己没有过错的，应当承担侵权责任。所有人、管理人或者使用人赔偿后，有其他责任人的，有权向其他责任人追偿。"

（5）《民法典》第 1254 条第 1 款和第 2 款规定："禁止从建筑物中抛掷物品。从建筑物中抛掷物品或者从建筑物上坠落的物品造成他人损害的，由侵权人依法承担侵权责任；经调查难以确定具体侵权人的，除能够证明自己不是侵权人的外，由可能加害的建筑物使用人给予补偿。可能加害的建筑物使用人补偿后，有权向侵权人追偿。物业服务企业等建筑物管理人应当采取必要的安全保障措施防止前款规定情形的发生；未采取必要的安全保障措施的，应当依法承担未履行安全保障义务的侵权责任。"

（二）诉讼请求成立法律要件事实

1. 请求侵权人承担赔偿责任的诉讼请求

（1）具体侵权人从建筑物中抛掷物品或者坠落物品。

（2）受侵权人发生实际损害后果。具体人身损害赔偿以及精神损害赔偿的请求范围，参考本教材第六章有关损害后果要件事实部分的归纳类型和计算方法。

（3）受侵权人的实际损害后果与侵权人从建筑物中抛掷物品或者从建筑物上坠落物品之间具有因果关系。

（4）所有人、管理人或者使用人对高空抛物、坠物具有过错。

需要注意的是，《民法典》第 1253 条对所有人、管理人或者使用人的侵权责任适用过错推定原则，即所有人、管理人或者使用人的过错属于因损害结果发生而推定的事实，属于受侵权人免除举证责任的诉讼请求成立的法律要件事实之一。

2. 请求建筑物使用人承担补偿责任的诉讼请求

（1）从建筑物中抛掷物品或者从具体侵权人的建筑物上坠落物品事实的发生。

（2）受侵权人发生实际损害后果。

（3）受侵权人的实际损害后果与从建筑物中抛掷物品或者从建筑物上坠落物品之间具有因果关系。

（4）经调查难以确定具体侵权人。

（5）建筑物使用人具有加害可能性。

3. 请求物业服务企业等建筑物管理人承担相应责任的诉讼请求

（1）从建筑物中抛掷物品或者从具体侵权人的建筑物上坠落物品事实的发生。

（2）受侵权人发生实际损害后果。

（3）物业服务企业等建筑物管理人未采取必要的安全保障措施。例如，物业服务企业不履行或者不完全履行物业服务合同约定或者法律法规规定、相关行业规范确定的维修、养护、管理和维护义务。

（4）物业服务企业等建筑物管理人未采取必要的安全保障措施与受侵权人发生实际损害后果之间具有因果关系。

（三）被告否认

（1）主张未发生从建筑物中抛掷物品或者从建筑物上坠落物品的事实。

（2）主张受侵权人未发生实际损害后果。

（3）对原告主张的赔偿或补偿数额提出异议。

（4）建筑物所有人、管理人或者使用人证明自己没有过错。

高空抛物、坠物损害责任纠纷案件，根据《民法典》第 1253 条的规定，适用过错推定原则。因此，建筑物所有人、管理人或者使用人对自己无过错承担举证责任，从而达到否认原告诉讼请求成立法律要件事实的目的。

（5）建筑物使用人主张自己对加害行为不具有可能性。

（6）受侵权人的实际损害后果与从建筑物中抛掷物品或者从建筑物上坠

落物品之间具有因果关系。

（7）物业服务企业等建筑物管理人已经采取了必要的安全保障措施。

（8）受侵权人发生实际损害后果与物业服务企业等建筑物管理人未采取必要的安全保障措施之间不具有因果关系。

（四）被告抗辩

1. 被侵权人过错抗辩

根据《民法典》第 1173 条、第 1174 条，被侵权人对同一损害的发生或者扩大有过错的，可以减轻侵权人的责任。损害是因受害人故意造成的，行为人不承担责任。

2. 已赔偿抗辩

如果侵权人或补偿人对受侵权人的实际损失，通过法定的或约定的方式进行了赔偿（补偿），则针对受侵权人提出的损害赔偿请求，可以进行减少或免除的抗辩。

3. 约定事由抗辩

侵权人或补偿人已经与受侵权人就损害赔偿（补偿）达成了和解或者调解协议，受侵权人对请求赔偿的金额已经进行了明确约定，在该约定的数额之外的诉讼请求，侵权人或补偿人可以主张抗辩。

4. 可能加害人的免责抗辩

根据《民法典》第 1254 条，"可能加害的建筑物使用人"仅承担"补偿义务"，而非侵权责任。因此根据该条，如果"可能加害的建筑物使用人"举证证明自己不是侵权人的，应当依法予以免责。

5. 诉讼时效抗辩（略）

第一节　劳动争议的范围与类型

劳动争议，是指中国境内的用人单位与劳动者发生的劳动合同纠纷、社会保险（劳动保险）纠纷、福利待遇纠纷等，属于广义的民事纠纷案件。根据《最高人民法院关于审理劳动争议案件适用法律问题的解释（一）》（以下简称《劳动争议解释》）第 1 条，劳动争议的类型主要有：①劳动者与用人单位在履行劳动合同过程中发生的纠纷；②劳动者与用人单位之间没有订立书面劳动合同，但已形成劳动关系后发生的纠纷；③劳动者与用人单位因劳动关系是否已经解除或者终止，以及应否支付解除或者终止劳动关系经济补偿金发生的纠纷；④劳动者与用人单位解除或者终止劳动关系后，请求用人单位返还其收取的劳动合同定金、保证金、抵押金、抵押物发生的纠纷，或者办理劳动者的人事档案、社会保险关系等移转手续发生的纠纷；⑤劳动者以用人单位未为其办理社会保险手续，且社会保险经办机构不能补办导致其无法享受社会保险待遇为由，要求用人单位赔偿损失发生的纠纷；⑥劳动者退休后，与尚未参加社会保险统筹的原用人单位因追索养老金、医疗费、工伤保险待遇和其他社会保险待遇而发生的纠纷；⑦劳动者因为工伤、职业病，请求用人单位依法给予工伤保险待遇发生的纠纷；⑧劳动者依据《劳动合同法》第 85 条规定，要求用人单位支付加付赔偿金发生的纠纷；⑨因企业自主进行改制发生的纠纷。

学生实训实验任务：登录民事诉讼实训平台，选定不同的实验角色后，选择"第九章"实验，按实验编号进行劳动争议类案实训训练。

一、劳动合同纠纷

根据《劳动争议调解仲裁法》的规定，在中国境内的用人单位与劳动者因订立、履行、变更、解除和终止劳动合同发生的争议都属于劳动合同纠纷。值得注意的问题是，"劳务合同纠纷"并不属于本章的"劳动合同纠纷"。劳务合同是指双方当事人约定，一方（提供劳务一方）向他方（接受劳务一方）提供劳务，他方给付劳务报酬的民事合同。劳务合同纠纷是以一方当事人提供劳务为合同标的，在履行合同过程中，因劳务关系发生的纠纷。在劳务合同中，接受劳务一方处于支配地位，提供劳务一方则处于被支配的从属地位。

劳动合同纠纷具体包括以下七种情形：

（一）确认劳动关系纠纷

确认劳动关系纠纷主要是指职工与企业就劳动关系存在与否、劳动关系终止与否和劳动关系有效与否等问题而发生的争议。劳动关系是指劳动者在劳动过程中与用人单位（用人者）建立的社会关系，根据《劳动合同法》第7条的规定，用人单位自用工之日起即与劳动者建立劳动关系，这说明建立劳动关系的实质性标准是劳动者实际提供劳动，用工单位实际用工，而书面的劳动合同以及用人单位已经按月向劳动者支付劳动报酬并非判断是否建立劳动关系的实质性标准。

劳动关系的确认，一方面是对职工与企业之间劳动关系是否存在、劳动关系是否解除或者终止进行确认；另一方面是对劳动关系有效与否等问题进行确认。首先，劳动关系存在与否最难认定最有争议的情况，在《劳动合同法》制定以前，是事先没有书面合同然而有用工行为。《劳动合同法》关于"用人单位自用工之日起满一年不与劳动者订立书面劳动合同的，视为用人单位与劳动者已订立无固定期限劳动合同"的规定，没有出现事实劳动关系的概念，直接视为存在劳动关系，即事实劳动关系。

劳动关系的认定，除了根据劳动者实际提供劳动这一标准，还可以同时参考下列因素：第一，用人单位按月或者约定按月向劳动者支付劳动报酬。不按月支付报酬的，其性质更多的是帮工关系。《劳动法》第50条规定，工资应当以货币形式按月支付给劳动者本人。按月发放工资是我国实行工资支付制度的法定形式，因此，一般应当具有一个月工资以上的，也就是用人单位与劳动者有一个月以上的劳动关系，双方才会形成相对比较固定的劳动关系，才能形成法定劳动关系。第二，用人单位允许劳动者以用人单位员工的名义工作。劳动者对内必须是能被视为用人单位的一员，对外能代表用人单位或者单位工作人员的，双方才存在劳动关系。第三，劳动者和用人单位没有订立书面合同，但双方之间在一定期限内可以存在事实上的劳动关系。

（二）集体合同纠纷

集体合同纠纷是指企业职工一方与企业就劳动报酬、工作时间、休息休假、劳动安全卫生、保险福利等事项，通过平等协商而签订书面协议，由此发生争议引起的纠纷。集体劳动合同的订立、种类、生效等方面值得注意。

（1）集体劳动合同的订立。企业职工一方与用人单位通过平等协商，可以就劳动报酬、工作时间、休息休假、劳动安全卫生、保险福利等事项订立集体合同。集体合同草案应当提交职工代表大会或者全体职工讨论通过。集体合同由工会代表企业职工一方与用人单位订立；尚未建立工会的用人单位，由上级工会指导劳动者推举的代表与用人单位订立。

（2）集体劳动合同的种类。集体合同可以分为专项集体合同、区域集体合同、行业性集体合同。企业职工一方与用人单位还可以订立劳动安全卫生、女职工权益保护、工资调整机制等专项集体合同。在县级以下区域内，建筑业、采矿业、餐饮服务业等行业可以由工会与企业方面代表订立行业性集体合同，或者订立区域性集体合同。

（3）集体合同的生效。集体合同订立后，应当报送劳动行政部门。劳动行政部门自收到集体合同文本之日起15日内未提出异议的，集体合同即行生效。依法订立的集体合同对用人单位和劳动者具有约束力。行业性、区域性集体合同对当地本行业、本区域的用人单位和劳动者具有约束力。对于集体合同中劳动报酬和劳动条件的标准，《劳动合同法》第55条作了明确的规定：集体合同中劳动报酬和劳动条件等标准不得低于当地人民政府规定的最低标准；用人单位与劳动者订立的劳动合同中劳动报酬和劳动条件等标准不得低于集体合同规定的标准。

（4）工会依法维权的职责和法律地位。《劳动合同法》第56条对此规定：用人单位违反集体合同，侵犯职工劳动权益的，工会可以依法要求用人单位承担责任；因履行集体合同发生争议，经协商解决不成的，工会可以依法申请仲裁、提起诉讼。

（三）劳务派遣合同纠纷

劳务派遣合同纠纷是指因劳务派遣合同发生争议引起的纠纷。劳务派遣是一种新的用人方式，用人单位可以根据自身工作和发展需要，通过正规劳务服务公司，派遣所需要的各类人员，实行劳务派遣后，实际用人单位与劳务派遣组织签订劳务派遣合同，劳务派遣组织与劳务人员签订劳动合同，实际用人单位与劳务人员之间只有使用关系，没有聘用合同关系。根据《劳动合同法》第 58 条和第 59 条，劳务派遣单位是该法所称用人单位，应当履行用人单位对劳动者的义务。劳务派遣单位与被派遣劳动者订立的劳动合同，除应当载明该法第 17 条规定的事项外，还应当载明被派遣劳动者的用工单位以及派遣期限、工作岗位等情况。劳务派遣单位应当与被派遣劳动者订立二年以上的固定期限劳动合同，按月支付劳动报酬；被派遣劳动者在无工作期间，劳务派遣单位应当按照所在地人民政府规定的最低工资标准，向其按月支付报酬。劳务派遣单位派遣劳动者应当与接受以劳务派遣形式用工的单位订立劳务派遣协议。劳务派遣协议应当约定岗位和人员数量、派遣期限、劳动报酬和社会保险费的数额与支付方式以及违反协议的责任。

（四）非全日制用工纠纷

非全日制用工纠纷是指因非全日制用工形式引发的纠纷。非全日制用工是指以小时计酬，劳动者在同一用人单位平均每日工作时间不超过 4 小时，累计每周工作时间不超过 24 小时的用工形式。《劳动合同法》扩大了非全日制用工的计酬方式，缩短了关于非全日制用工的劳动者在同一家用人单位的平均每日工作时间和累计每周工作时间的规定，更好地保护了非全日制用工的劳动者的合法权益。非全日制用工合同的特点：一是双方当事人可以订立口头协议；二是劳动者可以与一个或者一个以上用人单位订立劳动合同，只要后订立的劳动合同不影响先订立的劳动合同的履行即可；三是双方当事人不得约定试用期，任何一方都可以随时通知对方终止用工，而且用人单位不需要向劳动者支付经济补偿；四是小时计酬标准不得低于用人单位所在地人民政府规定的最低小时工资标准，劳动报酬结算支付周期最长不得超过 15 日。

关于非全日制用工合同的规定，有一般劳动合同的原则，如订立劳动合同必须遵循合法、公平、平等自愿、协商一致、诚实信用的原则，也有不同于一般劳动合同的具体规则，如不得约定试用期、不需要支付经济补偿金等。

（五）追索劳动报酬纠纷

追索劳动报酬纠纷是指劳动者与用人单位在履行劳动合同期间，因劳动报酬所发生的争议。

（六）经济补偿金纠纷

经济补偿金纠纷是指用人单位与劳动者解除劳动合同，因依法应当给予劳动者的经济补偿而发生的争议。

（七）竞业限制纠纷

竞业限制纠纷是指因竞业限制发生的纠纷。竞业限制是用人单位对负有保守用人单位商业秘密，或对企业竞争优势有重要影响的劳动者，在劳动合同、知识产权权利归属协议或技术保密协议中约定的劳动者在终止或解除劳动合同后的一定期限内不得再生产同类产品、经营同类业务或有其他竞争关系的用人单位任职，也不得自己生产与原单位有竞争关系的同类产品或经营同类业务。竞业限制起源于公司法中的董事、经理竞业禁止制度。目的是防止董事、经理等利用其特殊地位损害公司利益，各国公司法都规定了董事、经理的竞业禁止义务，尤其是西方国家首先建立了董事、经理竞业禁止制度。

竞业限制条款在劳动合同中为延迟生效条款，也就是劳动合同的其他条款法律约束力终结后，该条款开始生效。当事人在劳动合同或者保密协议中约定竞业限制条款的，必须同时约定经济补偿的内容。用人单位应当在终止或解除劳动者劳动合同后，给予劳动者经济补偿。该经济补偿标准、数额由当事人自行约定。在约定竞业限制条款时应当同时约定具体的违约责任承担方式和内容，但不得再约定解除劳动合同的提前通知期。竞业限制的约定不得违反法律、法规的规定。

二、社会保险纠纷

社会成员对国家在其年老、疾病、工伤、失业、生育等情况下获得物质帮助和补偿所产生的纠纷的案件，主要包括以下五类：

（一）养老保险待遇纠纷

对劳动者达到国家规定的解除劳动合同的年龄界限或者因丧失劳动能力后依法获得生活保障的保险所产生纠纷的案件。

（二）工伤保险待遇纠纷

因劳动者在从事生产劳动或者与之相关的工作时，发生意外伤害，包括事故伤残、职业病以及因这两种情况造成死亡时，由政府向劳动者本人或其供养的直系亲属提供物质帮助的社会福利所产生纠纷的案件。

（三）　医疗保险待遇纠纷

劳动者就政府对社会范围内的劳动者部分或全部提供预防和治疗疾病的费用，并保证其在病假期间的经济来源，保障其基本生活需求时所产生纠纷的案件。

（四）　生育保险待遇纠纷

妇女对在法定范围内对其部分或全部提供怀孕、生产、哺育期间的医疗费用，保证产假和哺育假期间的经济来源，使其不至于因生育而基本生活需求没有保障而引起纠纷的案件。

（五）　失业保险待遇纠纷

劳动者对其失业而丧失经济来源时，因保障其基本生活需求问题而产生纠纷的案件。

三、福利待遇纠纷

劳动者与用人单位因为福利待遇问题而发生纠纷的案件。

限于本教材篇幅，以下劳动纠纷类案实训主要涉及劳动合同纠纷和社会保险纠纷两种类型案件。

第二节　诉讼法要件事实

一、诉讼要件

（一）　当事人适格

根据《民事诉讼法》第 122 条，原告是与本案有直接利害关系的公民、法人和其他组织。如果起诉的原告不具有"直接利害关系"的条件，人民法院将不予受理或驳回起诉。劳动争议案件的适格原告应该为劳动法律关系的当事人，即劳动者或用人单位。根据《劳动争议解释》第 26 条至第 30 条，劳动争议案件当事人可能存在以下特殊情况：

（1）用人单位与其他单位合并的，合并前发生的劳动争议，由合并后的单位为当事人；用人单位分立为若干单位的，其分立前发生的劳动争议，由分立后的实际用人单位为当事人。用人单位分立为若干单位后，具体承受劳动权利义务的单位不明确的，分立后的单位均为当事人。

（2）用人单位招用尚未解除劳动合同的劳动者，原用人单位与劳动者发生的劳动争议，可以列新的用人单位为第三人。原用人单位以新的用人单位侵权为由提起诉讼的，可以列劳动者为第三人。原用人单位以新的用人单位和劳动者共同侵权为由提起诉讼的，新的用人单位和劳动者列为共同被告。

（3）劳动者在用人单位与其他平等主体之间的承包经营期间，与发包方和承包方双方或者一方发生劳动争议，依法提起诉讼的，应当将承包方和发包方作为当事人。

（4）劳动者与未办理营业执照、营业执照被吊销或者营业期限届满仍继续经营的用人单位发生争议的，应当将用人单位或者其出资人列为当事人。

（5）未办理营业执照、营业执照被吊销或者营业期限届满仍继续经营的用人单位，以挂靠等方式借用他人营业执照经营的，应当将用人单位和营业执照出借方列为当事人。

（6）根据《社会保险法》第38条和《工伤保险条例》第39条，劳动者因工死亡的，死者的近亲属有权获得丧葬补助金、供养亲属抚恤金和因工死亡补助金，从而在相关案件中可以成为适格原告。

因为提起诉讼的原告是否为正当当事人是属于人民法院依职权调查的事项，因此不具备该要件，人民法院应当裁定不予受理或驳回起诉；被告当然有权主张原告主体不适格，请求人民法院依法驳回原告起诉。

（二）法院主管要件

可以提起劳动争议的诉讼，应当限于法定的种类和范围。《劳动争议解释》第1条规定："劳动与用人单位之间发生的下列纠纷，属于劳动争议，当事人不服劳动争议仲裁机构作出的裁决，依法提起诉讼的，人民法院应予受理：（一）劳动者与用人单位在履行劳动合同过程中发生的纠纷；（二）劳动者与用人单位之间没有订立书面劳动合同，但已形成劳动关系后发生的纠纷；（三）劳动者与用人单位因劳动关系是否已经解除或者终止，以及应否支付解除或者终止劳动关系经济补偿金发生的纠纷；（四）劳动者与用人单位解除或者终止劳动关系后，请求用人单位返还其收取的劳动合同定金、保证金、抵押金、抵押物发生的纠纷，或者办理劳动者的人事档案、社会保险关系等移转手续发生的纠纷；（五）劳动者以用人单位未为其办理社会保险手续，且社会保险经办机构不能补办导致其无法享受社会保险待遇为由，要求用人单位赔偿损失发生的纠纷；（六）劳动者退休后，与尚未参加社会保险统筹的原用人单位因追索养老金、医疗费、工伤保险待遇和其他社会保险待遇而发生的纠纷；（七）劳动者因为工伤、职业病，请求用人单位依法给予工伤保险待遇发生的纠纷；（八）劳动者依据劳动合同法第八十五条规定，要求用人单位支付加付赔偿金发生的纠纷；（九）因企业自主进行改制发生的纠纷。"

被告可能会对原告提出的劳动争议诉讼主管问题提出异议。因为《劳动争议解释》第 2 条规定："下列纠纷不属于劳动争议：（一）劳动者请求社会保险经办机构发放社会保险金的纠纷；（二）劳动者与用人单位因住房制度改革产生的公有住房转让纠纷；（三）劳动者对劳动能力鉴定委员会的伤残等级鉴定结论或者对职业病诊断鉴定委员会的职业病诊断鉴定结论的异议纠纷；（四）家庭或者个人与家政服务人员之间的纠纷；（五）个体工匠与帮工、学徒之间的纠纷；（六）农村承包经营户与受雇人之间的纠纷。"

劳动者以用人单位的工资欠条为证据直接提起诉讼，诉讼请求不涉及劳动关系其他争议的，视为拖欠劳动报酬争议，人民法院按照普通民事纠纷而非劳动争议诉讼受理。

（三）法院管辖要件

《劳动争议解释》第 3 条规定："劳动争议案件由用人单位所在地或者劳动合同履行地的基层人民法院管辖。劳动合同履行地不明确的，由用人单位所在地的基层人民法院管辖。法律另有规定的，依照其规定。"

由于我国《民事诉讼法》未将劳动纠纷管辖视为专属管辖和集中管辖案件，因此，尽管原告提起诉讼的人民法院可能没有管辖权，如果被告不提出管辖异议并应诉答辩，受理法院仍然有管辖权。如果被告提出了管辖权异议的，法院应当就本院是否有管辖权进行审查。如果被告未提出管辖异议且应诉答辩的，人民法院即使没有管辖权也会继续审理案件。

（四）前置程序要件

人民法院受理劳动争议案件应以劳动仲裁为前置程序。根据《劳动法》的规定，劳动争议当事人应当先向劳动争议仲裁委员会申请仲裁，对仲裁裁决不服的，可以自收到仲裁裁决书之日起 15 日内向人民法院提起诉讼。

劳动争议仲裁委员会根据不同类型的劳动争议事项，可作出终局裁决和非终局裁决两种裁决书。劳动争议仲裁裁决书应载明该裁决书为终局裁决或非终局裁决。未明确载明的，根据《劳动争议调解仲裁法》第 47 条，劳动者追索劳动报酬、工伤医疗费、经济补偿或者赔偿金，不超过当地月最低工资标准 12 个月金额的争议；因执行国家的劳动标准在工作时间、休息休假、社会保险等方面发生的争议应当按照终局裁决处理。此外，劳动争议仲裁机构作出的同一仲裁裁决同时包含终局裁决事项和非终局裁决事项的，应当视为终局裁决。对于终局裁决，用人单位不服的不得直接向人民法院提起诉讼，直接向人民法院起诉的，人民法院不予受理。用人单位针对终局裁决可以自收到仲裁裁决书之日起 30 日内向劳动争议仲裁委员会所在地的中级人民法院申请撤销裁决。劳动争议仲裁终局裁决被人民法院裁定撤销的，劳动者和用人单位都可以自收到裁定书之日起 15 日内就该劳动争议事项向人民法院提起诉讼。此外，劳动争议仲裁机构逾期未作出受理决定或仲裁裁决的，劳动者也可以直接向人民法院提起诉讼，但应当提交该仲裁机构出具的受理通知书或者其他已接受仲裁申请的凭证、证明。

需要明确的问题是，劳动者以用人单位工资欠条为证据直接向人民法院起诉，诉讼请求并不涉及劳动关系其他争议的，实际上属于普通债权债务纠纷，并不属于真正意义上的劳动纠纷。这是因为双方实际上对劳动报酬发生原因事实、劳动合同效力等问题并无争议，仅就劳动报酬的给付问题发生争议，并不符合劳动争议的实质性内容要件，因此上述纠纷并不需要以劳动者先申请劳动仲裁为前置程序，劳动者直接可以向人民法院提起诉讼。

（五）不属于重复起诉（略）

二、诉讼要件的异议

（1）被告主张与原告之间并非劳动关系纠纷。例如，被告主张与原告之间实际上构成劳务关系，即平等主体之间因提供劳务而形成的民事权利义务关系。如果有证据证明原被告之间并不构成劳动关系，人民法院不应当将纠纷作为劳动纠纷继续审理而应当驳回起诉。《劳动争议解释》第 2 条规定："下列纠纷不属于劳动争议：（一）劳动者请求社会保险经办机构发放社会保险金的纠纷；（二）劳动者与用人单位因住房制度改革产生的公有住房转让纠纷；（三）劳动者对劳动能力鉴定委员会的伤残等级鉴定结论或者对职业病诊断鉴定委员会的职业病诊断鉴定结论的异议纠纷；（四）家庭或者个人与家政服务人员之间的纠纷；（五）个体工匠与帮工、学徒之间的纠纷；（六）农村承包经营户与受雇人之间的纠纷。"

（2）被告主张原告并不具备本案适格原告主体资格。

（3）被告对本案提出管辖权异议。

（4）被告主张本案劳动争议并未进行劳动仲裁前置程序。

（5）被告主张原告提起的劳动争议案件已经通过劳动仲裁达成调解协议。根据《劳动争议解释》第 11 条，劳动争议仲裁机构作出的调解书已经发生法律效力，一方当事人反悔提起诉讼的，人民法院不予受理；已经受理的，裁定驳回起诉。

（6）被告劳动者主张劳动争议仲裁机构已经作出了终局裁决，原告用人单位不得对终局裁决直接向人民法院提起诉讼。根据《劳动争议解释》第 18 条，仲裁裁决为终局裁决的，基层人民法院不予受理，但应告知用人单位可以自收到不予受理裁定书之日起 30 日内向劳动争议仲裁机构所在地的中级人民法院申请撤销该仲裁裁决；已经受理的，裁定驳回起诉。

第三节　实体法要件事实

劳动争议案件种类繁多，诉讼请求因此纷繁复杂。基于开展实训的需要，本教材仅选取比较常见的劳动纠纷诉讼请求作为分析样本，供读者们进行学习和参考。除了最基本的劳动者请求用人单位支付劳动报酬之外，以下重点分析劳动者请求支付经济补偿金纠纷、劳动者请求用人单位承担赔偿责任纠纷、用人单位请求劳动者承担赔偿责任纠纷以及劳动者请求用人单位支付社会保险费四类劳动纠纷案件。

一、劳动者请求用人单位支付经济补偿金

经济补偿金纠纷，主要是指因为用人单位解除劳动合同，劳动者请求用人单位支付经济补偿而发生的劳动争议。

（一）诉讼请求基础法律规范

（1）《劳动法》第 28 条规定："用人单位依据本法第二十四条、第二十六条、第二十七条的规定解除劳动合同的，应当依照国家有关规定给予经济补偿。"

（2）《劳动合同法》第 46 条规定："有下列情形之一的，用人单位应当向劳动者支付经济补偿：（一）劳动者依照本法第三十八条规定解除劳动合同

的；（二）用人单位依照本法第三十六条规定向劳动者提出解除劳动合同并与劳动者协商一致解除劳动合同的；（三）用人单位依照本法第四十条规定解除劳动合同的；（四）用人单位依照本法第四十一条第一款规定解除劳动合同的；（五）除用人单位维持或者提高劳动合同约定条件续订劳动合同，劳动者不同意续订的情形外，依照本法第四十四条第一项规定终止固定期限劳动合同的；（六）依照本法第四十四条第四项、第五项规定终止劳动合同的；（七）法律、行政法规规定的其他情形。"

（3）《劳动合同法》第47条规定："经济补偿按劳动者在本单位工作的年限，每满一年支付一个月工资的标准向劳动者支付。六个月以上不满一年的，按一年计算；不满六个月的，向劳动者支付半个月工资的经济补偿。劳动者月工资高于用人单位所在直辖市、设区的市级人民政府公布的本地区上年度职工月平均工资三倍的，向其支付经济补偿的标准按职工月平均工资三倍的数额支付，向其支付经济补偿的年限最高不超过十二年。本条所称月工资是指劳动者在劳动合同解除或者终止前十二个月的平均工资。"

（二）诉讼请求成立法律要件事实

1. 原被告双方存在劳动关系

劳动者请求用人单位因为违法解除劳动合同支付经济补偿金、赔偿金的，应当首先以双方之间存在劳动关系为基本前提。《劳动合同法》第7条规定，用人单位自用工之日起即与劳动者建立劳动关系。所谓劳动关系，是指劳动者与用人单位之间，为实现劳动过程而发生的一方有偿提供劳动力由另一方用于同其生产资料相结合的社会关系。

劳动关系的标准通常包括：

（1）用人单位对劳动者的管理标准。主要指劳动者服从用人单位的管理，遵守用人单位的规章制度。

（2）劳动者的生产条件标准。主要指用人单位提供了基本的劳动条件，包括劳动场所、劳动对象和劳动工具，这样劳动者同用人单位提供的生产资料相结合，双方之间才能形成劳动法律关系。

（3）劳动报酬标准。主要指劳动者向用人单位提供劳动，用人单位向劳动者支付劳动报酬。

（4）劳动行为标准。劳动者提供的劳动活动应当作为用人单位业务活动的重要组成部分，在这一方面，劳动合同的基本条款可以作为直接证据证明劳动者的工作和劳动行为属于用人单位业务范畴之内的内容。这从另一个层面反映出，劳动关系中，劳动者的活动实际上是用人单位对劳动者指挥、监督和管理的具体体现。

当然，劳动者与用人单位之间形成事实上的劳动关系，并不以双方签订书面劳动合同为前提。但是双方是否已经签订过劳动合同，对于事实劳动关系的要件事实确定具有重大影响，以下从两个方面进行区分：

（1）双方已经签订劳动合同。若用人单位与劳动者之间签订了书面劳动合同，且双方均符合劳动法及相关法律法规规定的主体资格，则人民法院一般会根据劳动合同认定用人单位与劳动者之间形成了劳动关系，对这一情形的认定一般不存在争议。

签订劳动合同的双方首先应当具有相应的主体资格。劳动合同的主体为劳动者和用人单位，劳动者指达到法定用工年龄、愿意受用人单位规章制度约束的自然人，用人单位则指中华人民共和国境内的企业、个体经济组织、民办非企业单位等组织，以及具有用工资格的国家机关、事业单位、社会团体等。用人单位设立的分支机构，依法取得营业执照或者登记证书的，可以作为用人单位与劳动者订立劳动合同；未依法取得营业执照或者登记证书的，受用人单位委托可以与劳动者订立劳动合同。

《劳动合同法》明确规定除非全日制用工外，劳动合同必须采用书面形式，已建立劳动关系而未同时订立书面劳动合同的当事人，应当自用工之日起一个月内订立书面劳动合同。在现实生活中，以传统形式订立的纸质劳动合同书更为常见，但其他形式的劳动合同亦广泛存在。除了电子形式的劳动合同，还有很多并不构成完整合同文本的入职登记表、入职审批表、与高管人员签订的经营目标责任书等。如用人单位与劳动者未订立书面劳动合同，但双方之间签署的其他有效书面文件的内容已经具备了劳动合同的各项要件，明确了双方的劳动关系和权利义务，具有了书面劳动合同的性质，则该文件应视为双方的书面劳动合同。如入职审批表等文本在其正文或附件中明确约定了工作部门、工作地点、聘用期限、试用、工资待遇等内容，则可以视为书面形式的劳动合同。

劳动合同在双方当事人签订后成立并生效，由双方各执一份。对于用人单位而言，其提供的劳动合同书，或具有劳动合同性质的入职登记表、入职审批表、录用信等应当有用人单位的签章，由其法定代表人或主要负责人本人签订或授权本单位其他人员签订亦可。对于劳动者而言，则应由其本人在劳动合同上签字或盖章，或书面委托他人代签。若非劳动者本人签章，应由用人单位证明该签字经过了劳动者本人的授权或默认，也即证明该签章是出于劳动者本人的意愿，劳动合同方才有效。劳动者签字可以使用本名，也可以在证明确为本人的情况下使用艺名、笔名或化名。劳动者冒用他人姓名与用人单位签订劳动合同的，被冒用者与用人单位之间不成立劳动关系，冒用他人姓名的劳动者仍可与用人单位成立事实上的劳动关系，但书面劳动合同本身不再有效。

《劳动合同法》第69条规定，非全日制用工双方当事人可以订立口头协议。非全日制用工是指以小时计酬为主，劳动者在同一用人单位一般平均每日工作时间不超过4小时，每周工作时间累计不超过24小时的用工形式。对于此类用工形式的口头劳动合同，在司法实践中一般通过双方当事人陈述和证人证言、工资支付记录以及上班情况等合同的实际履行情况予以证明。而对于非全日制用工关系，则通过行业性质、劳动者做工记录、用人单位的登记备案情况等予以证明。

（2）双方未签订劳动合同。若用人单位与劳动者之间未签订书面劳动合同，则需要详细分析以确定用人单位与劳动者之间是否存在事实劳动关系。

根据《劳动部关于贯彻执行〈中华人民共和国劳动法〉若干问题的意见》第82条，用人单位与劳动者发生劳动争议不论是否订立劳动合同，只要存在事实劳动关系，并符合《劳动法》的适用范围和《企业劳动争议处理条例》的受案范围，劳动争议仲裁委员会均应受理。可见，劳动合同并不是认定劳动关系存在的唯一证据，事实劳动关系虽然是一种不规范的劳动关系，但同样受到法律的保护。在用人单位否认与劳动者之间存在劳动关系时，人民法院一般在结合现有证据的基础上，查明劳动者是否实际接受用人单位的管理、指挥或者监督，劳动者提供的劳动是不是用人单位业务的组成部分，用人单位是否向劳动者提供基本劳动条件以及向劳动者支付报酬等因素综合认定用人单位与劳动者之间是否存在事实劳动关系，进而保障劳动者的权利。

《劳动和社会保障部关于确立劳动关系有关事项的通知》第1条规定："用人单位招用劳动者未订立书面劳动合同，但同时具备下列情形的，劳动关系成立。（一）用人单位和劳动者符合法律、法规规定的主体资格；（二）用人单位依法制定的各项劳动规章制度适用于劳动者，劳动者受用人单位的劳动管理，从事用人单位安排的有报酬的劳动；（三）劳动者提供的劳动是用人单位业务的组成部分。"由此可见，劳动者与用人单位之间是否存在事实劳动关系的认定标准包括劳动者与用人单位是否符合法律法规规定的主体资格，劳动者是否接受用人单位的日常管理、是否与用人单位之间形成经济上的从属性及人格上的从属性。在事实劳动关系中，劳动者成为用人单位的成员、服从劳动分工和工作安排、遵守劳动纪律和规章制度、获得或应当获得劳动报酬和有关福利待遇。劳动者在很大程度上将其人身在一定限度内交给了用人单位，与用人单位形成了一种从属关系，这是事实劳动关系与其他法律关系的主要区别。

《劳动和社会保障部关于确立劳动关系有关事项的通知》第 2 条规定："用人单位未与劳动者签订劳动合同，认定双方存在劳动关系时可参照下列凭证：（一）工资支付凭证或记录（职工工资发放花名册）、缴纳各项社会保险费的记录；（二）用人单位向劳动者发放的'工作证''服务证'等能够证明身份的证件；（三）劳动者填写的用人单位招工招聘'登记表''报名表'等招用记录；（四）考勤记录；（五）其他劳动者的证言等。"其中，（一）（三）（四）项的有关凭证由用人单位负举证责任。在劳动者有证据证明其为用人单位提供了劳动的情况下，还应排除劳动者与用人单位之间存在其他法律关系，例如雇佣关系、劳务关系、委托关系、居间关系等，进而证明其与用人单位之间形成了劳动关系。

2. 用人单位具有应支付经济补偿金的法定情形

劳动者有权请求用人单位支付经济补偿金的法定情形，在《劳动法》和《劳动合同法》中都有明确的规定。根据上述法律的相关条款，用人单位应当向劳动者支付经济补偿金的法定情形主要包括：

（1）用人单位与劳动者协商解除劳动合同。《劳动合同法》第 46 条规定，用人单位依照该法第 36 条[1]规定向劳动者提出解除劳动合同并与劳动者协商一致解除劳动合同的，应当向劳动者支付经济补偿。

（2）用人单位非过失解雇劳动者。《劳动合同法》第 40 条规定："有下列情形之一的，用人单位提前三十日以书面形式通知劳动者本人或者额外支付劳动者一个月工资后，可以解除劳动合同：（一）劳动者患病或者非因工负

---

[1]《劳动合同法》第36条规定，用人单位与劳动者协商一致，可以解除劳动合同。

伤，在规定的医疗期满后不能从事原工作，也不能从事由用人单位另行安排的工作的；（二）劳动者不能胜任工作，经过培训或者调整工作岗位，仍不能胜任工作的；（三）劳动合同订立时所依据的客观情况发生重大变化，致使劳动合同无法履行，经用人单位与劳动者协商，未能就变更劳动合同内容达成协议的。"

（3）劳动者被迫辞职。《劳动合同法》第38条规定："用人单位有下列情形之一的，劳动者可以解除劳动合同：（一）未按照劳动合同约定提供劳动保护或者劳动条件的；（二）未及时足额支付劳动报酬的；（三）未依法为劳动者缴纳社会保险费的；（四）用人单位的规章制度违反法律、法规的规定，损害劳动者权益的；（五）因本法第二十六条第一款规定的情形致使劳动合同无效的；（六）法律、行政法规规定劳动者可以解除劳动合同的其他情形。"用人单位以暴力、威胁或者非法限制人身自由的手段强迫劳动者劳动的，或者用人单位违章指挥、强令冒险作业危及劳动者人身安全的，劳动者可以立即解除劳动合同，不需事先告知用人单位。

（4）用人单位经济性裁员。用人单位依照《劳动合同法》第41条，需要裁减人员20人以上或者裁减不足20人但占企业职工总数10%以上的，达到了经济性裁员的标准。用人单位依法进行经济性裁员解除劳动合同后，劳动者依法可以请求用人单位支付经济补偿金。

（5）劳动合同依法终止。因劳动合同期满、用人单位被依法宣告破产以及用人单位被吊销营业执照、责令关闭、撤销或者用人单位决定提前解散等情形，劳动合同终止。另根据《劳动争议解释》第48条，《劳动合同法》施行后，因用人单位经营期限届满不再继续经营导致劳动合同不能继续履行，劳动者请求用人单位支付经济补偿的，人民法院应予支持。

（6）根据《第八次全国法院民事商事审判工作会议（民事部分）纪要》第29条，用人单位在劳动合同期限内通过"末位淘汰"或"竞争上岗"等形式单方解除劳动合同，劳动者可以用人单位违法解除劳动合同为由，请求用人单位继续履行劳动合同或者支付赔偿金。

3. 请求的经济补偿金数额符合法律规定标准

经济补偿具体金额，按劳动者在本单位工作的年限，每满一年支付一个月工资的标准向劳动者支付。6个月以上不满1年的，按1年计算；不满6个月的，向劳动者支付半个月工资的经济补偿。劳动者月工资高于用人单位所在直辖市、设区的市级人民政府公布的本地区上年度职工月平均工资三倍的，向其支付经济补偿的标准按职工月平均工资三倍的数额支付，向其支付经济补偿的年限最高不超过 12 年。

（三）被告否认

1. 劳动者主动辞职

如果劳动者主动提出解除劳动合同，并与用人单位就解除劳动合同达成一致，则并不满足"用人单位向劳动者提出解除劳动合同并与劳动者协商一致解除劳动合同的"法定情形，用人单位不需要向劳动者支付经济补偿金。此外，如果劳动者根据《劳动合同法》第 37 条的规定，提前 30 日以书面形式或在试用期内提前 3 日通知用人单位解除劳动合同的，用人单位也无须支付经济补偿金。

2. 双方之间不存在劳动关系

例如，用人单位举证证明双方之间并未发生事实上的劳动关系，或者双方签订的劳动合同为《劳动法》第 18 条〔1〕规定的无效劳动合同情形等。

3. 劳动者请求的经济补偿金超出法定标准

4. 主张经济补偿金的法定情形并不存在

（四）被告抗辩

1. 用人单位主张单方解除权

所谓用人单位单方解除权，是指在劳动者具有法定过失行为时，用人单位依法单方解除劳动合同的权利。《劳动法》第 25 条规定："劳动者有下列情形之一的，用人单位可以解除劳动合同：（一）在试用期间被证明不符合录用条件的；（二）严重违反劳动纪律或者用人单位规章制度的；（三）严重失职，营私舞弊，对用人单位利益造成重大损害的；（四）被依法追究刑事责任的。"如果用人单位基于上述规定的情形，单方解除与劳动者的劳动合同，则无需支付经济补偿金。

---

〔1〕《劳动法》第 18 条第 1 款规定："下列劳动合同无效：（一）违反法律、行政法规的劳动合同；（二）采取欺诈、威胁等手段订立的劳动合同。"

	法定原因	条件	期限	经济补偿金
协商解除劳动合同	单位提出	双方协商一致	无要求	有
	劳动者提出		无要求	无
单位解除劳动合同	单方解除权	劳动者在试用期内不符合录用条件	随时	无
		劳动者严重违纪	随时	无
		劳动者对本单位造成重大损害	随时	无
		劳动者兼职，对本职工作有严重影响或经提出拒不改正	随时	无
		劳动者以欺诈、胁迫手段或者乘人之危订立劳动合同	随时	无
		劳动者被追究刑事责任	随时	无
	预告通知解除（非过失性解除劳动合同）	患病或非因工负伤医疗期满不能从事原工作，也不能从事另行安排的工作	提前30天或支付一个月工资	有
		不能胜任工作，经培训或调岗后仍无法胜任	提前30天或支付一个月工资	有
		劳动合同无法履行且无法达成变更劳动合同协议	提前30天或支付一个月工资	有
	经济性裁员	破产；经营困难；转产、重大技术革新或者经营方式调整；客观情况发生重大变化	履行法定程序后可以裁员	有
	违法解除或终止劳动合同	劳动者不要求继续履行劳动合同或者劳动合同已经不能继续履行	随时	无（但应支付经济补偿金标准二倍的经济赔偿金）

续表

法定原因		条件	期限	经济补偿金
劳动者解除劳动合同	提前通知解除	无条件	提前30天通知	无
		在试用期内	提前3天通知	无
	随时通知解除	未提供约定的劳动保护和条件	随时通知	有
		未按时足额支付劳动报酬	随时通知	有
		未依法缴纳社会保险费	随时通知	有
		规章制度违法损害劳动者利益	随时通知	有
		以欺诈、胁迫的手段或者乘人之危订立劳动合同	随时通知	有
		法律法规规定的其他情况	随时通知	有
	无需通知立即解除	以暴力、威胁或者非法限制人身自由的手段强迫劳动者劳动	立即解除,无需通知	有
		违规违章强令冒险作业		有
劳动合同终止	劳动合同期满	用人单位不同意续订		有
		用人单位降低劳动条件续订劳动合同,劳动者不同意续订		有
		用人单位维持或者提高劳动条件续订劳动合同,劳动者不同意续订		无
	劳动者开始享受基本养老保险待遇			无
	劳动者死亡或被法院宣告死亡或失踪			无
	单位被宣告破产			有
	被吊销营业执照、责令关闭、撤销或者用人单位决定提前解散			有
	法律、行政法规规定的其他情形			无

2. 用人单位主张已经支付赔偿金抗辩

如果用人单位已经向劳动者支付了经济赔偿金,则在已经支付的范围内可以对请求支付赔偿金的劳动者主张抗辩。

3. 诉讼时效抗辩（略）

二、劳动者请求用人单位承担赔偿责任

用人单位向劳动者承担赔偿责任，区分为赔偿金和损失赔偿两个方面。赔偿金的支付责任，根据《劳动法》和《劳动合同法》的相关规定，由用人单位按照一定标准向劳动者支付赔偿金额，该赔偿金的支付并不以用人单位给劳动者造成实际损害后果为前提条件。用人单位向劳动者承担损失赔偿，是根据《劳动法》和《劳动合同法》的相关规定，应为用人单位的违法行为给劳动者造成实际损害后果的赔偿责任。上述两种类型的赔偿金额具有不同的基础法律规范和法律要件事实，有必要通过两个方面对其法律适用内容进行区分。

（一）劳动者请求用人单位支付赔偿金

1. 诉讼请求基础法律规范

（1）《劳动法》第91条规定："用人单位有下列侵害劳动者合法权益情形之一的，由劳动行政部门责令支付劳动者的工资报酬、经济补偿，并可以责令支付赔偿金：（一）克扣或者无故拖欠劳动者工资的；（二）拒不支付劳动者延长工作时间工资报酬的；（三）低于当地最低工资标准支付劳动者工资的；（四）解除劳动合同后，未依照本法规定给予劳动者经济补偿的。"

（2）《劳动合同法》第48条规定："用人单位违反本法规定解除或者终止劳动合同，劳动者要求继续履行劳动合同的，用人单位应当继续履行；劳动者不要求继续履行劳动合同或者劳动合同已经不能继续履行的，用人单位应当依照本法第八十七条规定支付赔偿金。"

（3）《劳动合同法》第83条规定："用人单位违反本法规定与劳动者约定试用期的，由劳动行政部门责令改正；违法约定的试用期已经履行的，由用人单位以劳动者试用期满月工资为标准，按已经履行的超过法定试用期的期间向劳动者支付赔偿金。"

（4）《劳动合同法》第85条规定："用人单位有下列情形之一的，由劳动行政部门责令限期支付劳动报酬、加班费或者经济补偿；劳动报酬低于当地最低工资标准的，应当支付其差额部分；逾期不支付的，责令用人单位按应付金额百分之五十以上百分之一百以下的标准向劳动者加付赔偿金：（一）未按照劳动合同的约定或者国家规定及时足额支付劳动者劳动报酬的；（二）低于当地最低工资标准支付劳动者工资的；（三）安排加班不支付加班费的；（四）解除或者终止劳动合同，未依照本法规定向劳动者支付经济补偿的。"

2. 诉讼请求成立法律要件事实

（1）原被告之间存在劳动关系。

（2）用人单位具有应支付赔偿金的法定情形。根据上述实体法基础规范，用人单位应当支付赔偿金的情形主要有：逾期不支付劳动报酬、加班费或者经济补偿的（包括克扣或者无故拖欠劳动者工资的；拒不支付劳动者延长工作时间工资报酬的；低于当地最低工资标准支付劳动者工资的；解除劳动合同后，未依照该法规定给予劳动者经济补偿的情形）；违法约定的试用期已经履行的；违反法律规定解除或者终止劳动合同的。

（3）赔偿金数额符合法律规定标准。根据上述实体法基础规范，赔偿金因为不同法定情形，计算的标准有所不同：

第一，逾期不支付劳动报酬、加班费或者经济补偿的，用人单位按应付金额50%以上100%以下的标准向劳动者加付赔偿金。

第二，违法约定的试用期已经履行的，由用人单位以劳动者试用期满月工资为标准，按已经履行的超过法定试用期的期间向劳动者支付赔偿金。

第三，用人单位违反《劳动合同法》规定解除或者终止劳动合同的，用人单位应当依照《劳动合同法》第47条规定的经济补偿标准的二倍向劳动者支付赔偿金。

3. 被告否认

（1）原被告之间不存在劳动关系。

（2）用人单位不存在应当支付赔偿金的违法行为。

（3）原告请求的赔偿金数额不符合法律规定标准。

4. 被告抗辩

（1）用人单位已经向劳动者支付过赔偿金。

（2）原被告双方已经就赔偿金问题达成劳动调解协议，用人单位根据协议无需再支付赔偿金或应减少赔偿金。

（3）诉讼时效抗辩。（略）

（二）劳动者请求用人单位赔偿损失

1. 诉讼请求基础法律规范

（1）《劳动法》第89条规定："用人单位制定的劳动规章制度违反法律、法规规定的，由劳动行政部门给予警告，责令改正；对劳动者造成损害的，应当承担赔偿责任。"

（2）《劳动法》第95条规定："用人单位违反本法对女职工和未成年工的保护规定，侵害其合法权益的，由劳动行政部门责令改正，处以罚款；对女职工或者未成年工造成损害的，应当承担赔偿责任。"

（3）《劳动法》第97条规定："由于用人单位的原因订立的无效合同，对劳动者造成损害的，应当承担赔偿责任。"

（4）《劳动法》第98条规定："用人单位违反本法规定的条件解除劳动合同或者故意拖延不订立劳动合同的，由劳动行政部门责令改正；对劳动者造成损害的，应当承担赔偿责任。"

（5）《劳动合同法》第80条规定："用人单位直接涉及劳动者切身利益的规章制度违反法律、法规规定的，由劳动行政部门责令改正，给予警告；给劳动者造成损害的，应当承担赔偿责任。"

（6）《劳动合同法》第81条规定："用人单位提供的劳动合同文本未载明本法规定的劳动合同必备条款或者用人单位未将劳动合同文本交付劳动者的，由劳动行政部门责令改正；给劳动者造成损害的，应当承担赔偿责任。"

（7）《劳动合同法》第84条规定："用人单位违反本法规定，扣押劳动者居民身份证等证件的，由劳动行政部门责令限期退还劳动者本人，并依照有关法律规定给予处罚。用人单位违反本法规定，以担保或者其他名义向劳动者收取财物的，由劳动行政部门责令限期退还劳动者本人，并以每人五百元以上二千元以下的标准处以罚款；给劳动者造成损害的，应当承担赔偿责任。劳动者依法解除或者终止劳动合同，用人单位扣押劳动者档案或者其他物品的，依照前款规定处罚。"

（8）《劳动合同法》第86条规定："劳动合同依照本法第二十六条规定被确认无效，给对方造成损害的，有过错的一方应当承担赔偿责任。"

（9）《劳动合同法》第88条规定："用人单位有下列情形之一的，依法给予行政处罚；构成犯罪的，依法追究刑事责任；给劳动者造成损害的，应当承担赔偿责任：（一）以暴力、威胁或者非法限制人身自由的手段强迫劳动的；（二）违章指挥或者强令冒险作业危及劳动者人身安全的；（三）侮辱、体罚、殴打、非法搜查或者拘禁劳动者的；（四）劳动条件恶劣、环境污染严重，给劳动者身心健康造成严重损害的。"

（10）《劳动合同法》第89条规定："用人单位违反本法规定未向劳动者出具解除或者终止劳动合同的书面证明，由劳动行政部门责令改正；给劳动者造成损害的，应当承担赔偿责任。"

（11）《劳动合同法》第 93 条规定："对不具备合法经营资格的用人单位的违法犯罪行为，依法追究法律责任；劳动者已经付出劳动的，该单位或者其出资人应当依照本法有关规定向劳动者支付劳动报酬、经济补偿、赔偿金；给劳动者造成损害的，应当承担赔偿责任。"

2. 诉讼请求成立法律要件事实

（1）原被告之间存在劳动关系。

（2）用人单位存在法定的过错行为。用人单位具体的过错行为参见上述实体法基础规范内容。

（3）用人单位违法的过错行为给劳动者造成实际损害后果。

（4）用人单位过错行为与劳动者损害后果之间存在因果关系。

3. 被告否认

（1）原被告之间不存在劳动关系。

（2）用人单位并不存在法定的过错行为。

（3）劳动者并未发生实际损害后果或损害后果与诉讼请求不符。

（4）用人单位过错行为与劳动者损害后果之间并不存在因果关系。

4. 被告抗辩

（1）用人单位已经支付损害赔偿。

（2）原被告双方已经就损害赔偿问题达成劳动调解协议，用人单位根据协议无需再支付赔偿或应减少赔偿数额。

（3）诉讼时效抗辩。（略）

三、劳动者请求用人单位支付工伤待遇

（一）诉讼请求基础法律规范

（1）《社会保险法》第 36 条第 1 款规定："职工因工作原因受到事故伤害或者患职业病，且经工伤认定的，享受工伤保险待遇；其中，经劳动能力鉴定丧失劳动能力的，享受伤残待遇。"

（2）《社会保险法》第 38 条规定："因工伤发生的下列费用，按照国家规定从工伤保险基金中支付：（一）治疗工伤的医疗费用和康复费用；（二）住院伙食补助费；（三）到统筹地区以外就医的交通食宿费；（四）安装配置伤残辅助器具所需费用；（五）生活不能自理的，经劳动能力鉴定委员会确认的生

活护理费；（六）一次性伤残补助金和一至四级伤残职工按月领取的伤残津贴；（七）终止或者解除劳动合同时，应当享受的一次性医疗补助金；（八）因工死亡的，其遗属领取的丧葬补助金、供养亲属抚恤金和因工死亡补助金；（九）劳动能力鉴定费。"

（3）《社会保险法》第 39 条规定："因工伤发生的下列费用，按照国家规定由用人单位支付：（一）治疗工伤期间的工资福利；（二）五级、六级伤残职工按月领取的伤残津贴；（三）终止或者解除劳动合同时，应当享受的一次性伤残就业补助金。"

（4）《社会保险法》第 41 条规定："职工所在用人单位未依法缴纳工伤保险费，发生工伤事故的，由用人单位支付工伤保险待遇。用人单位不支付的，从工伤保险基金中先行支付。从工伤保险基金中先行支付的工伤保险待遇应当由用人单位偿还。用人单位不偿还的，社会保险经办机构可以依照本法第六十三条的规定追偿。"

（二）诉讼请求成立法律要件事实

1. 劳动者与用人单位之间存在劳动关系

2. 劳动者构成工伤

（1）工伤认定标准。

《工伤保险条例》第 14 条规定："职工有下列情形之一的，应当认定为工伤：（一）在工作时间和工作场所内，因工作原因受到事故伤害的；（二）工作时间前后在工作场所内，从事与工作有关的预备性或者收尾性工作受到事故伤害的；（三）在工作时间和工作场所内，因履行工作职责受到暴力等意外伤害的；（四）患职业病的；（五）因工外出期间，由于工作原因受到伤害或者发生事故下落不明的；（六）在上下班途中，受到非本人主要责任的交通事故或者城市轨道交通、客运轮渡、火车事故伤害的；（七）法律、行政法规规定应当认定为工伤的其他情形。"《工伤保险条例》第 15 条第 1 款规定："职工有下列情形之一的，视同工伤：（一）在工作时间和工作岗位，突发疾病死亡或者在 48 小时之内经抢救无效死亡的；（二）在抢险救灾等维护国家利益、公共利益活动中受到伤害的；（三）职工原在军队服役，因战、因公负伤致残，已取得革命伤残军人证，到用人单位后旧伤复发的。"

除了进行工伤认定之外，职工发生工伤经治疗伤情相对稳定后存在残疾、影响劳动能力的，应当进行劳动能力鉴定。劳动能力鉴定是指用人单位、工伤职工或者其近亲属向设区的市级劳动能力鉴定委员会申请的对劳动功能障碍程度和生活自理障碍程度的等级鉴定。劳动功能障碍分为十个伤残等级，最重的为一级，最轻的为十级。生活自理障碍分为三个等级：生活完全不能自理、生活大部分不能自理和生活部分不能自理。

（2）工伤认定程序。

职工发生事故伤害或者按照《职业病防治法》规定被诊断、鉴定为职业病，所在单位应当自事故伤害发生之日或者被诊断、鉴定为职业病之日起30日内，向统筹地区社会保险行政部门提出工伤认定申请。遇有特殊情况，经报社会保险行政部门同意，申请时限可以适当延长。用人单位未按前款规定提出工伤认定申请的，工伤职工或者其近亲属、工会组织在事故伤害发生之日或者被诊断、鉴定为职业病之日起一年内，可以直接向用人单位所在地统筹地区社会保险行政部门提出工伤认定申请。社会保险行政部门应当自受理工伤认定申请之日起60日内作出工伤认定的决定，并书面通知申请工伤认定的职工或者其近亲属和该职工所在单位。

3. 职工所在用人单位未依法缴纳工伤保险费

我国社会保险制度中，工伤保险的目的是及时救助和补偿因工作遭受事故伤害或患职业病的职工，是否参加工伤保险并不对劳动者请求工伤保险待遇产生实质性影响，而只影响到劳动者通过工伤保险基金还是用人单位获得工伤保险待遇问题。如果用人单位未依法缴纳工伤保险费，劳动者可以直接请求用人单位支付按照工伤保险待遇和标准的相关费用。

4. 劳动者请求的工伤保险费用符合法定标准

（1）劳动者因工伤死亡的工伤保险待遇标准。

依据《工伤保险条例》第39条，职工因工死亡，其近亲属按照相关规定从工伤保险基金领取丧葬补助金、供养亲属抚恤金和一次性工亡补助金。因此在劳动纠纷中，劳动者因工死亡的，近亲属可获得三项费用，丧葬补助金、供养亲属抚恤金和一次性工亡补助金。三项费用标准如下：

第一，一次性工亡补助金。标准为上一年度全国城镇居民人均可支配收入〔1〕

---

〔1〕 2021年1月18日，国家统计局发布2020年居民收入和消费支出情况。居民收入情况方面，2020年全年全国居民人均可支配收入32 189元。按常住地分，城镇居民人均可支配收入43 834元；农村居民人均可支配收入17 131元。这个统计数据，对工伤职工的一次性工亡补助金有直接影响。

的 20 倍。其基本公式可表述为：全国城镇居民人均可支配收入×20。需要注意的是，由于全国城镇居民人均可支配收入是个变量，这个标准每年都会变化。例如，以 2020 年度国家统计公布的全国城镇居民人均可支配收入为标准，2021 年度一次性工亡补助金标准为 43 834 元×20＝876 680 元。因《工伤保险条例》在全国统一执行，故 2021 年度一次性工亡补助金标准为 876 680 元，该标准没有地域之分，全国统一适用。

第二，丧葬补助金。丧葬补助金为六个月的统筹地区上年度职工月平均工资，公式可表述为：当地社平工资×6。这个标准同样每年会有变化，每个地区标准不一样。例如，按浙江省 2019 年度全社会单位就业人员月平均工资来计算，则丧葬补助金为 71 523÷12×6＝35 761.5 元。

第三，供养亲属抚恤金。按照职工本人工资的一定比例发给由因工死亡职工生前提供主要生活来源、无劳动能力的亲属。标准为：配偶每月 40%，其他亲属每人每月 30%，孤寡老人或者孤儿每人每月在上述标准的基础上增加 10%。核定的各供养亲属的抚恤金之和不应高于因工死亡职工生前的工资。上述基本公式可简要表述为：

配偶：死者本人工资×40%（按月支付）；

其他亲属：死者本人工资×30%（每人每月）；

孤寡老人或孤儿：上述标准的基础上增加 10%。

工伤保险待遇	一次性工亡补助金	20 倍	上一年度全国城镇居民人均可支配收入
	丧葬补助金	6 个月	上年度全省职工月平均工资
	供养亲属抚恤金	配偶 40% 其他亲属 30% 孤寡老人、孤儿另增 10% 抚恤金之和不高于工伤职工生前工资	职工工伤前 12 个月的平均月缴费工资

（2）其他工伤保险待遇标准：[1]

项目	支付标准	范围基数、条件
工伤医疗费用	全额支付	工伤保险诊疗项目目录、工伤保险药品目录、工伤保险住院服务标准
工伤康复费用	全额支付	签订服务协议的医疗机构
住院伙食补助费	按当地最低工资35%	按住院期间的实际天数实行定额补助
统筹地区以外就医交通食宿费	按当地机关单位一般工作人员差旅费标准	经医疗机构出具证明、报经办机构同意
安装辅助器具费用	全额支付	经劳动能力鉴定委员会确认，按国家规定的标准
一次性伤残补助金	1 级 27 个月 2 级 25 个月 3 级 23 个月 4 级 21 个月 5 级 18 个月 6 级 16 个月 7 级 13 个月 8 级 11 个月 9 级 9 个月 10 级 7 个月	职工工伤前 12 个月的平均月缴费工资
按月支付伤残津贴	1 级 90% 2 级 85% 3 级 80% 4 级 75% 5 级 70%（保留与用人单位的劳动关系） 6 级 60%（保留与用人单位的劳动关系）	职工工伤前 12 个月的平均月缴费工资
按月支付生活护理费	生活完全不能自理 50% 生活大部分不能自理40% 生活部分不能自理 30%	工伤职工已经评定伤残等级并经劳动能力鉴定委员会确认需要生活护理 上年度全省职工月平均工资标准计算

---

[1]　参见《工伤保险条例》第五章有关规定。

续表

项目	支付标准	范围基数、条件
一次性工伤医疗补助金	5 级 30 个月 6 级 25 个月 7 级 10 个月 8 级 7 个月 9 级 4 个月 10 级 2 个月	终止或解除劳动合同时上年度全省职工月平均工资

（3）用人单位直接支付的工伤保险待遇。[1]

用人单位直接支付的工伤保险待遇，是指发生工伤后由用人单位直接承担的工伤待遇，这部分工伤待遇不需要经过工伤保险基金进行支付。《社会保险法》第 39 条规定："因工伤发生的下列费用，按照国家规定由用人单位支付：（一）治疗工伤期间的工资福利；（二）五级、六级伤残职工按月领取的伤残津贴；（三）终止或者解除劳动合同时，应当享受的一次性伤残就业补助金。"具体如下表所示：

项目	支付标准	范围、基数
治疗工伤期间工资福利	原待遇不变	停工留薪期一般不超过 12 个月。伤情严重或者情况特殊，经设区的市级劳动能力鉴定委员会确认，可以适当延长，但延长不得超过 12 个月
伤残津贴	5 级 70% 6 级 60%	职工工伤前 12 个月的平均月缴费工资
终止或者解除劳动合同时，应当享受的一次性伤残就业补助金	5 级 30 个月 6 级 25 个月 7 级 10 个月 8 级 7 个月 9 级 4 个月 10 级 2 个月	终止或解除劳动合同时上年度全省职工月平均工资

---

[1] 参见《工伤保险条例》第五章有关规定。

续表

项目	支付标准	范围、基数
护理费	生活不能自理的工伤职工在停工留薪期	

（三）被告否认

（1）劳动者并不构成工伤。《社会保险法》第 37 条规定："职工因下列情形之一导致本人在工作中伤亡的，不认定为工伤：（一）故意犯罪；（二）醉酒或者吸毒；（三）自残或者自杀；（四）法律、行政法规规定的其他情形。"针对劳动者是否构成工伤的法律要件事实发生争议的，用人单位依法承担举证责任。

（2）原被告之间并不存在劳动关系。

（3）劳动者请求的工伤保险待遇不属于用人单位应支付的费用。

（4）劳动者请求支付的费用超出了工伤保险待遇标准。例如，用人单位主张工伤职工治疗非工伤引发的疾病，因此产生的费用并不属于工伤保险待遇范畴。

（5）用人单位已经足额缴纳工伤保险费。如果用人单位已经缴纳了工伤保险费，劳动者产生工伤后果后应当向工伤保险基金请求支付工伤保险待遇，因此用人单位可以拒绝支付。

（四）被告抗辩

（1）工伤职工具有停止享受工伤保险待遇的法定情形。《社会保险法》第 43 条规定："工伤职工有下列情形之一的，停止享受工伤保险待遇：（一）丧失享受待遇条件的；（二）拒不接受劳动能力鉴定的；（三）拒绝治疗的。"

（2）诉讼请求的有关费用是用人单位补缴工伤保险费之后新发生的费用。《工伤保险条例》第 62 条第 3 款规定："用人单位参加工伤保险并补缴应当缴纳的工伤保险费、滞纳金后，由工伤保险基金和用人单位依照本条例的规定支付新发生的费用。"

（3）劳动者获得用人单位的工伤保险待遇抗辩。如果用人单位证明已经向劳动者支付了工伤保险待遇，则可以就已经支付的部分对劳动者的诉讼请求提出抗辩。

（4）劳动者获得侵权赔偿抗辩。根据《第八次全国法院民事商事审判工作会议（民事部分）纪要》第 10 条，用人单位未依法缴纳工伤保险费，劳动者因第三人侵权造成人身损害并构成工伤，侵权人已经赔偿的，劳动者有权请求用人单位支付除医疗费之外的工伤保险待遇。用人单位先行支付工伤保险待遇的，可以就医疗费用在第三人应承担的赔偿责任范围内向其追偿。因此，如果劳动者已经从侵权人处获得了赔偿，用人单位可以就劳动者向用人单位请求的"医疗费"部分主张抗辩。

（5）诉讼时效抗辩。（略）

民事诉讼实训平台操作要点

一、登录与实验选择

本教材附有登录账号密码，读者可以通过配套的账号密码（详见本教材封底）登录"民事诉讼实训平台"，完成相关实务训练。平台软件著作权登记证书号：软著登字第 7526825 号，著作权人：孟涛、杭州法源软件开发有限公司。

平台网址：

如下图所示：

登录后即可显示可以进行实务训练的实验项目。由于本教材主要面向读者进行单人实训，因此每个实训实验并没有进行多人分组。考虑到有些院校为了班级教学的需要可能会开展学生多人分组实训的教学方式，可以联系本套实训平台的设计公司或者编者，开通教师账号进行多人分角色实训教学。

在单人模式下，读者可以分别以原告、被告和审判员三种不同的角色进行相应实务训练。如下图所示，如果希望进行原告实训，可以点击"原告实训"，之后可以根据本教材编排的章节和角色，选择相应的实训实验编号进行民事诉讼实务训练。

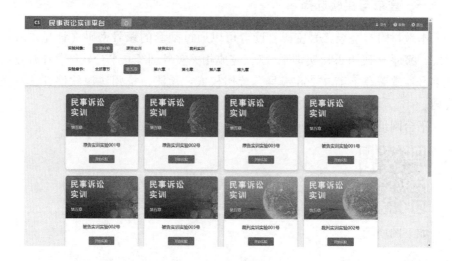

如果选择了相应的实训实验项目，将立即开始本次实训互动。每个实训实验的步骤，需要读者自行完成。为了方便读者，每个步骤提交之后可以查阅相关参考答案，并结合自己完成的实训内容进行自我评估。在实施班级实训模式的院系和教师视角下，本平台也可以通过教师端进行具体学生实训实验的检查和批阅、参与互动，并针对性地开展个性化教学。

二、原告实训步骤说明

在平台上，案件详情是每个饰演角色共享的案件信息部分。在这部分，学生可以浏览实训实验的基本案情，为分步骤进行实训做好准备。

原告的实训主要分为以下步骤；

第一步，本案诉讼要件梳理和归纳。

实训说明：明确以下事项：①本案原告、被告的确定。②选择本案管辖法院。③固定本案诉讼请求。

第二步，检索本案诉讼请求实体法基础规范。

实训说明：原告在这一阶段，结合案件详情以及确定的诉讼请求，需要检索出诉讼请求成立的实体法基础规范。

第三步，整理本案诉讼请求成立法律要件事实。

实训说明：原告在这一阶段，结合检索出的实体法基础规范，需要整理出诉讼请求成立的法律要件事实。

第四步，将本案事实归入法律要件事实。

实训说明：原告在这一阶段，结合案件详情，本案事实与诉讼请求成立法律要件事实进行比对。

第五步，制作本案的起诉状。

实训说明：起诉状实际上设计为填空式，学生仅需要将文字填写到相应位置即可。

三、被告实训说明

第一步，针对本案的诉讼要件提出异议或者主张诉讼抗辩事项。

实训说明：被告对原告提起的诉讼，初步判断诉讼要件是否具备，若认为原告不具备诉讼要件，应当在其答辩状中提出诉讼要件异议。如果被告认为本案可以提出诉讼抗辩，也应当考虑在答辩状中一并主张，并提出相应证据加以说明。

第二步，本案诉讼请求实体法基础规范与要件事实整理。

实训说明：在这一步骤，被告需要站在原告的角度"像原告一样思考诉讼请求"。被告分析原告诉讼请求成立要件事实的目的，是为进行实体答辩和实体法抗辩做准备。被告需要了解原告诉讼请求成立的基础规范，并整理出诉讼请求成立要件事实。

第三步，对诉讼请求成立要件事实提出异议。

实训说明：经过了上一步骤的诉讼请求成立要件事实分析之后，被告结合具体案件情况，可以决定是否对诉讼请求成立要件事实提出异议。因为诉讼请求成立要件事实是法院支持原告诉讼请求的基本条件，因此只要通过证据证明某个法律要件事实不具备，被告即可达到胜诉目的。

第四步，本案抗辩实体法基础规范与要件事实整理。

实训说明：当被告主张抗辩之时，其诉讼负担与原告基本相同，都要承担相应主张的举证责任。在这一步骤，被告根据案件具体情况，从减轻或者免除自身责任的角度，确定抗辩主张，并据此检索抗辩实体法基础规范、分析抗辩要件事实。

第五步，本案抗辩要件事实归入。

实训说明：这一步骤的目的，是实现本案抗辩成立，以妨碍诉讼请求成立的法律效果。通过将本案具体事实归入到抗辩法律要件事实之中，完成向法院证明抗辩成立的诉讼任务。

第六步，制作本案的答辩状。

四、裁判实训操作说明

第一步，根据平台显示的案情描述、原告提交的起诉状和被告提交的答辩状，对本案诉讼要件是否成立、诉讼抗辩是否成立进行分析。

实训要点：根据原告起诉材料和被告应诉材料，分析本案诉讼要件是否全部具备，被告是否在答辩状中对诉讼要件提出异议或者主张诉讼抗辩，对以上诉讼法要件争议需要进行一定的判断和分析。

第二步，本案诉讼请求实体法基础规范与要件事实整理。

实训要点：结合原告起诉材料，站在原告角度检索诉讼请求成立的基础法律规范，并分析相应的诉讼请求成立法律要件事实。

第三步，本案诉讼请求成立要件事实分析。

实训要点：结合本案具体事实以及被告答辩有关诉讼请求成立要件事实异议部分，判断本案诉讼请求成立要件事实是否全部满足。

第四步，本案抗辩实体法基础规范与要件事实整理。

实训要点：结合被告答辩主张的抗辩，检索抗辩成立的基础法律规范，分析抗辩成立的法律要件事实。

第五步，本案抗辩要件事实分析。

实训要点：根据本案具体事实，判断被告主张的抗辩是否成立。若抗辩成立，则即使原告诉讼请求成立要件全部满足，也应当全部或部分予以驳回。

第六步，制作本案的判决书。

五、教师参与实训互动

教师登录账号并未在本教材提供，具体可联系编者或杭州法源软件开发有限公司。教师登录后，可以查看其管理之下的学生在实训实验中提交的实训内容。教师可以对学生的每个实训步骤进行指导和审核。当学生相应的实训步骤已经提交后，教师可以进行查看，并针对性地作出通过或退回修改的指令。针对原告起诉状、被告答辩状和审判员判决书，除了基本指导和审核，教师还可以将其发送给本组的其他学生（前提是建立了多人分组教学模式）。

民事诉讼流程实训平台操作要点

进入本软件的登录主页面，平台网址：

如下图所示：

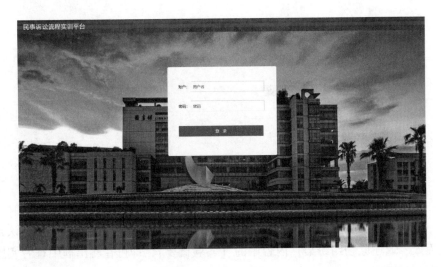

进入实验

学生点击进入实验，显示界面如下：

实验包括社会救济实验、法院实验、检察院实验、公安机关实验、行政与劳动仲裁实验。

实验模拟：点击【法院】，进入法院实验页面，如下图：

民事一审程序（单人模式）

默认进入实验页面显示的是【民事】。点击下边实验【刘某诉王某确认合同无效、返还原物纠纷案】内容中的【实验概要】，即可在跳出框中查看实验概要，如下图：

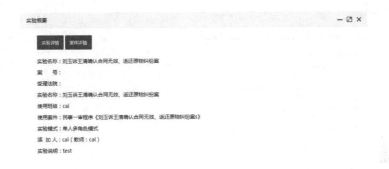

默认显示【实验概要】的基本信息。点击【实验详情】，如下图所示：

学生可以查阅到案件详细信息、角色分配、基本控制项、当事人信息、流程图等内容。

点击【案件详情】，如下图所示：

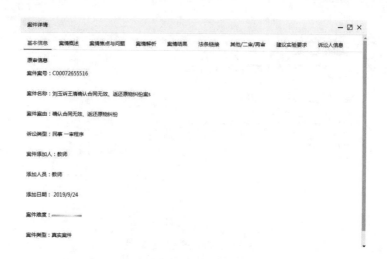

学生可以查阅到案情概述、案情焦点与问题、案情解析、案情结果、法条链接、其他/二审/再审、建议实验要求、诉讼人信息、原审信息等内容。

点击下边的【进入实验】按钮，则将进入实验的操作页面，首先进入的是操作首页，如下图：

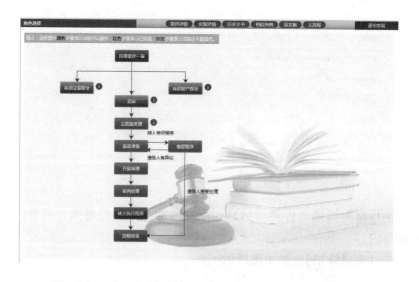

页面中间显示的是实验操作主流程图，绿色方框表示该步骤已开启（可操作），红色方框表示该步骤已完成，灰尘方框表示该步骤还未开启，绿色步骤操作完成后会变成红色，并开启下一步骤。左上角【角色选择】菜单栏内

即显示所扮演的角色，正上方功能栏图标显示案件详情、实验详情、历史文书、相似判例、留言板、主流程。

点击左上角【角色选择】，如下图显示：

显示的是扮演的角色列表，点击人物头像即可选择为当前角色。如图所示，绿色打钩人物是当前学生扮演的角色。

学生进入实验后，应先查看案件详情、实验详情再操作流程图，以下是几个功能按钮的介绍：

（1）案件详情、实验详情、历史文书、相似判例。

点击【案件详情】将弹出案件详情窗口，如下图显示：

点击实验详情将弹出【实验详情】窗口，如下图显示：

点击历史文书将弹出【历史文书】窗口，如下图显示：

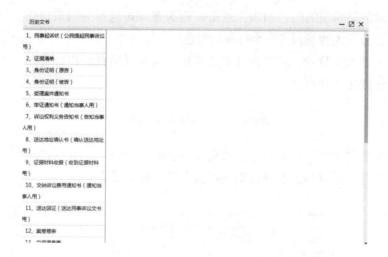

点击相似判例将弹出【相似判例】窗口，如下图显示：

（2）留言板。

留言板，主要可以实现与老师、同学在线互动交流，点击【留言板】即显示留言对话框，如下图显示：

（3）操作流程图。

首先在【角色选择】区中选择【原告】身份，进入实验模拟程序页面，如下图：

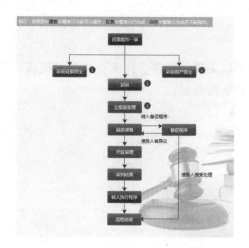

步骤一：起诉

当鼠标放置于【起诉】流程上时，步骤下方即显示【法条】，供学生巩固该步骤知识点。

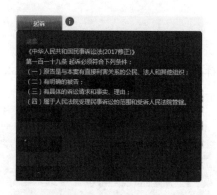

点击【起诉】进入起诉页面，如下图：

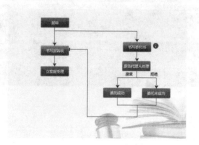

点击【书写起诉状】进入书写文书页面，默认进入【待填写文书】页面，如下图：

弹出的对话框内显示的文书是该步骤需填写的文书；点击【民事起诉状】，打开文书填写页面，默认列出民事起诉状模板，学生需根据案例情况填写文书，如模板不正确，可点击【模块】按钮进行搜索，如下图：

文书填写完毕，待填写文书的文书颜色变成浅灰色，表示已经填写完毕。待所有的内容都填写完毕后，下面工具栏【发送填好的文书】变成蓝色，点击【发送填好的文书】，此操作完成。

点击【返回流程图】则回到起诉流程开始主页面，完成此步骤后，原本绿色框变成红色框，即表示此操作完成。如下图：

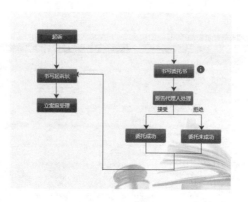

点击【主流程】，继续操作下一步骤【立案庭受理】，如下图：

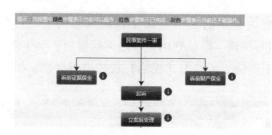

步骤二：立案庭受理

在角色选择区里选择【立案庭庭长】角色，点击【立案庭受理】进入立案庭受理页面，如下图：

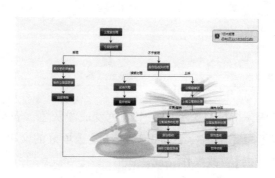

点击【立案庭处理】进入立案庭处理页面，如下图：

点击【待处理文书】即显示需要处理的文书；点击【民事起诉状】进入处理文书，如下图所示：

立案庭庭长作出受理或不予受理的决定。决定受理点击【受理】按钮；不予受理则点击【不予受理】按钮，点击【受理】进入待填写文书状态，填写受理阶段需要填写的文书，如下图：

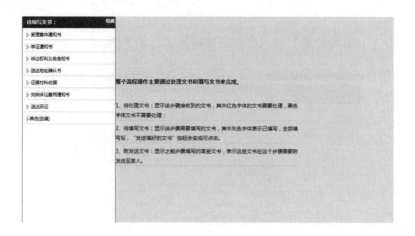

填写完成后，点击【发送填好的文书】发送文书。【返回流程图】即可点击进入下一个操作环节。

步骤三：庭前准备

点击【庭前准备】进入庭前准备页面，如图：

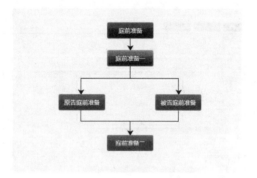

此项依次点击［庭前准备一］［庭前准备二］进行操作。

其中【原告庭前准备】【被告庭前准备】列出当事人在这个阶段的所有权利义务项，根据案例情况来选做，准备好后，点击【准备完毕】按钮，如下图：

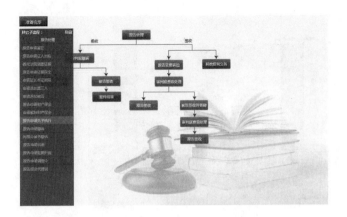

步骤四：开庭审理

操作完以上步骤进点击【开庭审理】，如图：

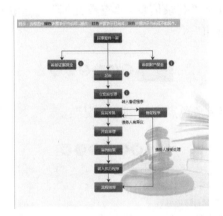

第一次进入开庭审理，系统会弹出操作提示，请认真阅读，之后系统将出现模拟法庭画面，在此画面完成庭审过程，如图：

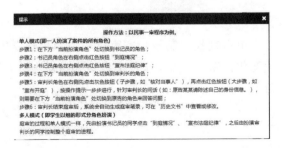

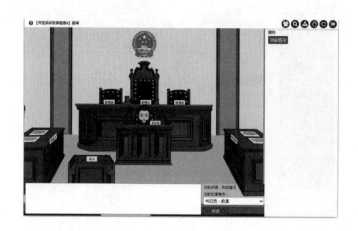

模拟法庭的主要角色为审判长、书记员、原告、被告、证人等。

下图的图标分别为"登录信息""查看证据""庭审流程图""请求发言""发言完毕""退出庭审"。

第1步：由书记员角色点击"到庭情况"：

第2步：由书记员角色点击"宣布法庭纪律"：

从第3步开始，由审判长控制整个庭审过程，当步骤发生变化时，操作区的按键也将发生变化，先一一点击灰色小步骤（核对当事人），再点击红色大步骤（宣布开庭）：

要了解当前庭审进程，可以点击上方'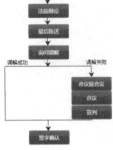'，将弹出庭审流程图：

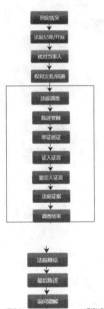

庭审结束后，审判长角色需要点击"结束庭审"图标来结束庭审。

步骤五：审判结果

庭审结束后，进入【审判结果】程序，审判长书写发送判决书等，原告、被告签收后，即转入执行程序，流程结束。如图：

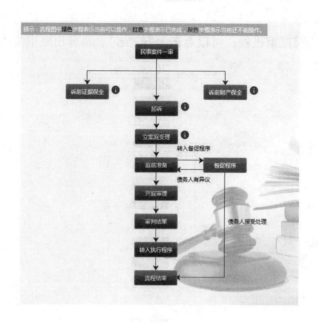

参考书目

1. 王泽鉴：《民法思维：请求权基础理论体系》，北京大学出版社 2009 年版。

2. 梁慧星：《裁判的方法》（第 3 版），法律出版社 2017 年版。

3. 杨立新：《民事裁判方法》，法律出版社 2008 年版。

4. 邹碧华：《要件审判九步法》，法律出版社 2010 年版。

5. 人民法院出版社编：《最高人民法院司法观点集成：民事卷》（第 3 版），人民法院出版社 2017 年版。

6. 刘德权主编：《最高人民法院司法观点集成：民事诉讼卷》（新编版），中国法制出版社 2017 年版。

7. 许可：《民事裁判方法：要件事实引论》，法律出版社 2009 年版。

8. 孟涛：《民事诉讼要件与诉讼抗辩理论研究》，浙江工商大学出版社 2020 年版。

9. 黄祥青主编：《类案裁判方法精要》（第 1 辑），人民法院出版社 2020 年版。

10. 北京互联网法院编，张雯主编：《互联网典型案件裁判思维与规则（一）》，人民法院出版社 2020 年版。

11. 陆胤主编：《劳动法律实务指南：管理、合规与争议》，北京大学出版社 2019 年版。

12. 王学棉、李倩：《民事诉讼程序实务讲义》，北京大学出版社 2018 年版。

13. 杨中洁：《民事诉讼实务：思维·策略·技巧》，法律出版社 2020 年版。

14. 最高人民法院民事审判第一庭编：《民间借贷纠纷裁判思路与裁判规则》，法律出版社 2016 年版。

15. 何君、田源主编：《侵权赔偿纠纷裁判思路与裁判规则》，法律出版社 2017 年版。

16. 肖峰、田源主编：《婚姻家庭纠纷裁判思路与裁判规则》，法律出版社 2017 年版。

17. 田源、司伟主编：《道路交通事故纠纷裁判思路与裁判规则》，法律出版社 2017 年版。

18. 李晓倩主编：《民间借贷纠纷：证据运用与裁判指引》，法律出版社 2020 年版。

19. 李晓倩主编：《机动车交通事故责任纠纷：证据运用与裁判指引》，法律出版社 2020

年版。

20. 李晓倩主编：《离婚纠纷：证据运用与裁判指引》，法律出版社 2020 年版。

21. 李晓倩主编：《劳动纠纷：证据运用与裁判指引》，法律出版社 2020 年版。

22. 吴在存主编：《民间借贷案件裁判规则与法律适用》，法律出版社 2020 年版。

23. 吴在存主编：《道路交通案件裁判规则与法律适用》，法律出版社 2020 年版。

24. 吴在存主编：《离婚财产分割裁判规则与法律适用》，法律出版社 2020 年版。